KB275514

CNB
521
히브리서에 대한 구속사 강해
성경신학 관점의 체계적 해설

히브리서

이 광 호

2013년

교회와성경

지은이 | 이광호

영남대학교와 경북대학교대학원에서 법학과 서양사학을 공부했으며, 고려신학대학원(M.Div.)과 ACTS(Th.M.)에서 신학일반 및 조직신학을 공부한 후 대구 가톨릭대학교(Ph.D.)에서 선교학을 위한 비교종교학을 연구하였다.
'홍은개혁신학연구원'에서 성경신학 담당교수를 비롯해 고신대학교, 고려신학대학원, 영남신학대학교, 브니엘신학교, 대구가톨릭대학교, 숭실대학교 등에서 학생들을 가르쳤으며, 이슬람 전문선교단체인 국제 WIN선교회 한국대표를 지냈다.
현재는 실로암교회에서 담임목회를 하며 조에성경신학연구원, 부경신학연구원 등에서 강의하며, 달구벌기독학술연구회 회장으로 봉사하고 있다.

저서
- 성경에 나타난 성도의 사회참여(1990)
- 갈라디아서 강해(1990)
- 더불어 나누는 즐거움(1995)
- 기독교관점에서 본 세계문화사(1998)
- 세계 선교의 새로운 과제들(1998)
- 이슬람과 한국의 민간신앙(1998)
- 아빠, 교회 그만하고 슈퍼하자요(1995)
- 교회와 신앙(2002)
- 한국교회 무엇을 개혁할 것인가(2004)
- CNB 501 에세이 산상수훈(2005)
- CNB 502 예수님 생애 마지막 7일(2006)
- CNB 503 구약신학의 구속사적 이해(2006)
- CNB 504 신약신학의 구속사적 이해(2006)
- CNB 505 창세기(2007)
- CNB 506 바울의 생애와 바울서신(2007)
- CNB 507 손에 잡히는 신앙생활(2007)
- CNB 508 아름다운 신앙생활(2007)
- CNB 509 열매 맺는 신앙생활(2007)
- CNB 510 웨스트민스터 신앙고백(2008)
- CNB 511 사무엘서(2010)
- CNB 512 요한복음(2009)
- CNB 513 요한계시록(2009)
- CNB 514 로마서(2010)
- CNB 515 야고보서(2010)
- CNB 516 다니엘서(2011)
- CNB 517 열왕기상하(2011)
- CNB 518 고린도전후서(2012)
- CNB 519 개혁조직신학(2012)
- CNB 520 마태복음(2012)

역서
- 모슬렘 세계에 예수 그리스도를 심자(Charles R. Marsh, 1985년, CLC)
- 예수님의 수제자들(F. F. Bruce, 1988년, CLC)
- 치유함을 받으라(Colin Urquhart, 1988년, CLC)

홈페이지 http://siloam-church.org

히브리서

CNB 521

히브리서

A Study on the Epistle of St. Paul to the Hebrews
by Kwangho Lee
Copyright ⓒ 2013 by Kwangho Lee

Published by the Church & Bible Publishing House

초판 인쇄 | 2013년 5월 24일
초판 발행 | 2013년 5월 31일

발행처 | 교회와성경
주소 | 평택시 특구로 43번길 90 (서정동)
전화 | 031-662-4742
등록번호 | 제2012-03호
등록일자 | 2012년 7월 12일

발행인 | 문민규
지은이 | 이광호
편집주간 | 송영찬
편집 | 신명기
디자인 | 조혜진

____

총판 | (주) 비전북출판유통
주소 | 경기도 고양시 일산구 장항동 568-17호 (우) 411-834)
전화 | 031-907-3927(대)   팩스 031-905-3927

____

저작권자 ⓒ 2013 이광호

ISBN 89-98322-03-8   93230

Printed in Seoul of Korea

히브리서

A Study on the Epistle of St. Paul to the Hebrews

2013년

교회와성경

CNB 시리즈
서 문

CNB The Church and The Bible 시리즈는 개혁신앙의 교회관과 성경신학적 구속사 해석에 근거한 신·구약 성경 연구 시리즈이다.

이 시리즈는 보다 정확한 성경 본문 해석을 바탕으로 역사적 개혁 교회의 면모를 조명하고 우리 시대의 교회가 마땅히 추구해야 할 방향을 제시함으로써 교회의 삶과 문화를 창달하는 것을 그 목적으로 하고 있다.

따라서 이 시리즈는 진지하게 성경을 연구하며 본문이 제시하는 메시지에 충실하고 있다. 그렇다고 이 시리즈가 다분히 학문적이거나 또는 적용이라는 의미에 국한되지 않는다. 학구적인 자세는 변함 없지만 궁극적으로 하나님의 나라를 지향함에 있어 개혁주의 교회관을 분명히 하기 위해 보다 더 관심을 가진다는 의미이다.

본 시리즈의 집필자들은 이미 신·구약 계시로써 말씀하셨던 하나님께서 지금도 말씀하고 계시며, 몸된 교회의 머리이자 영원한 왕이신 그리스도께서 지금도 통치하시며, 태초부터 모든 성도들을 부르시어 복음으로 성장하게 하시는 성령께서 지금도 구원 사역을 성취하심으로써 창세로부터 종말에 이르기까지 거룩한 나라로서 교회가 여전히 존재하고 있음을 그 무엇보다도 중요하게 여기고 있다.

아무쪼록 이 시리즈를 통해 계시에 근거한 바른 교회관과 성경관을 가지고 이 땅에 진정한 그리스도인의 삶과 문화가 확장되기를 바라는 바이다.

시리즈 편집인

김영철 목사, 미문(美聞)교회 목사, Th.M.
송영찬 목사, 기독교개혁신보 편집국장, M.Div.
오광만 목사, 대한신학대학원대학교 교수, Ph.D.
이광호 목사, 실로암교회 목사, Ph.D.

머리말

우리시대 교회에 속한 성도들은 성경에 계시된 지식을 멀리하는가 하면 다른 한편으로는 현학적衒學的으로 흘러가는 경향이 있다. 이에 대한 균형을 바로 잡는 것은 매우 중요하다. 교회는 성경을 올바르게 이해해야 하는 것과 동시에 그 참된 지식을 모든 성도들이 공유할 수 있어야 한다.

성도들 가운데는 성경이 너무 어렵다고 여기며 자기의 마음에 쉽게 다가오는 부분만 선택적으로 읽는 이들이 있는가 하면, 신학자들은 일반 성도들이 알아듣기 어려운 말로 접근하는 경우가 많다. 그러나 하나님의 말씀은 세상의 지식으로 파악할 수 있는 천박한 내용이 아닐 뿐더러 신실한 보통 교인들이 알아듣지 못할 어려운 내용도 아니다.

물론 성경 가운데는 상당한 학습과 연구를 요구하는 내용들이 많이 있다. 그와 같은 내용들이라 할지라도 성령 하나님의 도우심을 통해 그 의미를 알아갈 수 있게 된다. 성도들이 기도할 때 그 깨달음을 위한 간구가 가장 중심에 놓여있어야 한다는 사실을 깨닫는 것은 매우 중요하다.

히브리서는 필자에게 특별한 기억이 남아 있는 책이다. 오래 전 터키를 여행하면서 히브리서를 묵상하기로 작정을 하고 짬짬이 정리한 내용들을 컴퓨터에 입력해 두었다가 한꺼번에 모두 날려버린 적이 있다. 당시에는 매우 서운했지만 어쩌면 그런 기억 때문에 더 애착이 가는지도 모르겠다.

다른 성경도 그렇지만 특히 히브리서는 '신약으로 구약읽기' 와 '구약으로 신약읽기' 를 요구하는 책이라 말할 수 있다. 구약성경에 대한 이해 없이 신약성경을 올바르게 이해한다는 것은 가능하지 않다. 동시에 신약성경에 대한 올바르게 깨닫지 않고는 구약의 의미를 제대로 깨달을 수 없다.

어떤 의미에서 볼 때 히브리서는 구약과 신약의 교량橋梁 역할을 한다고 볼 수 있다. 히브리서 기자는 신약 시대의 교회를 향해 구약 시대에 제시된 하나님의 사역을 통해 예수 그리스도로 말미암는 신약 교회에 진리를 선포하고 있다. 따라서 우리시대 교회 역시 그에 대한 의미를 신앙의 중심에 받아들여야 한다.

기독교 역사 가운데는 히브리서의 저자가 누구인가에 대해 다양한 견해들이 있어왔다.

바울, 바나바, 아볼로 등을 저자일 가능성이 있는 것으로 주장했던 것이다. 바울이 기록자가 아니라 여기는 자들은 히브리서의 서체가 다른 바울 서신과 상이하다는 점을 내세우고 있다. 그리고 바울을 저자로 보는 자들은 과거의 전통적 주장과 더불어 히브리서 본문 가운데 바울의 사랑하는 제자인 디모데에 대한 특별한 언급이 나오는 것을 중요한 근거로 들고 있다(히 13:23).

그렇지만 우리에게는 그 저자가 누구냐 하는 것은 그다지 중요하지 않다. 물론 기록자를 분명히 알 수 있다면 많은 유익을 얻을 수 있다. 하지만 히브리서의 저자를 단정 짓기 어렵다. 그 대신 교회는 누가 그 책을 기록했느냐 하는 것이 성경의 권위에 전혀 영향을 끼치지 않는다는 사실을 기억해야 한다.

부족한 이 책을 통해 히브리서에 좀 더 가까이 나아가는 성도들이 많아지기를 바란다. 특히 성경에 대한 관심이 점점 멀어져 가는 안타까운 시대에 살아가면서 구약과 신약의 관계를 올바르게 이해하는 것은 매우 중요하다. 말세에 처한 교회가 하나님의 말씀을 중심에 둠으로써 시대에 편승한 잘못된 현상들을 물리치고 건강하게 자라가길 바란다.

2013년 2월
실로암교회 서재에서
이 광 호 목사

제7부 _ 믿음을 소유한 성도들

제8부 _ 교회와 영원한 하나님 나라

제9부 _ 축원과 권면

제1부

예수 그리스도와 만물의 회복

제1장
구약 선지자들과 하나님의 아들 예수 그리스도
(히 1:1-3)

1:1 옛적에 선지자들로 여러 부분과 여러 모양으로 우리 조상들에게 말씀하신 하나님이

1:2 이 모든 날 마지막에 아들로 우리에게 말씀하셨으니 이 아들을 만유의 후사로 세우시고 또 저로 말미암아 모든 세계를 지으셨느니라

1:3 이는 하나님의 영광의 광채시요 그 본체의 형상이시라 그의 능력의 말씀으로 만물을 붙드시며 죄를 정결케 하는 일을 하시고 높은 곳에 계신 위엄의 우편에 앉으셨느니라

1. 옛적 선지자들의 사명

구약시대에는 시대시대마다 많은 선지자들이 있었다. 그들이 활동하던 각 시대의 정치 사회적인 배경은 엄청난 차이가 났다. 다윗 왕국이 분열되었던 시대에 예언한 선지자들이 있었던가 하면 북쪽 이스라엘과 남쪽 유다 왕국이 각각 완전히 패망했던 시기에 하나님의 말씀을 전한 자들도 있었다.

또한 종교인들이 하나님을 경외함으로써 비교적 성실하게 활동하던 시기가 있기도 했지만 이방종교와 인본적인 사상들을 끌어들여 엄청나게 부

패한 시기도 있었다. 이러한 배경가운데 하나님께서 보내신 선지자들은 제각기 처한 형편에서 그에 적절한 하나님의 계시를 받아 전달했다. 그런 가운데서 대다수 선지자들은 많은 고통을 감내해야만 했다.

각 선지자들이 하나님의 말씀을 예언한 방식에도 많은 차이가 났다. 그들 가운데는 성경을 기록한 선지자들이 있었는가 하면 구술과 행동으로 하나님의 말씀을 선포하기도 했다. 우리는 그 방법을 놓고 선지자들간에 비교하며 우월성을 논할 필요는 없다. 모든 참된 선지자들은 하나님의 요구에 순종했을 따름이기 때문이다.

그들의 예언한 내용과 방식이 어떠할지라도 공통의 목적을 가지고 있었다. 그들이 예언한 근본적인 목적은 이스라엘 백성의 번영이나 일반 윤리적인 삶에 초점이 맞추어져 있지 않았다. 선지자들이 백성들에게 윤리와 도덕을 요구했다고 할지라도 그것 자체가 목적이 될 수는 없었다.

모든 선지자들의 예언은 장차 오실 예수 그리스도를 향하고 있었다. 그가 이땅에 오서서 완벽한 메시아 왕국을 세워 죄에 빠진 세상을 심판하고 그 가운데서 신음하는 하나님의 자녀들을 구원하시게 된다. 그것이 이스라엘 백성이 소유한 유일한 소망이었기 때문이다. 따라서 우리는 구약시대의 모든 선지자들이 예언한 내용은 앞으로 오실 메시아와 연관되어 있다는 사실을 올바르게 깨닫지 않으면 안 된다.

2. "이 모든 날 마지막에 보냄을 받으신 예수 그리스도"

하나님의 구속사적인 시간은 철저한 계획과 작정 아래 진행된다. 즉 인간의 일반 역사 가운데는 충돌과 변천을 통한 과정적인 산물들이 발생하게 되지만 예수 그리스도와 연관된 하나님의 구속사는 절대로 우연히 발생하지 않는다. 사도 바울은 갈라디아 교회에 편지하면서 예수 그리스도의 지상강림에 연관하여 그에 대한 직접적인 언급을 했다.

"때가 차매 하나님이 그 아들을 보내사 여자에게서 나게 하시고 율법 아래 나게 하신 것은 율법 아래 있는 자들을 속량하시고 우리로 아들의 명분을 얻게 하려 하심이라"(갈 4:4,5)

하나님께서 여자의 몸을 통해 독생자 예수님을 이땅에 보내신 것은 임기응변적인 사건이 아니었다. 바울은 그것이 하나님의 때가 가득 찼기 때문에 이룩되었다는 사실을 밝혔다. 어느 누구도 거부할 수 없는 상황이 도래한 것이다. 즉 예수님은 역사적 형편 가운데 적절한 시기를 택해 출생한 것이 아니었다.

바울이 언급한 "때가 차매"라는 용어는 하나님의 섭리와 경륜에 따른 매우 중요한 의미를 지니고 있다. 이땅에 메시아가 오신 것은 하나님의 섭리와 경륜에 따른 예언 성취라는 사실이 증거 되고 있다. 장차 이루어지게 될 예수님의 재림도 "하나님의 때"가 차게 되면 이루어지게 된다. 우리는 그 "때"에 대한 올바른 인식을 하는 가운데 이 세상을 살아가는 지혜를 배워야 한다.

3. 만유의 상속자 예수 그리스도와 그에 속한 교회

하나님의 피조세계인 우주만물은 성자 하나님으로 말미암아 창조되었다. 그는 태초 이전부터 계시던 '하나님의 말씀'이었다(요 1:1). 그러나 사탄은 하나님의 형상을 닮은 인간을 유혹해 범죄케 함으로써 사망에 빠뜨렸다. 그 결과 우주만물은 인간과 더불어 오염되었다. 그렇게 되자 타락한 인간과 더불어 더럽혀진 우주만물은 더 이상 하나님의 기쁨의 대상이 될 수 없었다.

그런데 하나님께서는 그것을 회복하기 위해 인간의 몸을 입고 이 세상에 오신 예수 그리스도를 만유의 상속자로 삼으셨다. 이는 그가 타락한 세계를 심판하고 회복된 새로운 세계를 상속하도록 하신다는 의미를 지니고 있다. 그 만유는 처음 창조된 세계와 연속성과 불연속성을 동시에 소유하고 있다. 즉 처음 세계는 심판받아 없어지게 되지만, 그로 말미암아 다시 창조되는 두 번째 세계는 처음의 세계가 소유했던 원래의 성격을 보존하게 되는 것이다.

4. 하나님이신 예수 그리스도

인간의 몸을 입으신 예수 그리스도는 하나님의 영광의 광채시며 그 본체의 형상이시다. 이는 그가 우주만물이 지어지기 전 원래 '하나님의 말씀으로서 하나님'일 때부터 드러나고 있었다(요 1:1). 이제 하나님의 백성들은 그를 통해 하나님의 영광을 보게 된다.

예수님은 인간으로 오셨지만 보통 인간과는 구별되는 하나님이다. 즉 그는 하나님의 본체의 형상이었던 것이다. 그에 대해서는 예수님 자신이 증언하고 계신다. 자기를 믿는 자가 하나님을 믿는 것이며 자기를 보는 자가 하나님을 보는 것이라는 것이었다.

> "예수께서 외쳐 가라사대 나를 믿는 자는 나를 믿는 것이 아니요 나를 보내신 이를 믿는 것이며 나를 보는 자는 나를 보내신 이를 보는 것이니라"(요 12:44,45)

인간들이 하나님을 볼 수 있는 유일한 방편은 예수님을 통한 방법 밖에 없다. 그를 통하지 않고 하나님을 믿으려 하거나 그를 보지 않은 상태에서 하나님을 보려고 시도하는 것은 우상숭배적인 행위에 지나지 않는다. 하나님의 자녀들이 이에 관한 올바른 신앙을 정립하는 것은 매우 중요하다.

예수 그리스도께서는 능력의 말씀으로 만물을 붙들어 지탱시키시는 분이다. 그가 능력을 풀어 타락한 인간과 오염된 만물을 즉시 멸망시키시지 않는 까닭은 무엇인가? 이는 전적으로 세상 가운데 가두어져 존재하는 하나님의 자녀들 때문이다. 성자 하나님께서는 창세전에 택하신 자기 자녀들을 구원하시기까지 세상에 대한 궁극적인 심판을 유보하신 채 붙들고 계시는 것이다.

이제 그 마지막 때가 되어 하나님께서 이 세상에 성자 하나님이신 예수 그리스도를 보내 구원을 위한 사역을 하시게 되었다. 하나님의 본체이신 그가 친히 피조물인 인간의 몸을 입고 사람의 모양으로 나타나셨다. 사도 바울은 빌립보 교회에 보내는 편지에서 그에 관한 기록을 남기고 있다.

"그는 근본 하나님의 본체시나 하나님과 동등됨을 취할 것으로 여기지 아니하시고 오히려 자기를 비어 종의 형체를 가져 사람들과 같이 되었고 사람의 모양으로 나타나셨으매 자기를 낮추시고 죽기까지 복종하셨으니 곧 십자가에 죽으심이라"(빌 2:6-8)

히브리서 본문에도 기록되어 있는 것처럼 예수님이 인간의 몸을 입고 이 세상에 오신 것은 자기 자녀들의 죄를 용서하시고 정결케 하시기 위해서였다(히 1:3). 그것은 세상에 대한 심판을 필연적으로 동반하게 된다. 예수께서는 그것을 위해 십자가를 지고 모진 고통을 당하심으로써 그 모든 사역을 완성하셨던 것이다.

5. '천상의 나라'에 계신 예수 그리스도

창세전에 선택하신 백성들을 구원하시기 위해 십자가에 달려 돌아가신 예수님은 부활하신 후 많은 사람들이 보는 앞에서 승천하셨다. 그때 구름을 타고 하늘로 올라가신 예수님은 지금도 천상의 나라에서 지극히 크신 하나님의 우편에 앉아 계신다. 그는 그곳에서 지상에 있는 교회를 통해 자기 백성들을 통치하시는 것이다.

성경은 승천하신 예수님이 하나님 우편에 앉으신 사실을 증거하고 있다(막 16:9). 스데반은 순교당하기 직전 하나님 우편에 앉아 계신 예수님을 보았다(행 7:55,56). 이에 대한 증거는 베드로와 바울을 비롯한 여러 사도들의 진술에서 나타난다.

"저는 하늘에 오르사 하나님 우편에 계시니 천사들과 권세들과 능력들이 저에게 순복하느니라"(벧전 3:22);
"누가 정죄하리요 죽으실 뿐아니라 다시 살아나신 이는 그리스도 예수시니 그는 하나님 우편에 계신 자요 우리를 위하여 간구하시는 자시니라(롬 8:34)

지금도 예수께서는 천상의 나라에서 자기 자녀들을 위한 마무리 사역을 감당하고 계신다. 아직 타락한 세상에 살아가면서 영원한 세계에 소망을 두고 있는 백성들을 위해 지속적인 사역을 하고 계시는 것이다. 우리는 이것이 결코 상징적이지 않으며 실제적인 현실이라는 사실을 기억해야 한다.

제2장
독보적인 존재인 예수 그리스도
(히 1:4-9)

1:4 저가 천사보다 얼마큼 뛰어남은 저희보다 더욱 아름다운 이름을 기업으로 얻으심이니

1:5 하나님께서 어느 때에 천사 중 누구에게 네가 내 아들이라 오늘날 내가 너를 낳았다 하셨으며 또 다시 나는 그에게 아버지가 되고 그는 내게 아들이 되리라 하셨느뇨

1:6 또 맏아들을 이끌어 세상에 다시 들어오게 하실 때에 하나님의 모든 천사가 저에게 경배할지어다 말씀하시며

1:7 또 천사들에 관하여는 그는 그의 천사들을 바람으로, 그의 사역자들을 불꽃으로 삼으시느니라 하셨으되

1:8 아들에 관하여는 하나님이여 주의 보좌가 영영하며 주의 나라의 홀은 공평한 홀이니이다

1:9 네가 의를 사랑하고 불법을 미워하였으니 그러므로 하나님 곧 너의 하나님이 즐거움의 기름을 네게 주어 네 동류들보다 승하게 하셨도다 하였고

1. "천사들"

성경은 분명히 천사들의 존재를 증거하고 있다. 지금 현재 우리 주변에도 항상 천사들이 활동하고 있다. 그렇지만 어리석은 현대인들은 타락한

천사인 귀신들의 존재와 활동을 굳게 믿으면서도 선한 천사들의 존재와 활동은 믿지 않는 경향이 짙다. 천사들은 이미 오래전에 개념화 되어 박제 되거나 글과 그림으로 묘사되어 책갈피 속과 벽면 액자에 갇혀 존재하는 것으로 여기고 있다.

그러다보니 다수의 인간들은 귀신에 대한 두려움으로 인해 그것을 멀리 쫓아내려 하면서도 천사들에 대해서는 현실적인 인식을 하지 못한다. 하지만 우리가 분명히 깨달아 알아야 할 바는 천사들이 우리 주변에 항상 존재하면서 활동한다는 사실이다. 이는 귀신들이 현실 가운데 활동하는 것과 마찬가지다.

물론 우리는 천사들의 구체적인 활동 내역을 알 수 없다. 하지만 분명한 것은 하나님께서 저들에게 맡기신 모든 사역을 성실하게 감당하고 있다는 사실이다. 또한 천사들은 타락하여 하나님을 거역한 귀신들과 정반대의 일을 하고 있다.

천사들의 사역과 활동은 신구약성경 전체에 무수히 많이 나타난다. 천사들이 하는 역할은 분명하다. 우리는 그것을 크게 두 가지로 나누어 생각해 볼 수 있다. 천사들은 하나님의 명령을 수행하는 일과 하나님을 찬양하는 일을 주된 사명으로 삼는다. 시편에는 그에 관한 중요한 기록이 나타난다.

> "여호와께서 그 보좌를 하늘에 세우시고 그 정권으로 만유를 통치하시도다 능력이 있어 여호와의 말씀을 이루며 그 말씀의 소리를 듣는 너희 천사여 여호와를 송축하라" (시 103:19,20)

지금 이 순간에도 천사들은 하나님의 명령을 수행하고 있다. 그 명령이란 우주 질서와 밀접하게 연관되어 있으며 하나님의 자녀들을 지원하는 역할을 하게 된다. 즉 사탄의 졸개들인 귀신은 하나님의 일을 허물려고 하는데 반해 천사들은 그것을 유지 보존하는 사역을 감당하는 것이다.

또한 천사들은 여호와 하나님을 끊임없이 경배하고 있다. 나아가 모든 하나님의 자녀들은 하나님에 의해 보냄을 받은 천사들의 도움을 받으며 저들과 함께 하나님을 찬양한다. 그러므로 하나님의 자녀들은 천사들에 대해 고마워하는 감정을 가질 필요가 있다.

이는 천사숭배와는 전혀 다른 의미이며, 천사들과 대화를 하는 것을 말하지 않는다. 하나님으로부터 받은 임무를 성실하게 감당하는 천사들에 대해 감사한 마음을 가지는 것이 자연스럽다. 즉 우리는 천사를 숭배하는 것이 아니라 귀신들을 저주의 대상으로 여기는 것처럼 천사들에 대해 긍정적인 감정을 가져야 하는 것이다.

그리고 지상에 살고 있는 성도들은 눈에 보이지 않는 실체적인 천사들과 조화를 이루며 하나님을 경배할 수 있어야 한다. 요한계시록 4장 이하에는 그에 관한 내용이 잘 드러나고 있다(계 5:11 참조). 하나님의 자녀들은 피조물로서 인격을 가진 존재가 인간 이외에 선한 천사와 타락한 천사가 있다는 사실을 올바르게 깨닫는 것은 매우 중요하다.

2. 하나님의 '아들'의 신분을 가진 성도들

천사들은 하나님의 말씀에 온전히 순종하는 거룩한 존재이다. 선한 천사들은 범죄하지 않았으므로 죄가 없다. 그럼에도 불구하고 천사는 인간들과 상당한 차이가 난다. 그 가운데 가장 두드러지는 것은, 천사들은 하나님의 아들로 인정받을 수 없으며 하나님을 아버지라고 부르지 못한다는 사실이다.

이에 반해 창세전에 선택받은 인간들은 거룩한 하나님을 '아버지'라 부르게 된다. 이는 하나님으로 말미암아 인간들에게 특별히 허락된 언약과 밀접하게 연관되어 있다. 즉 하나님께서 인간들을 자신의 새로운 피조세계를 상속받는 아들로 인정하셨던 것이다.

이를 위해 하나님께서는 독생자 예수 그리스도를 이땅에 보내셨다. 그것은 하나님의 자녀들로 선택받은 백성들에게 '아들'의 지위를 부여하시기 위해서였다. 이에 대해서는 성경이 다양한 방법을 통해 증거하고 있다. 사도 바울은 여러 교회들에 편지하면서 그에 대한 기록을 남기고 있다.

"너희가 아들인고로 하나님이 그 아들의 영을 우리 마음 가운데 보내사 아바 아버지라 부르게 하셨느니라 그러므로 네가 이 후로는 종이 아니요 아들이니 아들이면 하나님으로 말미암아 유업을 이을 자니라"(갈 4:6,7);
"너희는 다시 무서워하는 종의 영을 받지 아니하였고 양자의 영을 받았으므로 아바 아버지라 부르짖느니라 성령이 친히 우리 영으로 더불어 우리가 하나님의 자녀인 것을 증거하시나니 자녀이면 또한 후사 곧 하나님의 후사요 그리스도와 함께한 후사니 우리가 그와 함께 영광을 받기 위하여 고난도 함께 받아야 될 것이니라"(롬 8:15-17)

하나님의 자녀가 되어 그를 아버지라고 부르는 것은 선택받은 성도들에게 주어진 특권이다. 그는 하나님의 것을 상속받을 자의 자리에 앉게 된 것이다. 그러므로 교회에 속한 성도들은 영원한 상속을 약속받고 있지만 이 세상에 살아가는 동안은 하나님의 영광과 더불어 고난도 함께 받아야 한다. 이와 연관된 내용은 구약성경에 이미 예언되어 온 바였다.

구약 시대 믿음의 선배들은 메시아가 하나님의 아들로서 세상에 오시게 된다는 사실을 예언해 왔다. 그를 통해 그에게 속한 자들도 상속자가 되리라는 사실이 시사되었던 것이다. 시편 기자는 그에 관한 예언적 증언들을 노래하고 있다.

"내가 영을 전하노라 여호와께서 내게 이르시되 너는 내 아들이라 오늘날 내가 너를 낳았도다"(시 2:7);
"저가 내게 부르기를 주는 나의 아버지시요 나의 하나님이시요 나의 구원의 반석이라 하리로다"(시 89:26)

메시아에 연관된 이와 같은 말씀은 천사들을 위해 주어진 것이 아니었다. 천사들은 하나님의 아들로서 지위를 가지게 될 수 없다. 그러므로 '아들'이라는 칭호는 천사들에게 허락되지 않았다. 이는 선택받은 하나님의 자녀들에게 주어질 아름다운 이름이었으며 천사들에게는 주어지지 않는다.

타락한 세상으로부터 자기 자녀를 구원하시기 위해 인간의 몸을 입고 오신 예수 그리스도는 곧 하나님 자신이다. 그는 우주만물이 지어지는 시점 이전부터 하나님이라 불리시는 분이었다. 그가 하나님의 아들이 될 모든 성도들을 위해 이땅에 '맏아들'로 오시게 될 때 모든 천사들도 선택받은 인간들과 더불어 그에게 경배하며 찬양하게 된다. 그는 영원한 왕권을 가지고 공의의 홀을 잡고 계시는 하나님이시기 때문이다.

> "당신은 하나님이시요 당신의 왕권은 영원무궁하시며 당신이 잡으신 홀은 공의의 홀이니이다"(히 1:8)

히브리서 기자는 조물주임에도 불구하고 피조물인 인간의 몸을 입고 이 세상에 오신 예수님이 '하나님의 아들' 곧 '하나님'이라는 사실을 증거하고 있다. 그는 우주만물을 통치하는 영원무궁한 왕으로서 공의의 홀을 잡고 계시는 분이다. 그러므로 모든 인간들과 천사들은 그에게 온전히 복종해야 한다. 만일 그렇지 않으면 하나님의 진노를 사게 되어 영원한 심판에 처해질 수밖에 없다.

3. 예수 그리스도의 재림

이 세상에 오셔서 존귀한 생명을 내어놓고 고난을 당하셨던 예수님은 종말의 때가 이르게 되면 천상으로부터 다시 재림하시게 된다. 그것은 타락한 세상에 살아가는 모든 성도들의 궁극적인 소망이기도 하다. 그가 다시 오셔서 사탄의 세력을 궁극적으로 심판하실 것이며 자기 백성들을 영원한 생명의 나라로 인도하신다.

성경은 어떠한 천사들도 그와 같은 놀라운 일을 감당할 수 없다는 사실을 명시하고 있다. 그 사역은 하나님께서 천사들을 시켜서 하실 일이 아니었다. 그것은 죄인들을 구원하는 구속사역이기 때문에 하나님께서 친히 인간의 몸을 입고 이 세상에 강림하심으로써 이루어지게 된다.

하나님께서는 처음부터 의를 사랑하고 불법을 미워하는 분이었다. 여기서 말하는 의란 일반 윤리적인 개념이 아니라 하나님께만 속한 참된 의로움이다. 그리고 그는 불법을 미워하시는 분이다. 이 불법 역시 세상의 기준을 두고 비교할 수 있는 성질의 것이 아니며 거룩한 하나님의 반대편에 놓인 모든 것들을 의미하고 있다.

예수께서는 그에 대한 심판과 구원을 위해 결국 모진 고난을 당하신 후 십자가를 지고 돌아가시게 되었다. 그후 부활 승천하신 하나님의 아들이 때가 되면 다시 재림하시게 된다. 재림하실 예수님은 영광의 하나님이자 심판의 주님으로 오신다. 그가 오셔서 죄로 인해 타락한 인간들과 오염된 땅을 심판하시고 새로운 창조를 통해 처음의 모든 의미를 회복하며 완성하시게 되는 것이다.

4. 하나님의 기름 부으심

히브리서 기자는 하나님께서 친히 예수님께 '기쁨의 기름'(the oil of gladness)을 부으셨음을 증거하고 있다. 이는 하나님의 완벽한 뜻에 따라 그가 세상의 모든 피조물들과 확연히 구별되었음을 말해준다. 예수 그리스도는, 천사들이 거룩하여 죄가 전혀 없는 존재라 할지라도 저들과 명확하게 구별된다. 그리고 그는 인간의 몸을 입고 있어 외형상 인간처럼 보이지만 모든 인간들과 구별되는 존재이다.

하나님께서는 히브리서 기자를 통해 자신이 친히 예수 그리스도께 기름을 부어 특별한 존재라는 사실을 확인해 주셨다. 이는 그가 천상천하에서 어느 누구와도 구별되는 독보적인 존재임을 증거하고 있다. 그는 곧 인간의 몸을 입으신 하나님 자신이기 때문이다.

제3장
첫 우주의 멸망과 새 하늘과 새 땅
(히 1:10-14)

1:10 또 주여 태초에 주께서 땅의 기초를 두셨으며 하늘도 주의 손으로 지으신 바라

1:11 그것들은 멸망할 것이나 오직 주는 영존할 것이요 그것들은 다 옷과 같이 낡아지리니

1:12 의복처럼 갈아 입을 것이요 그것들이 옷과 같이 변할 것이나 주는 여전하여 연대가 다함이 없으리라 하였으나

1:13 어느 때에 천사 중 누구에게 내가 네 원수로 네 발등상 되게 하기까지 너는 내 우편에 앉았으라 하셨느뇨

1:14 모든 천사들은 부리는 영으로서 구원 얻을 후사들을 위하여 섬기라고 보내심이 아니뇨

1. 하나님을 위한 처음 창조

하나님께서 우주만물과 인간을 창조하신 목적은 하나님 자신의 영광을 위해서였다. 하나님의 창조 의도는 일차적으로 인간을 위해서가 아니었다. 이는 일반 생물이나 무생물은 물론 하늘의 천사들과 하나님의 형상을 입은 인간들 때문에 지어진 것이 아니었던 것이다.[1] 따라서 시편 기자는

---

[1] 타락한 인간들은 이 세상의 만물이 자기를 위해 존재하는 것으로 오해하고 있다. 그런 자들은 만물을 자기의 목적을 위해 변환시키려는 노력을 아끼지 않는다. 그러나 우리는 모든 피조 세계가 원래 하나님을 위해 창조되었다는 사실을 마음 깊이 새기지 않으면 안 된다. 그렇게 하지 않는다면 인간의 마음에 최소한의 겸손도 남아있지 않게 된다.

모든 피조물이 여호와 하나님께 속한 것임을 노래하고 있다.

"땅과 거기 충만한 것과 세계와 그 중에 거하는 자가 다 여호와의 것이로다"(시 24:1)

우리가 여기서 분명히 깨달아야 할 바는 하나님을 모르는 천박한 진화론자들이 주장하듯이 우주만물이 우연히 생겨난 것이 아니라는 사실이다. 나아가 하나님이 임기응변적으로 이 세상을 창조하신 것이 아니었다. 그 안에 있는 모든 만물들은 하나님의 명확한 의도와 철저한 과정을 통해 지어졌다.

그래서 히브리서 기자는 하나님께서 태초에 땅의 기초를 두셨으며 하늘도 주님의 손에 의해 지어졌다는 사실을 언급하고 있다. 우리가 창세기 맨 앞부분에서 보듯이 하나님께서 한 순간에 천지만물을 다 창조한 것이 아니라 엿새 동안 적절한 과정에 따라 지으신 것은 그에 대한 중요한 증거가 된다. 모든 피조세계는 그 자체에서 하나님의 놀라운 의도가 드러나고 있다.

2. 인간의 범죄로 인한 우주의 오염과 법칙의 손상

하나님께서 우주만물을 창조하시면서 맨 나중에 자신의 형상에 따라 인간을 창조하셨다. 그 모든 것들은 오직 하나님의 영광을 위한 것이었다. 그러나 처음 인간이었던 아담과 하와는 사탄의 유혹을 받아 우주와 자신을 만드신 하나님의 의도를 저버렸다. 그리하여 인간은 거룩하신 하나님과는 어울리지 않는 배도한 존재가 되어 버렸다.

결국 인간이 범죄함으로 말미암아 그에게 맡겨졌던 우주만물 역시 더럽게 오염되었다. 더럽혀진 세상은 더 이상 하나님의 기쁨의 대상이 될 수 없었다. 그것은 거룩하고 영광스런 하나님의 성품과는 전혀 어울리지 않았기 때문이다. 창세기에는 아담의 범죄로 인해 피조세계도 함께 저주의 대상이 된 사실을 기록하고 있다.

"아담에게 이르시되 네가 네 아내의 말을 듣고 내가 너더러 먹지 말라한 나무 실과를 먹었은즉 땅은 너로 인하여 저주를 받고 너는 종신토록 수고하여야 그 소산을 먹으리라 땅이 네게 가시덤불과 엉겅퀴를 낼 것이라"(창 3:17,18)

원래 우주만물은 하나님의 형상을 닮은 인간들에게 맡겨졌을 뿐 아니라 그들에게도 무한히 유익한 영역이었다. 그러나 하나님께서 금지한 그 실과를 먹었기 때문에 하나님의 저주의 대상이 될 수밖에 없었다. 그로 말미암아 하늘은 진정한 아름다움을 선사하는 일이 중단되었으며 땅은 저주를 받아 양질의 식물食物을 내지 않았다. 땅은 좋은 열매 대신 가시덤불과 엉겅퀴를 내게 되었던 것이다.

나아가 인간의 타락은 우주만물의 법칙에도 엄청난 손상을 가져왔다. 땅에서는 지진과 화산폭발이 일어났으며, 무더위와 추위가 찾아왔다. 하늘은 비를 지나치게 많이 내리기도 했으며 비가 멈춰 견디기 어려운 가뭄이 찾아오기도 했다. 나아가 태양을 비롯한 우주의 별들에도 그로 말미암아 상당한 손상이 갔을 것이 틀림없다.

3. 하나님의 심판계획

인간의 범죄로 인해 인간들 자신뿐 아니라 우주만물도 함께 오염되었다는 사실을 기억하는 것은 매우 중요하다. 그러므로 그것들은 더 이상 거룩한 하나님의 기쁨의 대상이 될 수 없다. 그와 같은 상황은 전적으로 하나님을 배반하고 사탄의 유혹을 받아 그에게 속한 인간들 때문에 발생한 문제였다. 따라서 우주 만물은 거룩한 하나님의 심판을 면할 수 없었다. 시편 기자는 그에 연관된 시를 노래하고 있다.

"천지는 없어지려니와 주는 영존하시겠고 그것들은 다 옷 같이 낡으리니 의복 같이 바꾸시면 바뀌려니와 주는 여상하시고 주의 년대는 무궁하리이다"(시 102:26,27)

공의의 하나님께서는 처음 지으셨던 만물이 죄로 인해 오염되었으므로 그냥 둘 수가 없었다. 여기서도 하나님의 영원한 작정과 은혜가 드러나고 있다. 그것은 하나님의 창조의도가 여전히 보존되고 있음을 의미하기 때문이다. 즉 하나님은 인간이 타락하고 우주만물이 오염되었음에도 불구하고 완전히 포기하지 않으셨던 것이다.

그리고 언약의 하나님은 그 속성상 첫 번째 창조하신 세계와 연관성이 있는 새로운 세계를 계획하셨다. 이는 단순한 변형이 아니라 새로운 재창조를 염두에 두고 계셨음을 의미한다. 이 말은 창세전에 작정하신 하나님의 구원과 악한 죄에 대한 궁극적인 심판에 밀접하게 연관되어 있었다.

사탄과 인간으로 말미암아, 처음 창조된 피조세계에 엄청난 변화가 발생했지만 영존하시는 하나님께는 아무런 변화가 일어나지 않았다. 다시 창조되는 새로운 세계는 사탄의 세력이 결단코 범접할 수 없는 영역이 된다. 오염된 우주만물과 달리 나중에 완성될 새로운 피조세계는 유한하지 않은 영원무궁한 영역이 되는 것이다.

4. 재창조 계획

하나님께서는 처음부터 영원한 새 하늘과 새 땅을 창조하기로 계획하고 계셨다. 즉 이는 역사적 형편에 따라 하나님께서 그에 대한 작정을 하신 것이 아니었다. 그러므로 새 하늘과 새 땅에 관한 내용은 구약시대부터 줄곧 예언되어 왔다. 이사야 선지자는 그에 대한 구체적인 예언을 했으며 신약시대의 사도들은 그와 동일한 종말에 관한 내용을 기록하고 있다.

> "보라 내가 새 하늘과 새 땅을 창조하나니 이전 것은 기억되거나 마음에 생각나지 아니할 것이라"(사 65:17);
> "우리는 그의 약속대로 의의 거하는 바 새 하늘과 새 땅을 바라보도다"(벧후 3:13);
> "또 내가 새 하늘과 새 땅을 보니 처음 하늘과 처음 땅이 없어졌고 바다도 다시 있지 않더라"(계 21:1)

하나님은 나중 새 하늘과 새 땅을 창조하시는 것을 가장 중요한 종말의 목적으로 삼고 계셨다. 그것이 구약의 여러 선지자들의 입을 통해 증거되었다. 따라서 구약시대의 모든 성도들은 그에 대한 소망을 가지고 살았던 것이 분명하다.

예수께서 이땅에 오신 후에는 신약의 사도들이 그에 대한 증언을 지속했다. 위의 본문에 소개된 것처럼 사도 베드로는, 하나님의 의 가운데 거하는 성도들이 새 하늘과 새 땅을 바라보며 살아간다는 사실을 고백적으로 기술하고 있다. 또한 사도 요한은 종말이 되면 하나님께서 옛 하늘과 옛 땅을 심판하신 후 최종적으로 성취되는 새 하늘과 새 땅에 관한 기록을 남기고 있다.

5. '그리스도에 의한 그리스도를 위한' 재창조

인간을 유혹한 사탄과 죄에 빠진 인간에 대한 심판은 전적으로 예수 그리스도의 몫이었다. 삼위일체 하나님께서 신비한 방법으로 성자 하나님께 그 사역을 맡기셨던 것이다. 이에 대해서는 구약과 신약성경에 다양한 형태로 증언되어 있다.

시편 기자는 그에 관한 노래를 했으며 예수께서도 친히 자신을 비추어 그 사실을 증언하셨다. 그리고 오순절날 성령께서 강림하신 후에는 베드로가 열한 제자와 함께 그에 연관된 선포를 했다.

> "여호와께서 내 주에게 말씀하시기를 내가 네 원수로 네 발등상 되게 하기까지 너는 내 우편에 앉으라 하셨도다"(시 110:1);
> "시편에 다윗이 친히 말하였으되 주께서 내 주께 이르시되 내가 네 원수를 네 발의 발등상으로 둘 때까지 내 우편에 앉았으라 하셨도다 하였느니라"; "내가 네 원수를 네 발의 발등상으로 둘 때까지 내 우편에 앉았으라 하셨도다"(눅 20:43; 행 2:35)

이 말씀들 가운데는 승리에 대한 메시아 사역이 드러나고 있다. 인간의 몸을 입고 이 세상에 오시게 될 성자 하나님이신 예수 그리스도께서 사탄을 심판하여 굴복시키게 된다는 것이었다. 이는 인간이 타락한 후 주어진 하나님의 약속, 즉 창세기 3장에 기록된 여자의 후손과 밀접하게 연관되어 있는 내용이다.

> "내가 너로 여자와 원수가 되게 하고 너의 후손도 여자의 후손과 원수가 되게 하리니 여자의 후손은 네 머리를 상하게 할 것이요 너는 그의 발꿈치를 상하게 할 것이니라"(창 3:15)

사탄에 대한 응징과 심판은 신구약 시대의 모든 하나님의 자녀들이 간절히 소망하는 바였다. 예수께서는 완벽한 인간으로서 십자가에 달려 죽었다가 부활함으로써 궁극적인 승리를 이루시게 되었다. 우리는 이에 대한 예언과 성취를 보면서 하나님의 놀라운 경륜을 깨닫는 가운데 이 세상에 살아가고 있다.

제2부

예수 그리스도를 통한 구원

제4장
하나님의 말씀을 통한 구원
(히 2:1-4)

2:1 그러므로 모든 들은 것을 우리가 더욱 간절히 삼갈지니 혹 흘러 떠내려 갈까 염려하노라

2:2 천사들로 하신 말씀이 견고하게 되어 모든 범죄함과 순종치 아니함이 공변된 보응을 받았거든

2:3 우리가 이같이 큰 구원을 등한히 여기면 어찌 피하리요 이 구원은 처음에 주로 말씀하신 바요 들은 자들이 우리에게 확증한 바니

2:4 하나님도 표적들과 기사들과 여러가지 능력과 및 자기 뜻을 따라 성령의 나눠 주신 것으로써 저희와 함께 증거하셨느니라

1. 기록된 말씀에 유념해야 할 성도들

하나님의 자녀들은 말씀에 굳게 서 있어야만 한다. 그러기 위해서는 기록된 말씀에 대한 올바른 깨달음을 가지지 않으면 안 된다. 그렇지 않고서는 신앙의 심지를 굳게 할 수 없다. 따라서 지상 교회에 속한 성도들은 하나님께서 행하신 모든 일들을 자녀에게 상속 전달하여 삶의 근간으로 삼을 수 있어야 한다. 이는 물론 기록된 계시를 근거로 해야 한다. 이에 대해서는 구약시대의 선지자들도 그와 동일한 교훈을 하고 있다.

"너희는 이 일을 너희 자녀에게 고하고 너희 자녀는 자기 자녀에게 고하고 그 자녀는 후시대에 고할 것이니라"(욜 1:3)

하나님의 말씀은 선택받은 백성의 궁극적인 구원을 위한 소중한 방편이 된다. 그것을 통해 우리의 믿음을 견고하게 정립할 수 있다. 계시된 말씀이 아닌 이성과 종교적인 다양한 경험들은 도리어 믿음을 약화시키게 될 우려가 따른다. 일시적으로 믿음을 강화하는 듯하지만 다른 변수를 만나게 되면 쉽게 흔들릴 수밖에 없는 것이다.

그러므로 성경은 기록된 하나님의 말씀이 유일한 진리라는 사실을 강조하고 있다. 그 가운데는 죄의 근원적인 문제를 해결할 메시아에 관한 계시가 드러나고 있기 때문이다. 성경을 읽으면서도 메시아에 대한 깨달음이 없다면 거기에는 아무런 의미가 발생하지 않는다. 그러므로 예수께서는 늘 성경을 읽고 연구하면서도 메시아를 멀리하며 거부하던 서기관들을 신랄하게 책망하셨던 것이다.

그들이 성경을 올바르게 읽고 깨달았다면 인간의 몸을 입고 이 세상에 오신 예수 그리스도를 알아볼 수 있어야만 했다. 하지만 그들은 그 중요한 사실을 전혀 깨닫지 못하고 있었다. 사도 바울은 디모데에게 보내는 편지에서, 성경이 예수 그리스도 안에 있는 믿음으로 인해 구원에 이르는 지혜를 허락하게 된다는 사실을 언급하고 있다.

"너희가 성경에서 영생을 얻는줄 생각하고 성경을 상고하거니와 이 성경이 곧 내게 대하여 증거하는 것이로다"(요 5:39);
"너는 배우고 확신한 일에 거하라 네가 뉘게서 배운 것을 알며 또 네가 어려서부터 성경을 알았나니 성경은 능히 너로 하여금 그리스도 예수 안에 있는 믿음으로 말미암아 구원에 이르는 지혜가 있게 하느니라"(딤후 3:14,15)

바울이 디모데에게 교훈하고 있는 것처럼 하나님의 자녀들은 말씀을 통해 배우고 확신한 일에 거해야 한다. 영생과 구원은 결코 인간들의 연구와 노력에 의해 발견되거나 성취되지 않는다. 따라서 교회에 속한 모든 성도들은 항상 그 말씀을 유념하여 묵상해야만 한다. 그렇게 함으로써 성도들은 타락한 세상에 의해 흔들리지 않고 굳건한 믿음을 보존해 갈 수 있게 된다.

2. 범죄와 불순종

인간들이 저지르는 가장 큰 범죄는 하나님의 말씀을 거부하여 듣지 않는 오만한 삶의 태도이다. 그것은 곧 하나님 자신을 거부하는 것과 마찬가지이기 때문이다. 그와 같은 자들은 반드시 무서운 심판과 보응을 받게 된다.

이는 모든 인간들에게 공히 해당되는 말이다. 하나님의 말씀을 떠나 있으면서 영원한 구원에 참여할 자는 아무도 없다. 말씀을 소유한 교회에 속해 있음으로써 진리에 연결되는 것은 성도들에게 허락된 최상의 은혜이자 복이다.

그러므로 하나님으로부터 영원한 생명을 얻고 상을 얻게 될 자들은 하나님의 말씀에 참여하는 자들이다. 따라서 계시된 말씀을 멸시하는 자들은 영원한 멸망을 피할 수 없게 된다. 구약성경 잠언에서는 그에 연관된 중요한 교훈을 주고 있다.

> "말씀을 멸시하는 자는 패망을 이루고 계명을 두려워하는 자는 상을 얻느니라 지혜 있는 자의 교훈은 생명의 샘이라 사람으로 사망의 그물을 벗어나게 하느니라" (잠 13:13,14)

우리 가운데 하나님의 말씀을 의도적으로 멸시하는 자는 아무도 없을 것이다. 그러나 겉으로 드러나는 입술의 표현과는 달리 속마음으로 그 내용을 온전히 받아들이지 않는다면 멸시하는 것과 마찬가지다. 성경에 기록된 모든 말씀을 구체적인 진리로 깨닫는 것이 성도의 기본적인 신앙자세이다.

패망하는 자들과 하나님의 은혜를 입은 자들 사이에는 기록된 말씀이 그 기준이 되고 있다. 하나님을 경외함으로써 진리의 말씀에 순종하는 자들은 영원한 생명을 얻게 되지만 그 말씀을 멸시하는 자들은 하나님의 심판을 받아 영원한 사망에 이르게 된다. 이는 하나님의 자녀들이 소유해야 할 삶의 기준이 무엇인가 하는 점을 여실히 보여주고 있다.

3. '하나님의 큰 구원'

어리석은 인간들은 타락한 본성으로 인해 현상적인 것에 집착함으로써 삶의 본질적인 의미를 알지 못한다. 그러므로 눈에 보이는 외형적인 삶을 위해 모든 것을 투자하게 된다. 그런 자들은 세상에서 이룩하고 성취한 결과를 기반삼아 자신의 삶에 대한 성공여부를 판단하려고 한다. 하지만 그것은 어리석기 그지없는 일이다.

형식상 지상 교회에 속한 교인들이라 할지라도 세상의 악한 영향력에서 근본적으로 벗어나지 못한 상태라면 그 가운데서 허덕일 수밖에 없다. 그렇게 되면 영원한 구원에 대해 소홀히 생각하거나 그것의 진정한 의미를 모르게 된다. 그런 태도를 버리지 않는다면 하나님의 보응을 피하지 못한다.

택한 백성에 대한 구원은 우주만물이 창조되기 전부터 하나님께서 약속하신 바였다. 참된 성도라면 그 구원이 얼마나 위대한 의미를 지니는지 현실적으로 깨닫게 된다. 그것은 곧 하나님의 사랑과 은혜를 알게 해 주며 하나님을 찬송하는 근거로서 역할을 한다. 이사야 선지자는 하나님께서 구원의 날에 행하실 일과 장래 자기 백성들을 위해 드러나게 될 일들에 대해 예언했다.

> "여호와께서 또 가라사대 은혜의 때에 내가 네게 응답하였고 구원의 날에 내가 너를 도왔도다 내가 장차 너를 보호하여 너로 백성의 언약을 삼으며 나라를 일으켜 그들로 그 황무하였던 땅을 기업으로 상속케 하리라"(사 49:8)

참된 하나님의 자녀들이라면 하나님의 영원한 구원에 연관된 의미를 기꺼이 받아들여야 한다. 인간들이 이 세상에 살아가면서 겪는 일들 가운데 이보다 더 큰 일은 있을 수 없다. 따라서 그 가운데서 하나님의 놀라운 구원계획과 하나님의 약속, 그리고 그의 크신 사랑을 깨닫지 않으면 안 된다.

4. 예수 그리스도와 사도들을 통한 증언

하나님의 말씀은 인간의 역사 가운데 지속적으로 상속되어 간다. 이는 교회를 통해 영원한 진리에 대한 역사적 확증이 이루어지는 것과 연관된다. 그 일은 십자가에 달려 돌아가신 주님의 부활과 오순절 성령 강림으로부터 시작하여 그가 재림하시는 마지막 날까지 지속된다. 따라서 그것은 전적인 성령 하나님의 사역으로 말미암는 것이다. 사도행전에는 예수 그리스도의 사역에 대한 증언과 선포에 관한 기록이 나타난다.

> "오직 성령이 너희에게 임하시면 너희가 권능을 받고 예루살렘과 온 유대와 사마리아와 땅 끝까지 이르러 내 증인이 되리라 하시니라"(행 1:8)

하나님의 말씀은 온 세상에 선포되어야만 한다. 그것은 구원과 심판의 의미를 동반하고 있다. 창세전에 선택받아 예정된 백성들에 대한 구원과 나머지 인간들에 대한 심판은 그에 직접 연관되어 있다. 따라서 악한 인간들은 그로 말미암아 자신에 대한 변명을 늘어놓을 수 없다. 그것을 통해 하나님의 승리가 만방에 선포될 것이며 최종적인 회복이 이루어지게 되는 것이다.

5. 하나님의 능력과 성령의 사역

하나님께서는 어리석은 백성들을 위해 다양한 표적과 이적들을 행하셨다. 죄에 빠진 인간들은 상식적인 일반 대화로는 하나님의 말씀을 알아듣지 못한다. 우리는 신약성경 특히 복음서에서 그에 관한 구체적인 내용들을 수없이 많이 볼 수 있다. 누가는 사도행전에서 백성들 앞에서 베푸신 예수님의 권능과 이적을 통해 그가 메시아임을 증거해 주신 하나님의 사랑을 언급하고 있다.

> "이스라엘 사람들아 이 말을 들으라 너희도 아는바에 하나님께서 나사렛 예수로 큰 권능과 기사와 표적을 너희 가운데서 베푸사 너희 앞에서 그를 증거하셨느니라"(행 2:22)

예수께서 베푸신 모든 이적들의 목적은, 그가 구약 성경에 예언되어 온 하나님의 아들 메시아라는 사실을 입증하시기 위해서였다. 이는 그후에 제자들이 행한 기적들과는 성격상 차이가 난다. 즉 예수님의 이적은 자신이 메시아라는 사실을 증거하는 것이었으며, 그의 제자들이 베푼 다양한 이적들과 은사들은 이땅에 하나님의 교회를 온전히 세우기 위한 목적을 지니고 있었다.[2]

---

2) 오늘날 우리시대 기독교 주변에서 행해지는 기적들은 그것 자체로써 예수 그리스도를 증거하는 도구로 사용될 필요가 없다. 성경에 이미 그 증거들이 충분히 나타나 있기 때문이다. 그리고 병 고치는 행위와 같은 특별한 이적들을 통해 교회를 세워나가는 것도 아니다. 지상의 교회는 하나님의 말씀과 성례와 기도 등 은혜의 방편들을 통해 세워져 가고 있다.

사도 바울은 고린도 교회에 편지하면서 교회적인 특별한 은사들에 관한 기록을 하고 있다. 그것은 개별 인간들이 소유하고 있는 일반적인 성품이나 재능을 의미하지 않는다. 그와 같은 인간들의 성품과 재능은 아무리 탁월하다 할지라도 교회 안에만 있는 것이 아니라 교회 밖에도 얼마든지 많이 존재할 수 있다.

"은사는 여러 가지나 성령은 같고 직임은 여러 가지나 주는 같으며 또 역사는 여러 가지나 모든 것을 모든 사람 가운데서 역사하시는 하나님은 같으니 각 사람에게 성령의 나타남을 주심은 유익하게 하려 하심이라"(고전 12:4-7)

하나님께서 허락하신 은사들은 개인적인 목적이나 욕망을 추구하기 위한 방편으로 주어진 것이 아니다. 그것은 오로지 지상의 교회를 온전히 세우기 위한 것이다. 설령 개인의 신앙적인 유익을 위한 측면이 있다고 할지라도 그것은 전체적으로 보아 교회를 위한 것으로 이해해야 한다. 즉 지상 교회는 하나님께서 허락하신 은사들을 통해 세워지고 보존되어 가는 것이다.

제5장
예수 그리스도의 고난을 통한 구원
(히 2:5-10)

2:5 하나님이 우리의 말한 바 장차 오는 세상을 천사들에게는 복종케 하심이 아니라

2:6 오직 누가 어디 증거하여 가로되 사람이 무엇이관대 주께서 저를 생각하시며 인자가 무엇이관대 주께서 저를 권고하시나이까

2:7 저를 잠깐 동안 천사보다 못하게 하시며 영광과 존귀로 관 씌우시며

2:8 만물을 그 발 아래 복종케 하셨느니라 하였으니 만물로 저에게 복종케 하셨은즉 복종치 않은 것이 하나도 없으나 지금 우리가 만물이 아직 저에게 복종한 것을 보지 못하고

2:9 오직 우리가 천사들보다 잠깐 동안 못하게 하심을 입은 자 곧 죽음의 고난 받으심을 인하여 영광과 존귀로 관 쓰신 예수를 보니 이를 행하심은 하나님의 은혜로 말미암아 모든 사람을 위하여 죽음을 맛보려 하심이라

2:10 만물이 인하고 만물이 말미암은 자에게는 많은 아들을 이끌어 영광에 들어가게 하시는 일에 저희 구원의 주를 고난으로 말미암아 온전케 하심이 합당하도다

1. 장차 이르게 될 새로운 세상에 대한 소망

영원한 세상을 알지 못하는 어리석은 인간들은 현실주의에 빠지게 된다. 혹 외형상 그렇지 않은 듯이 보인다 할지라도 현세 중심적인 삶을 추구하는 예들이 많이 있다. 그런 자들은 현실을 자랑거리로 삼게 되는 오류

를 범하지 않을 수 없다.

그러나 하나님의 자녀들에게 허락된 삶의 중심은 현실이 아니라 미래에 완성되어 임하게 될 영원한 나라를 향하고 있다. 이는 현재 인간들이 살고 있는 세상은 과정적 영역이라는 사실을 깨달아 알고 있기 때문이다. 그러므로 현재적인 삶에 지나치게 집착하지 않으며 장차 임할 새로운 세상에 대한 소망을 가지게 되는 것이다.

죄에 빠진 모든 인간들은 궁극적으로 하나님의 심판을 받아야 한다. 아담으로 인해 저질러진 그 죄는 인간 자신에게 관련된 것일 뿐 아니라 거룩한 하나님께 저항하는 무서운 범죄행위였다. 따라서 공의로운 하나님께서는 결코 그 죄를 아무런 문제가 없는 듯이 묵과하시지 않는다.

그런 중에도 하나님께서는 자신의 거룩한 이름을 위해 창세전에 작정하신대로 선택된 백성들에 대한 영원한 구원의 길을 열어두셨다. 이는 이 세상이 존재하기 전에 이미 확정된 상태로 유지되고 있었다. 역사적인 때가 가까워지게 되면 자기 백성들을 장차 임할 새로운 세상으로 불러 모으시는 하나님의 구체적인 사역이 점진적으로 시행되게 된다.

앞으로 이르게 될 새로운 세상이란 최종 심판이 있은 후 거룩한 성도들에게 허락될 새 하늘과 새 땅을 지칭하고 있다. 그곳은 인간들이 타락한 세상에서 경험하는 것과는 차원이 전혀 다른 영역이다. 물론 우리는 지상의 교회를 통해 그에 대한 어느 정도의 맛을 보고 있지만 전체적으로 완벽하게 알 수는 없다. 그래서 우리는 그 새로운 세상에 궁극적인 소망을 두고 살아가게 되는 것이다.

2. 잠시 동안 천사보다 못하게 된 인간과 예수 그리스도

타락한 천사인 귀신과 달리 하나님의 거룩한 천사는 죄가 없는 존재이다. 따라서 범죄한 인간은 천사보다 못할 수밖에 없다. 하지만 예수 그리스도로 말미암아 영원한 구원을 받게 된 성도들에게 있어서는 사정이 다르다. 하나님께서 택하신 자기 백성들을 구원하시기 위해 친히 이 세상에 오셔서 자기 몸을 내어놓으심으로써 본질적인 관계가 완전히 회복되었기 때문이다.

구속받은 성도들은 이제 하나님으로 말미암아 천사들보다 훨씬 나은 자리에 놓이게 되었다. 주님의 백성들은 거룩한 하나님의 자녀가 되어 그를 '아버지'라 부를 수 있는 놀라운 특권을 누리게 되었기 때문이다. 그것은 단순한 호칭 사용이 아니라 하나님의 영원한 언약이 성취됨으로써 허락된 상속을 보장하고 있다.

그럼에도 불구하고 구원받은 성도들은 끊임없는 환난과 고통을 경험하는 가운데 이 세상을 살아가게 된다. 이는 천사들이 그와 같은 어려움을 전혀 겪지 않는 것과 크게 대비된다. 그러므로 하나님의 자녀들은 이 세상에서 살아가는 잠시 동안 천사들보다 못한 자리에 놓이게 된 것이다.

이에 대해서는 인간의 몸을 입고 이 세상에 오신 하나님의 아들 예수 그리스도께도 해당된다. 실상은 그가 보통 인간들보다 훨씬 힘들고 고통스런 삶을 체휼하셨다. 따라서 전지전능하고 거룩하신 하나님이시면서도 이 세상에서 고난과 모욕을 당하시는 면에 있어서는 잠시 동안 천사보다 못한 자리에 계셨다. 이는 그가 험난한 모든 과정을 친히 겪으심으로써 택하신 자기 백성들을 구원하시기 위한 것이었다. 여기서 우리는 자기 백성들에 대한 하나님의 놀라운 사랑을 보게 된다.

3. 영광과 존귀의 면류관

하나님의 아들이 잠시 동안 천사보다 못하게 되신 것은 그의 섭리가운데 이루어진 일이었다. 예수 그리스도를 통한 하나님의 구원 사역은 결코 우발적이거나 임기응변적인 것이 아니었다. 하나님께서는 창세전에 자기 자녀를 그리스도 안에서 택정하셨으므로 그 사역을 경륜에 따라 실행하셨던 것이다.

그러나 이땅에 오신 예수 그리스도는 세상의 타락한 인간들과 배도자들에 의해 많은 고난을 당해야만 했으며 결국은 십자가에 달려 죽어야만 했다. 그것은 창세전에 택하신 백성을 구원하시기 위한 유일한 방편으로서 하나님의 허용에 따른 것이었다. 하나님께서 그것을 허락지 않으신다면 결단코 그와 같은 일이 발생할 수 없다. 하지만 인간의 몸을 입고 이땅에 오신 예수 그리스도는 그것을 통해 영원한 존귀와 영광을 받으시게 되었다. 구약시대의 시편 기자는 그에 관한 예언적 노래를 하고 있다.

“주께서 저를 천사보다 조금 못하게 하시고 영화와 존귀로 관을 씌우셨나이다”(시 8:5)

피조물인 천사들조차도 당하지 않은 끔찍한 고난을 거룩하신 하나님의 아들이신 예수 그리스도께서 당하셨다. 외견상 보기에는 하나님의 아들이 피조물인 천사보다 오히려 못하게 보일 수도 있었다. 그러나 그것은 언약의 자녀들을 위한 영원한 구원 사역을 이루기 위한 일시적이지만 필연적인 방편이었다. 그것을 통해 그가 영원한 영광과 존귀의 면류관을 쓰시게 되었던 것이다.

4. 만물의 통치자

예수께서는 환난을 당하고 죽기까지 낮아지심으로써 자기 자녀들을 사탄의 세력으로부터 구원해 내셨다. 그것을 통해 사탄과 그의 졸개들은 하나님의 영원한 심판 아래 놓이게 되었다. 이는 예수께서 우주만물에 대한 통치권을 회복하셨음을 의미하고 있다.

그 일을 위해 성자 하나님께서 친히 인간의 몸을 입고 이 세상에 오셨던 것이다. 이는 그가 죄에 빠진 자기 백성들을 구원하시기 위한 사실과 연관되어 있다. 그 놀라운 사역을 위해서는 완벽한 인간으로서의 중보자가 필요했던 것이다. 그 사역은 전적으로 하나님의 작정과 계획 가운데 진행되었다. 사도 바울은 갈라디아 교회에 보내는 편지에서 아버지와 아들의 관계가 회복된 사실에 관한 구체적인 말씀을 전하고 있다.

"때가 차매 하나님이 그 아들을 보내사 여자에게서 나게 하시고 율법 아래 나게 하신 것은 율법 아래 있는 자들을 속량하시고 우리로 아들의 명분을 얻게 하려 하심이라 너희가 아들인고로 하나님이 그 아들의 영을 우리 마음 가운데 보내사 아바 아버지라 부르게 하셨느니라"(갈 4:4-6)

인간의 몸을 입으신 예수 그리스도를 이땅에 보내신 하나님의 특별한 사역으로 인해 하나님과 그의 자녀들 사이에 원래의 관계가 회복되었다. 그가 율법에 따라 자신의 몸을 희생 제물로 드림으로써 성도들에게 아들의 명분이 허락되었던 것이다. 그로 말미암아 은혜를 입은 자들은 예수 그리스도를 통해 하나님을 '아바 아버지'라 부를 수 있게 되었다.

하나님의 자녀로서 지위를 회복하게 된 성도들은 이제 그로부터 상속받은 새로운 세상을 통치하며 관리하게 된다. 그것이 우주만물을 창조하신 하나님께서 가지신 원래의 뜻이었다. 따라서 구원의 은총을 입어 그의 자녀가 된 백성들은 그 사실을 기억하는 가운데 하나님의 뜻에 온전히 순종해야만 한다.

5. 구원 창시자의 고난을 통한 영원한 구원

하나님의 아들이 당하신 고난의 의미는 과연 무엇인가? 교회에 속한 성도들이 전지전능하신 하나님께서 모진 고난을 받아야 했던 이유와 그 의미를 올바르게 깨닫는 것은 매우 중요하다. 그렇게 해야만 할 하등의 이유가 없어 보이는 분이 그런 끔찍한 고난을 받으신 데는 그만한 이유가 있었기 때문이다.

성경은 우리에게 그에 관한 분명한 설명을 해주고 있다. 성자 하나님이신 예수 그리스도께서 친히 고난을 당하시게 된 것은 오래 전에 이미 구약성경을 통해 예언된 바였다. 구약시대 이사야 선지자는 그에 대한 구체적인 기록을 남기고 있다.

> "그는 실로 우리의 질고를 지고 우리의 슬픔을 당하였거늘 우리는 생각하기를 그는 징벌을 받아서 하나님에게 맞으며 고난을 당한다 하였노라 그가 찔림은 우리의 허물을 인함이요 그가 상함은 우리의 죄악을 인함이라 그가 징계를 받음으로 우리가 평화를 누리고 그가 채찍에 맞음으로 우리가 나음을 입었도다"(사 53:4,5)

죄인을 구원하시게 될 그리스도께서는 우리가 당할 질고와 슬픔을 대신 당하실 분이었다. 그는 이땅에 오셔서 자기 백성을 위해 모진 고통을 당하시게 된다. 그러나 사악한 인간들은 그에 대한 의미를 전혀 깨닫지 못한다. 그러므로 배도에 빠진 유대인들은 예수께서 고통당하는 것을 보며 그것이 그분 자신의 잘못으로 인해 하나님으로부터 고난을 당하는 것으로 생각하게 되었다.

하지만 그가 매를 맞고 창에 찔려 모진 고난을 당하신 것은 우리의 허물로 인한 것이었다. 그리고 그의 몸이 상하게 된 것은 우리의 더러운 죄악 때문이었다. 그가 우리 대신 징계를 받음으로써 우리가 영원한 평화를 누리게 되었다. 그리고 그가 채찍을 맞음으로써 우리가 나음을 얻게 되었다. 그가 당한 모든 고난들은 자신의 허물이 아니라 우리의 죄 때문이라는 사실을 분명히 기억해야 한다.

그럼에도 불구하고 인간들은 그가 당한 고통들 가운데 조금도 받기를 원하지 않는다. 도리어 그의 고난을 발판으로 삼아 세상에서 영화를 누리고자 한다. 즉 그에게 고난을 가하고 핍박했던 세상과 짝하기를 좋아하는 것이다. 그러나 그것은 하나님의 사랑을 배척하는 배은망덕한 행동이라는 사실을 기억하지 않으면 안 된다. 그래야만 우리를 향한 하나님의 놀라운 사랑을 깨달을 수 있을 것이기 때문이다.

제6장
인간이 되신 예수 그리스도의 사역
(히 2:11-18)

2:11 거룩하게 하시는 자와 거룩하게 함을 입은 자들이 다 하나에서 난지라 그러므로 형제라 부르시기를 부끄러워 아니하시고

2:12 이르시되 내가 주의 이름을 내 형제들에게 선포하고 내가 주를 교회 중에서 찬송하리라 하셨으며

2:13 또 다시 내가 그를 의지하리라 하시고 또 다시 볼지어다 나와 및 하나님께서 내게 주신 자녀라 하셨으니

2:14 자녀들은 혈육에 함께 속하였으매 그도 또한 한 모양으로 혈육에 함께 속하심은 사망으로 말미암아 사망의 세력을 잡은 자 곧 마귀를 없이 하시며

2:15 또 죽기를 무서워하므로 일생에 매여 종노릇 하는 모든 자들을 놓아주려 하심이니

2:16 이는 실로 천사들을 붙들어 주려 하심이 아니요 오직 아브라함의 자손을 붙들어 주려 하심이라

2:17 그러므로 저가 범사에 형제들과 같이 되심이 마땅하도다 이는 하나님의 일에 자비하고 충성된 대제사장이 되어 백성의 죄를 구속하려 하심이라

2:18 자기가 시험을 받아 고난을 당하셨은즉 시험 받는 자들을 능히 도우시느니라

1. 거룩하게 하신 이와 거룩함을 입은 자

하나님과 그의 자녀가 된 성도들은 거룩함에 있어서 서로 조화되는 속

성을 지녀야만 한다. 그래야만 하나님과 인간 사이에 온전한 교제가 이루어질 수 있기 때문이다. 물론 그것은 예수 그리스도의 십자가 사역을 통해 이룩된 것이다.

만일 인간이 거룩하게 되지 않아 더러운 죄에 물든 상태로 남아 있다면 하나님과 교제할 수 없다. 그런 상태에서는 하나님께 감히 기도하지 못한다. 나아가 하나님을 찬송할 수도 경배할 수도 없다. 설령 겉보기에 그렇게 하는 것처럼 보일지라도 그것은 허공을 치는 종교적인 푸념 섞인 메아리에 지나지 않는다.

이에 대해서는 구약성경에 이미 모세를 통해 예언되었다. 하나님께서 이스라엘 민족을 애굽 땅에서 인도해 내신 것은 그가 저들의 하나님이 되기 위해서라는 것이었다. 그렇게 되기 위해서는 하나님의 부르심을 입은 자들이 먼저 거룩하게 되어야만 한다. 신약시대 베드로 역시 구약성경을 인용하며 그와 동일한 교훈을 주고 있다.

> "나는 너희의 하나님이 되려고 너희를 애굽 땅에서 인도하여 낸 여호와라 내가 거룩하니 너희도 거룩할지어다" (레 11:45);
> "오직 너희를 부르신 거룩한 자처럼 너희도 모든 행실에 거룩한 자가 되라 기록하였으되 내가 거룩하니 너희도 거룩할지어다 하셨느니라" (벧전 1:15,16)

하나님의 자녀들은 그의 속성에 따라 거룩하게 되지 않으면 안 된다. 예수께서는 자기 백성들이 소유한 그 거룩성으로 인해 저들을 '형제'라 부르시기를 주저하지 않으셨다. 하지만 그들이 거룩하게 되는 것은 인간적인 노력과 결단에 근거하지 않는다. 즉 인간들이 취하는 신앙적인 행동 때문이 아니라 예수 그리스도의 보혈로 말미암아 저들이 거룩하게 될 수 있다.

이처럼 하나님의 교회에 속한 모든 성도들은 그리스도의 피를 통해 거룩하게 된 자들이므로 상호간에 동일한 속성을 지니게 된다. 아무리 열정적인 종교 활동을 한다고 하더라도 예수 그리스도의 피로 말미암은 거룩성이 없다면 진정한 형제라 할 수 없다. 모든 성도들은 예수 그리스도의 보혈로 연결되어 있기 때문이다.

2. '교회 중에서' 찬송 받으시는 주님

하나님을 찬송하는 것은 개인적인 차원에서 스스로 만족해하는 것과 다른 차원의 것이다. 즉 하나님에 대한 찬송은 개별적인 판단에 근거하지 않는다. 비록 각 개인이 하나님께 찬양을 드린다 할지라도 교회 공동체에 속한 공적인 개념을 지닌 개인으로 이해해야 하는 것이다.

따라서 모든 성도들은 원칙적으로 교회 공동체 가운데서 하나님을 찬양해야만 한다. 이는 물론 교회라는 이름만 가진 종교적인 단체가 아니라 하나님을 진정으로 경외하는 그리스도의 참된 교회를 의미한다. 이에 대해서는 비록 신약시대뿐 아니라 구약시대에도 동일한 의미를 지니고 있었다. 시편 기자는 무리 곧 교회 가운데서 하나님을 찬송하는 사실에 관해 노래를 하고 있다.

"내가 대회 중에서 주께 감사하며 많은 백성 중에서 주를 찬송하리이다"(시 35:18);

"백성의 회에서 저를 높이며 장로들의 자리에서 저를 찬송할찌로다"(시 107:32);

"내가 입으로 여호와께 크게 감사하며 무리 중에서 찬송하리니"(시 109:30)

언약의 자녀들은 성도의 무리 가운데서 하나님을 찬송한다. 이는 동일한 신앙고백을 하는 성도들의 회중 가운데서 하나님을 높이는 것을 의미한다. 이런 차원에서 볼 때 교회는 매우 중요하다. 즉 교회는 단순한 종교적인 무리를 의미하는 것이 아니라 우주 가운데 진리를 소유한 유일한 언약 공동체를 구성하고 있기 때문이다.

3. 성자 하나님께서 인간이 되었어야 하는 이유

하나님께서 친히 인간의 몸을 입고 이 세상에 들어 오셨다. 우주만물의 창조주이신 하나님이 영광의 보좌를 뒤에 두고 인간이 되어 이땅에 오신 것이다. 전지전능하신 분께서 무엇이 아쉽고 답답해 천박한 인간의 몸을 입으셨을까? 그리고 왜 굳이 인간이 되어야만 하셨을까?

하나님이 인간의 몸으로 이땅에 오신 것은 죄에 빠진 자기 백성을 구원하시고 만물을 재창조하심으로써 회복하시기 위해서였다. 그것은 창세전에 거룩한 자신의 이름으로 언약하신 내용과 연관된다. 인간이 범죄했을 때조차도 하나님은 자기의 거룩한 이름에 연관된 그 언약을 파기하시지 않았다.

아담의 범죄 후에 약속하신대로 그는 '여자의 후손'(창 3:15)으로 이땅에 오셨다. 그가 인간이 되어야만 했던 이유는 그가 구원해야 할 자녀들이 혈과 육을 가진 자들이었기 때문이다. 즉 하나님께서 친히 인간이 되어 죄에 빠진 인간들의 모든 삶을 체휼하시고 세상 죄를 지고 십자가에 달려 돌아가심으로써 모든 것을 회복하실 수 있었다. 따라서 성경은 첫 번째 아담과 두 번째 아담에 관한 분명한 기록을 하고 있다.

"그러나 아담으로부터 모세까지 아담의 범죄와 같은 죄를 짓지 아니한 자들 위에도 사망이 왕노릇하였나니 아담은 오실 자의 표상이라"(롬 5:14);

"아담 안에서 모든 사람이 죽은 것 같이 그리스도 안에서 모든 사람이 삶
을 얻으리라"(고전 15:22)

인간을 파멸로 이끈 사탄과 그의 세력은 결국 죄 없는 완벽한 인간인 예
수 그리스도에 의해 심판을 당하게 된다. 그것이 곧 하나님의 뜻이었다.
첫 번째 아담은 사탄에게 유혹을 받아 멸망에 빠졌지만 인간의 몸을 입으
신 두 번째 아담인 예수님은 사탄을 응징하고 그에게 미혹된 자기 자녀들
을 구원하시게 된다. 즉 그는 십자가 위에서 죽으심으로써 죽음의 세력 위
에 승리를 이룩하신다. 이로써 창세전에 선택받은 모든 백성들은 영원한
구원을 얻게 되는 것이다.

4. 종노릇하는 자기 자녀들을 해방시키심

예수께서 이땅에 오신 것은 자기 백성들을 사탄의 세력으로부터 해방시
켜 자기 자녀로 삼으시기 위해서였다. 그것은 천사들이 아니라 아브라함
의 자손들에게 주신 약속이었다. 하나님은 그렇게 하심으로서 세상에서
결코 경험할 수 없는 진정한 자유를 저들에게 허락하셨다. 예수께서는 제
자들에게 그에 관한 근본적인 원리를 교훈하셨다.

"너희가 내 말에 거하면 참 내 제자가 되고 진리를 알찌니 진리가 너희를
자유케 하리라"(요 8:31,32)

예수께서 하신 이 말씀을 들은 악한 유대인들은 도리어 그에게 강력한
저항을 했다. 저들은 종이 아닌 자유인의 신분을 가지고 있는 터에 또다시
자유를 언급할 이유가 없다는 것이었다. 사실 이스라엘 민족은 역사 가운
데 남의 나라와 민족에 의해 종이 되거나 나라를 빼앗긴 적이 여러 차례 있

었음에도 불구하고3) 자만에 빠진 유대인들은 그것을 감추기에 급급했다. 이스라엘 민족 지도자들이 그에 대한 최소한의 지식조차 갖추지 않았다는 것은 말이 되지 않는다.

우리가 깨달아 알고 있는 바는, 진정한 자유를 얻기 위한 유일의 조건은 예수 그리스도의 말씀 안에 거하는 것이라는 사실이다. 그 자유는 일반적인 관점에서 이해하는 해방과는 성격이 전혀 다르다. 하나님의 자녀들은 죽음에 빠져 사탄의 종노릇하던 상황에서 하나님의 상속자가 되어 영원한 자유를 누리게 된다. 즉 성도들은 하나님께 예속된 종으로서 새로운 자유인이 되는 것이다. 사도 바울은 로마에 있는 교회에 편지하면서 그에 대해 분명히 언급하고 있다.

> "하나님께 감사하리로다 너희가 본래 죄의 종이더니 너희에게 전하여 준 바 교훈의 본을 마음으로 순종하여 죄로부터 해방되어 의에게 종이 되었느니라" (롬 6:17,18)

하나님의 자녀들은 결코 이 세상에서 마음대로 판단하고 행동할 수 있는 자유를 부여받은 것이 아니다. 도리어 거룩한 하나님 안에 거하면서 이 세상의 거짓된 자유를 단호하게 거부해야 한다. 그렇게 함으로써 타락한 세상이 알지 못하는 진정한 자유를 누릴 수 있게 되는 것이다.

5. 범사에 '형제들' 과 같이 되신 영원한 대제사장

예수께서 이 세상에 오신 것은 천사들을 위해서가 아니었다. 천사들에

---

3) 이스라엘 민족은 애굽에서 오랫동안 노예 생활을 했으며, 앗수르와 바벨론 제국에 포로로 잡혀가 오랜 이방 생활을 했다. 그리고 페르시아와 헬라제국으로부터 압제를 받았다. 사도들이 신약성경을 기록하던 당시에도 그들은 로마제국의 압제를 받고 있던 시기였다. 그럼에도 불구하고 저들은 이방인들의 종이 된 적이 없다는 어처구니없는 주장을 펼치고 있었다.

게는 언약과 구속의 개념이 없다. 즉 타락한 천사들에게는 다른 구원의 기회가 주어지지 않는다. 또한 그와 같은 약속이 저들에게 주어진 적도 없다. 왜냐하면 하나님께서는 천사들을 자기의 자녀로 인정하신 적이 없으며 더군다나 타락한 천사들에 대한 구원을 약속하시지도 않았다.

천사들은 거룩한 하나님을 보고 감히 아버지라 부르지 못한다. 하나님의 형상을 지닌 존재가 아니라면 그렇게 할 수 있는 가능성 자체가 전혀 없다. 따라서 하나님께서는 천사들이 아니라 죄에 빠진 인간들을 구원하기기 위해 친히 인간이 되셨던 것이다.

그 결과 하나님과 그의 백성 사이에는 결코 분리될 수 없는 긴밀한 관계가 형성되었다. 히브리서 기자는 이를 두고 예수님과 구원받은 성도들을 형제로 묘사하고 있다. 이는 그가 모든 성도들을 위해 '맏아들'이 되셨다는 의미와 동일한 맥락에서 이해해야 한다.[4]

또한 예수께서 인간이 되신 것은, 하나님의 어린 양으로서 온전한 희생 제물이 되고자 했을 뿐 아니라 영원한 대제사장이 되기 위해서였다. 하나님께 제사를 지내는 일은 아무나 할 수 있는 일이 아니다. 구약시대의 성전 제사장들과 대제사장은 일시적인 그림자 역할을 했을 따름이다.

이제 예수께서 오셔서 모든 백성의 죄를 대속하시는 대제사장의 역할을 스스로 감당하시게 되었다. 그가 구약시대의 제사장들과 근본적으로 달랐던 것은 자신의 거룩한 피로써 친히 하나님의 법궤 위에 뿌리셨다는 사실이다. 완벽한 제사장을 통해 완벽한 제물이 바쳐지지 않고는 하나님의 구원이 성취될 수 있는 방법이 없다.

---

4) 사도 바울은 예수 그리스도가 많은 형제들 가운데 맏아들이 되신 사실을 기록하고 있다: "하나님이 미리 아신 자들로 또한 그 아들의 형상을 본받게 하기 위하여 미리 정하셨으니 이는 그로 많은 형제 중에서 맏아들이 되게 하려 하심이니라"(롬 8:29).

6. 그리스도가 당하신 시험과 고난의 의미

이땅에 오신 하나님의 아들은 사악한 인간들에 의해 모진 고통을 당하셨다. 그는 인간들을 사랑하여 죄악으로부터 구원하시기 위해 이땅에 오셨지만 어리석은 인간들은 도리어 그에게 못된 행동을 서슴지 않았다. 하지만 주님께서 그렇게 되리라는 사실은 이미 구약시대부터 예언되어 온 바였다.

전지전능하신 하나님께서 인간들로부터 직접적인 능욕을 당한다는 것은 결코 순리적이라 할 수 없다. 그럼에도 불구하고 그것은 사실이 되어 역사 가운데 발생했다. 하나님의 아들이 기꺼이 힘든 고통을 감내하시고 시험과 고난을 친히 당하신 것은 그것을 통해 시험과 고난당해야 할 자들을 도울 수 있었기 때문이다. 이사야 선지자의 글에는 그 예언적인 의미가 명백하게 기록되어 있다.

> "그는 멸시를 받아서 사람에게 싫어 버린바 되었으며 간고를 많이 겪었으며 질고를 아는 자라 마치 사람들에게 얼굴을 가리우고 보지 않음을 받는 자 같아서 멸시를 당하였고 우리도 그를 귀히 여기지 아니하였도다 그는 실로 우리의 질고를 지고 우리의 슬픔을 당하였거늘 우리는 생각하기를 그는 징벌을 받아서 하나님에게 맞으며 고난을 당한다 하였노라"(사 53:3,4)

우리는 이 말씀을 통해 하나님의 놀라운 사랑과 은혜를 깨닫게 된다. 구약시대부터 그것이 예언되어 왔다는 사실은 하나님의 계획과 작정 가운데 그 일이 진행되었음을 말해주고 있다. 지상 교회에 속한 모든 성도들은 그에 대한 올바른 이해를 하지 않으면 안 된다.

사악한 인간들은 죄에 대한 모든 책임을 져야함에도 불구하고 조금의 고통도 받으려하지 않는다. 이에 반해 하나님의 아들이신 예수께서는 죄가 전혀 없었음에도 불구하고 죄인들을 위해 홀로 모든 고통을 짊어지셨다. 그것은 하나님의 놀라운 사랑이 없이는 결코 가능하지 않은 일이었다.

제3부

하나님의 집과 예수 그리스도

제7장
'하나님의 집'을 맡으신 예수 그리스도
(히 3:1-11)

3:1 그러므로 함께 하늘의 부르심을 입은 거룩한 형제들아 우리의 믿는 도리의 사도시며 대제사장이신 예수를 깊이 생각하라

3:2 저가 자기를 세우신 이에게 충성하시기를 모세가 하나님의 온 집에서 한 것과 같으니

3:3 저는 모세보다 더욱 영광을 받을 만한 것이 마치 집 지은 자가 그 집보다 더욱 존귀함 같으니라

3:4 집마다 지은 이가 있으니 만물을 지으신 이는 하나님이시라

3:5 또한 모세는 장래의 말할 것을 증거하기 위하여 하나님의 온 집에서 사환으로 충성하였고

3:6 그리스도는 그의 집 맡은 아들로 충성하였으니 우리가 소망의 담대함과 자랑을 끝까지 견고히 잡으면 그의 집이라

3:7 그러므로 성령이 이르신 바와 같이 오늘날 너희가 그의 음성을 듣거든

3:8 노하심을 격동하여 광야에서 시험하던 때와 같이 너희 마음을 강팍케 하지 말라

3:9 거기서 너희 열조가 나를 시험하여 증험하고 사십 년 동안에 나의 행사를 보았느니라

3:10 그러므로 내가 이 세대를 노하여 가로되 저희가 항상 마음이 미혹되어 내 길을 알지 못하는도다 하였고

3:11 내가 노하여 맹세한 바와 같이 저희는 내 안식에 들어오지 못하리라 하셨다 하였으니

1. "대제사장이신 예수를 깊이 생각하라"

히브리서 기자는 성도들에게 대제장이신 예수를 깊이 생각하도록 요구하고 있다. 이는 일반적인 표현이 아니라 예수님 이외에 다른 것에 소망을 두거나 기대하지 말라는 의미로서 모든 성도들이 반드시 순종해야 할 명령이다. 이 말은 단순한 사고의 상태를 의미하지 않는다. 즉 머리로 예수님을 계속 생각하라는 의미가 아닌 것이다.

그런데 우리가 깨달아야 할 바는, 사도가 그냥 예수님을 생각하라고 명령한 것이 아니라 '대제사장이신 예수'를 깊이 생각하라고 한 말의 진정한 교훈이다. 이 말 가운데는 구원에 연관된 의미를 내포하고 있다. 따라서 우리는 하나님께 완벽한 제사를 드린 예수 그리스도의 십자가 사역을 마음속에 새겨야 한다.

그것을 통해 하나님과 타락한 인간들 사이에 온전한 화해가 이루어졌으며 그로 말미암아 우리가 새로운 생명을 공급받게 된 것이다. 십자가 위에서 행하신 그의 제사 사역이 없이는 아무도 참된 구원에 이르지 못한다. 구약시대의 제사장들의 모든 사역은 대제사장이신 예수님의 사역에 대한 예언적이며 그림자적인 성격을 지니고 있었던 것이다.

그 진정한 의미를 깨닫는 자들은 십자가 사역을 완성하신 후 부활 승천하신 천상의 예수님을 바라보게 된다. 이는 물리적인 주시注視를 의미하지 않는다. 따라서 사도 바울은 골로새 교회에 보내는 편지에서 그점을 강조하고 있다.

"그러므로 너희가 그리스도와 함께 다시 살리심을 받았으면 위엣 것을 찾으라 거기는 그리스도께서 하나님 우편에 앉아 계시느니라 위엣 것을 생각하고 땅엣 것을 생각지 말라" (골 3:1,2)

바울의 이 말은 지상 교회에 매우 중요한 교훈을 주고 있다. 예수 그리스도의 십자가 사역으로 인해 옛 사람이 죽고 다시 살리심을 받은 성도라면 더 이상 타락한 이 세상에 미련을 두며 살아가서는 안 된다. 하나님께 속한 자녀로서 천상에 계시는 그리스도와 그의 나라에 모든 관심을 기울여야 하는 것이다.

이는 성도들의 일상적인 삶 가운데 분명하게 드러나야 할 내용이다. 그리스도께서 천상의 나라에서 하나님 우편에 앉아 계신 것은 결코 상징적인 의미가 아니다. 그는 지금도 실제적으로 하나님의 우편에 앉아 계시면서 우리를 보살피는 분이시기 때문이다. 따라서 그의 자녀가 된 성도들은 위에 있는 하나님의 세계를 기리며 이땅의 것에 얽매이지 말아야 하는 것이다.

2. '하나님의 집'

이 세상에 존재하는 모든 집 곧 건축물들은 자연발생적으로 저절로 생겨나지 않았다. 그것은 불가능한 일이다. 사람들이 집을 짓는 데는 자기 자신을 위한 분명한 목적이 있다. 이와 같이 우주만물은 저절로 생겨난 것이 아니다. 그것은 하나님의 거룩한 목적을 위해 창조되었다.

그러나 어리석은 인간들은 우주만물이 저절로 생겨난 것으로 간주하며 주장한다. 진화론자들을 비롯하여 영원한 진리에 대해 무지한 자들은 우주가 소위 빅뱅(Big Bang)에 의해 생겨났으며, 그 가운데 존재하는 인간들은 진화의 과정을 거쳐 지금처럼 되었다는 어처구니없는 상상을 하고 있다. 그와 같은 사고는 사탄의 계략으로 말미암은 것이라 볼 수밖에 없다. 우리가 분명히 깨달아야 할 바는 우주만물은 하나님의 선하신 의도에 따라 지어졌다는 사실이다.

히브리서 기자는 이와 더불어, 하나님께서 거하시게 될 집으로서 이스라엘 민족에 관한 내용을 설명하고 있다. 모세는 장차 하나님께서 거하실 유기적인 집이 계획되어 있다는 사실을 알고 있었다. 그 집은 손으로 만든 건축물이 아니라 그리스도께 속한 백성으로 구성된 교회이다. 그러므로 모세는 그에 대한 사실을 증언하기 위해 하나님의 종으로서 이스라엘 민족 가운데서 신실하게 사역했다.

모세의 사역과 구약시대 하나님의 집인 이스라엘 민족은 제사장 나라(출 19:6)로서 장래 임하게 될 그리스도의 나라에 대한 그림자적인 성격을 지니고 있었다. 하나님께서는 이스라엘 민족 가운데 거하시는 자신의 실상을 보여주시기 위해 거룩한 성전을 허락하셨다. 그러므로 시편 기자는 성전뜰에 서 있는 백성들로 하여금 여호와 하나님을 찬송하라는 권고를 하고 있다.

> "여호와의 집 우리 하나님의 전정(殿庭)에 섰는 너희여 여호와를 찬송하라 여호와는 선하시며 그 이름이 아름다우니 그 이름을 찬양하라" (시 135:2,3)

구약시대 하나님의 백성은 거룩한 성전뜰에 모여야 했다. 모든 이스라엘 백성의 삶의 중심에는 항상 그 성전이 존재하고 있었던 것이다. 신약시대에는 그 성전이 성도들의 거룩한 무리 공동체인 교회로 발전하게 되었다. 히브리서 기자는 교회로 모이는 성도들이 곧 그의 집이라 말하고 있다(히 3:6). 이에 대해서는 바울이 고린도 교회에 보낸 편지에서도 그 의미가 그대로 드러난다.

> "우리는 하나님의 동역자들이요 너희는 하나님의 밭이요 하나님의 집이니라 … 너희가 하나님의 성전인 것과 하나님의 성령이 너희 안에 거하시는 것을 알지 못하느뇨" (고전 3:9,16)

사도 바울은 자기와 함께 하는 주님의 사역자들을 하나님의 동역자들이라 칭하고 있다. 이는 저들이 하나님께서 명하시는 지상의 거룩한 사역에 동참하고 있음을 말해준다. 하나님께서 그들을 부르신 목적은 자신의 뜻에 순종해 거룩한 집 곧 지상 교회를 건축하도록 하시기 위해서였다.

바울은 또한 '우리는 하나님의 동역자'이며, '너희는 하나님의 밭이요 집이요 성전'이라 표현하고 있다. 이는 사도들과 참된 교제 관계에 있는 모든 성도들의 공동체가 하나님께서 거하시는 영역이라는 사실을 말해준다.

이처럼 하나님께서는 자신이 거할 집으로서 교회를 세우셨다. 우리는 '교회를 하나님의 밭이요 하나님의 집'이라 묘사한 바울의 말에 대한 분명한 깨달음을 가져야만 한다. 지상의 교회가 하나님의 거룩한 집이라는 사실과 하나님의 성령께서 저들 가운데 거하시고 계신다는 사실을 결코 잊어서는 안 되는 것이다.

3. '하나님의 집'을 맡으신 그리스도

지상의 교회는 하나님의 거룩한 거처가 된다. 그 집은 하나님께서 친히 계획하신 의도에 따라 건축된 집이다. 그러므로 교회는 하나님을 위한 특별한 영역으로서 절대로 인간들을 위한 용도로 사용되어서는 안 된다. 이는 교회에는 예수 그리스도 이외에 어느 누구도 머리가 될 수 없다는 사실을 말해준다. 사도 바울은 골로새 교회에 편지하면서 그에 연관된 교훈을 주고 있다.

"그는 몸인 교회의 머리라 그가 근본이요 죽은 자들 가운데서 먼저 나신 자니 이는 친히 만물의 으뜸이 되려 하심이요"(골 1:18)

바울이 언급하고 있는 것처럼 교회의 유일한 머리이자 주권자는 예수 그리스도이시다. 그 사실을 무시하게 되면 하나님께 저항하는 자리에 앉게 된다. 피조물인 인간이 그에게 저항한다면 하나님의 무서운 심판을 면할 수 없다.

하나님께서 예수 그리스도를 자신의 집을 맡은 아들로 세우신 것은 우리에게 영원한 참 소망이 된다. 따라서 성도들은 항상 그 소망을 확신하고 그로부터 나오는 자부심을 굳게 잡아야 한다. 그것을 통해 지상의 교회가 곧 거룩한 하나님의 집이라는 사실이 만방에 드러나게 되기 때문이다.

4. 이스라엘 민족의 시내광야 생활은 교회의 거울

교회에 속한 성도들은 항상 기록된 말씀을 통해 성령의 음성을 들어야 한다. 하나님의 성령께서 하시는 말씀을 듣지 않고 그의 음성에 귀를 막게 되면 하나님의 진노를 피할 수 없다. 모든 성도들은 교회와 성령의 음성에 온전히 순종해야 할 의무를 지고 있다. 언약의 백성들은 이에 대한 분명한 이해를 하지 않으면 안 된다.

그러므로 히브리서 기자는 배도에 빠진 이스라엘 민족이 광야에서 하나님을 거역하고 시험했던 사실을 상기시키고 있다. 세상에 존재하는 교회에 속한 성도들은 그점을 여간 조심스럽게 받아들이지 않으면 안 된다. 이에 관해서는 바울이 쓴 고린도전서에서도 그대로 강조되고 있다.

> "저희 중에 어떤 이들이 주를 시험하다가 뱀에게 멸망하였나니 우리는 저희와 같이 시험하지 말자 저희 중에 어떤 이들이 원망하다가 멸망시키는 자에게 멸망하였나니 너희는 저희와 같이 원망하지 말라 저희에게 당한 이런 일이 거울이 되고 또한 말세를 만난 우리의 경계로 기록하였느니라" (고전 10:9-11)

출애굽한 후 황량한 광야에서 살아가던 이스라엘 백성은 감히 여호와 하나님을 원망하기 시작했다. 그들은 이미 애굽에서 베풀어진 하나님의 많은 기적들과 홍해바다가 갈라진 기적을 직접 경험한 바였다. 당시에도 그 백성들은 구름기둥과 불기둥뿐 아니라 만나와 메추라기를 먹으며 생활하고 있었다.

배도한 이스라엘 백성은 그런 형편 가운데서 여호와 하나님을 시험했다. 그것은 하나님에 대한 저항행위였다. 그 결과 그들은 사십년 동안 삭막한 시내광야에서 생활하지 않으면 안 되었다. 물론 그 모든 것들은 하나님의 섭리와 경륜 가운데서 진행된 일이었지만 저들의 불신앙으로 말미암은 문제였다.

이에 대해서는 오늘날 우리 역시 민감하게 받아들여야 하다. 우리는 이미 삶 가운데서 하나님의 놀라운 역사를 충분히 경험하고 있다. 그럼에도 불구하고 자칫 잘못하면 인간들의 욕망과 정서에 맞춰 하나님을 원망하며 시험하는 오류에 빠지게 될 우려가 있다. 따라서 우리는 항상 구약시대 언약의 백성들이 행했던 배역한 일들을 거울로 삼는 지혜를 소유해야 한다.

5. 하나님의 안식에 들어갈 수 있는 조건

성경은 하나님의 말씀에 순종하는 자들에게 영원하고 참된 안식이 제공된다는 사실을 언급하고 있다. 이것은 단순히 상징적인 의미를 지니는 것이 아니라 성도들에게 임하는 실제적인 현실이다. 그렇지 않은 자들은 하나님의 심판의 대상이 될 따름이다.

그러므로 교회에 속한 모든 성도들은 이에 대해 깊이 유념하지 않으면 안 된다. 예수 그리스도를 통한 순종으로써 하나님의 진노에서 벗어나야 하는 것이다. 이것이 성도들에게 허락된 위안이 된다. 그러나 죄에 빠진 인간들에게는 세상에서의 만족을 얻기 위해 영원한 안식을 멀리하고자 하는 속성이 있다.

하나님의 자녀들은 불신자들과 배도자들의 유혹을 떨쳐 낼 수 있어야 한다. 인간의 욕망을 억제하지 못한다면 세상의 유혹에 쉽게 빠져들기 마련이다. 그에 대한 분명한 자세를 취하지 않으면 어리석은 이스라엘 백성들처럼 배도의 길에 빠질 수밖에 없게 된다. 구약의 시편 기자도 그에 대한 증언을 하고 있다.

"내가 사십년을 그 세대로 인하여 근심하여 이르기를 저희는 마음이 미혹된 백성이라 내 도를 알지 못한다 하였도다 그러므로 내가 노하여 맹세하기를 저희는 내 안식에 들어오지 못하리라 하였도다"(시 95:10,11)

신약시대의 교회에 속한 성도들은 구약시대의 교훈들을 마음속 깊이 새겨야 한다. 항상 그것을 거울로 삼아 자신을 되돌아 볼 수 있어야 하기 때문이다. 하나님의 안식에 들어가는 것은 우리의 선택사항이 아니라 순종을 통해 허락되는 필연적인 사실이다. 그에 관한 약속을 깨닫고 있어야만 세상의 유혹으로 인해 실족하거나 넘어지지 않고 주님께서 말씀하신 길을 온전하게 걸어갈 수 있게 된다.

제8장
하나님을 경외하는 교회 공동체
(히 3:12-19)

3:12 형제들아 너희가 삼가 혹 너희 중에 누가 믿지 아니하는 악심을 품고 살아 계신 하나님에게서 떨어질까 염려할 것이요

3:13 오직 오늘이라 일컫는 동안에 매일 피차 권면하여 너희 중에 누구든지 죄의 유혹으로 강퍅케 됨을 면하라

3:14 우리가 시작할 때에 확실한 것을 끝까지 견고히 잡으면 그리스도와 함께 참예한 자가 되리라

3:15 성경에 일렀으되 오늘날 너희가 그의 음성을 듣거든 노하심을 격동할 때와 같이 너희 마음을 강퍅케 하지 말라 하였으니

3:16 듣고 격노케 하던 자가 누구뇨 모세를 좇아 애굽에서 나온 모든 이가 아니냐

3:17 또 하나님이 사십 년 동안에 누구에게 노하셨느뇨 범죄하여 그 시체가 광야에 엎드러진 자에게가 아니냐

3:18 또 하나님이 누구에게 맹세하사 그의 안식에 들어오지 못하리라 하셨느뇨 곧 순종치 아니하던 자에게가 아니냐

3:19 이로 보건대 저희가 믿지 아니하므로 능히 들어가지 못한 것이라

1. "악한 마음을 품은 자를 살피라"

교회와 그에 속한 성도들은 항상 주변에서 발생하는 영적인 위험한 요

소들을 살펴야 한다. 악한 자들이 교회에 침범해 자리잡는 것을 막기 위해서이다. 여기서 악한 자란 일반 윤리적 개념을 뛰어넘는다. 즉 이 말은 살인하고 강도질하고 도둑질한 자들을 주로 일컫지 않는다. 물론 그런 자들은 악하지만 누구나 쉽게 식별할 수 있기 때문에 자연스럽게 견제될 수 있다.

그러나 보다 문제가 되는 자들은 하나님의 진리를 멸시하는 자들이다. 더 정확하게 말한다면 겉보기에는 지극히 윤리적이지만 실상은 하나님의 진리를 멀리하는 자들이다. 어린 교인들의 눈에는 그들이 매우 훌륭한 신앙인으로 보일 수 있다. 우리는 그런 자들을 경계하지 않을 수 없다.

나아가 그보다도 더욱 위험한 자들은 교회에서 종교적인 열성을 다하면서 세상의 것을 동시에 추구하는 자들이다. 그런 자들은 세상과 교회에 양다리를 걸치고 있으면서 두 마리 토끼를 잡으려는 허황된 노력을 기울이고 있다. 이는 성격이 서로 정반대인 대상을 바라보며 두 마음을 품고 살아가는 것을 의미한다. 즉 그들은 나름대로 하나님을 염두에 두고 있는 듯하지만 실상은 세상의 욕망을 추구하게 된다. 성경은 그와 같은 자들의 태도에 대해 강한 질책을 하고 있다.

> "내가 두 마음 품는 자를 미워하고 주의 법을 사랑하나이다"(시 119:113);
> "하나님을 가까이 하라 그리하면 너희를 가까이 하시리라 죄인들아 손을 깨끗이 하라 두 마음을 품은 자들아 마음을 성결케 하라"(약 4:8)

어리석은 종교인들은 교회와 세상의 구분을 없애 버리고자 한다. 나아가 하나님의 교회가 타락한 세상의 가치관과 그다지 다를 바 없는 것처럼 생각한다. 그런 자들은 세상과 교회 양 쪽을 다 포용하며 추구하는 것이 삶의 지혜인양 가르친다. 그러나 그것은 하나님의 뜻을 따르지 않는 패망의 길이다.

교회와 성도들은 그와 같은 사조를 끊임없이 살피지 않으면 안 된다. 어리석은 자들이 세상에 대해 일그러진 관용을 베풀며 그것을 수용하고자 할 때 신앙이 어린 성도들은 그에 미혹되어 하나님을 멀리하게 될 우려가 있다. 그와 같은 삶의 태도는 어린 자들의 눈에는 상당히 매력적으로 보일 수 있기 때문이다.

그러나 성숙한 교회와 성도들은 결코 그것을 용납해서는 안 된다. 그런 자들을 분명히 살피지 않고 방치하게 되면 교회는 세속화되어 가고 병약해질 수밖에 없다. 따라서 하나님을 진정으로 경외하는 성도들은 항상 세상의 악한 마음을 품은 자들을 주의 깊게 살펴 경계하지 않으면 안 된다.

2. "매일 피차 권면하라"

히브리서 기자는 성도들 상호간에 날마다 권면하는 자세를 유지하라는 요구를 하고 있다. 그는 특히 '오늘이라 일컫는 동안에' 그렇게 하라는 말을 하고 있다. 이 가운데는 형제들에게 권면할 내용이 있으면 그때그때 그렇게 하고 막연하게 나중으로 미루어서는 안 된다는 사실이 강조되고 있다.

성도들이 그렇게 해야 하는 근본적인 이유는 개인적인 문제 때문이라기보다 교회를 온전히 세우기 위한 공적인 의미를 지니고 있다. 우리가 주의 깊게 이해해야 할 바는, 성품이 좋은 착한 사람들이 모여 온전한 교회를 이루는 것이 아니라는 사실이다. 기록된 말씀과 성령 하나님의 뜻에 민감하게 순종하는 교회에 속해 있음으로 성숙한 성도로 자라가게 되는 것이 중요하다.

그러므로 신앙이 성숙한 성도들은 항상 주변의 상태를 주의 깊게 돌아볼 수 있어야 한다. 이는 물론 형제들에 대한 감시의 끈을 조이라는 의미가 아니라, 사랑의 끈으로 형제들을 보살피라는 의미를 지니고 있다. 이를 위해서는 항상 기록된 하나님의 말씀과 성령의 음성에 민감하지 않으면 안 된다.

모든 성도들은 그와 같은 삶을 지속하는 가운데 형제의 잘못을 보게 되면 사랑의 권면을 아끼지 말아야 한다. 앞에서도 언급한 것처럼 그것은 개인을 넘어 교회를 위한 공적인 사역의 일환이 된다. 이에 대해서는 예수께서 친히 제자들에게 교회의 의미와 더불어 적절한 방법과 절차에 관한 교훈을 주셨다. 이는 교회 가운데 실행되어야 할 권징사역에 연관되는 말씀이다.

"네 형제가 죄를 범하거든 가서 너와 그 사람과만 상대하여 권고하라 만일 들으면 네가 네 형제를 얻은 것이요 만일 듣지 않거든 한 두 사람을 데리고 가서 두 세 증인의 입으로 말마다 증참케 하라 만일 그들의 말도 듣지 않거든 교회에 말하고 교회의 말도 듣지 않거든 이방인과 세리와 같이 여기라"(마 18:15-17)

교회에 속한 형제로서 어떤 성도가 죄에 빠지는 것을 보면 그에게 적절한 권면을 해야 한다. 물론 여기서 말하는 죄란 일반 사회적이거나 윤리적인 범죄를 넘어 하나님의 뜻을 멸시하거나 저항하는 죄로 이해하는 것이 바람직하다. 하나님의 뜻을 거스름으로써 발생하는 이웃의 악행을 보고도 모르는 척 눈감아 주는 행위는 저를 위하는 것이 아니라 죽이는 행위와 마찬가지라 할 수 있다.

만일 형제가 범죄하는 것을 보고도 모르는 척 해주는 것은 결코 진정한 사랑이 될 수 없다. 그것은 도리어 자신의 개인적인 이기심으로 인한 처신이라 할 수 있다. 즉 그런 권면으로 인해 겪게 될지도 모를 불편한 상황을 피하고 싶은 것이다. 그러나 형제의 잘못을 되돌아보며 고칠 수 있도록 권면해 주는 것이 진정한 성도의 사랑이다.

물론 그것은 예수께서 교훈하신대로 형제의 잘못을 보면 먼저 알게 된 자가 조용히 권면하고 그의 말을 듣지 않을 경우 다른 한두 사람을 데리고 가서 순차적으로 권면해야 한다. 여러 형제들의 권고의 말을 듣지 않는다면 그들이 증인이 된다. 그렇게 되면 교회 곧 장로회에 이야기하고 교회의 권면도 거부한다면 그를 불신자로 간주해 출교해야 한다. 교회 안에서 발생하는 모든 죄를 방치하게 되면 분별력이 없는 자들로 인해 교회가 어지러워질 수밖에 없기 때문이다.

3. "처음 신앙을 끝까지 견고히 잡으라"

성경은 우리에게 처음 신앙을 끝까지 견고하게 잡으라는 요구를 하고 있다. 그렇다면 '처음 신앙'은 과연 어느 때의 신앙을 지칭하고 있는가? 우리는 이 의미를 몇가지 관점에서 동시에 이해해야 할 필요가 있다. 그것은 곧 역사적인 관점과 지역교회의 관점, 그리고 개인적인 관점이다.

역사적인 관점이란 하나님께서 예수 그리스도의 사역과 성령 강림에 의해 세워진 원래의 뜻에 초점을 맞추어 생각할 수 있다. 거기에는 하나님의 영원하고 숭고한 뜻이 드러나게 된다. 인간들 스스로는 역사 가운데 존재하는 교회를 온전히 지켜내지 못한다. 즉 성령 하나님의 도우심이 절대적으로 요구되는 것이다. 교회는 이를 기억하는 가운데 처음 신앙을 굳게 잡아야 한다.

그리고 지역에 흩어진 개 교회들은 맨 처음 설립될 당시의 신앙에 대한 마음가짐을 돈독히 해야 한다. 타락한 세상 가운데 존재하는 교회는 시간이 지남에 따라, 마치 의복에 때가 묻거나 낡아지듯이 서서히 세속화되어 가는 것이 일반적이다. 따라서 교회는 맨 처음 모母교회로부터 자子교회로서 신앙을 상속받을 때 가졌던 순수한 자세를 견지하도록 힘을 다해야만 한다.

그리고 개인적인 신앙 자세에 연관된 것이다. 하나님의 자녀들은 누구나 교회에 입교하기 위해 말씀에 대한 고백과 더불어 세례를 받게 된다. 그때 처음 성령의 도우심에 따라 가졌던 결연한 신앙 의지는 각 성도들의 마음속에 보존해야 한다. 이를 버리게 되면 온전한 신앙생활을 유지할 수 없게 된다.

이와 더불어 우리가 생각해 보아야 할 점은 직분자들에 연관된 것이다. 목사, 장로, 집사들은 맨 처음 직분을 받을 때 하나님의 말씀에 온전히 순종하기로 작정하고 교회 앞에서 공적인 서약을 하게 된다. 그들은 직분을 수행하는 동안 어떤 유혹이 따를지라도 처음에 가졌던 자세를 유지하지 않으면 안 된다.

이 가운데 특히 교회의 교사인 목사들은 이점을 더욱 마음속 깊이 새겨야만 한다. 신학교에 입학하면서 오직 하나님의 말씀만 따르겠다고 다짐하던 때를 기억해야 한다. 그리고 목사 안수를 받으면서 세상의 어떠한 것도 탐하지 않고 주님을 위해서라면 목숨도 버릴 것 같은 다짐을 했다면 처음에 가졌던 그 정신을 온전히 지키는 가운데 맡겨진 사역을 감당해야 한다.

이와 같이 위에 언급된 '처음 신앙'을 굳게 잡을 때 하나님의 구원에 온전히 참여할 수 있게 된다. 이는 물론 인간적인 결단과 노력에 모든 것을 의존하지 않는다. 하나님께서 베푸시는 특별한 은혜가 아니면 아무 것도 이루어질 수 없다. 하나님의 말씀에 온전히 순종하려는 자들에게는 온갖 어려움과 핍박이 다 따를 것이기 때문이다. 예수께서는 제자들에게 그에 연관된 교훈을 주셨다.

"또 너희가 내 이름을 인하여 모든 사람에게 미움을 받을 것이나 나중까지 견디는 자는 구원을 얻으리라" (마 10:22; 막 13:13)

악한 사탄은 지상 교회를 어지럽히고 성도들의 참된 신앙을 방해하기 위해 끊임없는 계략을 펼친다. 그것은 하나님을 알지 못하는 불신자들이나 기독교 내부로 슬며시 들어온 배도에 빠진 무리를 통해 나타난다. 그러나 하나님의 자녀들은 반드시 '처음 신앙'을 견고히 붙잡고 끝까지 견뎌내야 한다. 그렇게 함으로써 성도들은 예수 그리스도와 함께 영원한 구원에 참여한 자가 될 것이기 때문이다.

4. "마음을 완고하게 하지 말라"

구약시대의 이스라엘 민족은 목이 곧은 완고한 백성이었다. 그들은 하나님의 말씀을 듣고 그에 청종하기보다 자신의 판단에 의존하기를 좋아했다. 눈앞에 보이는 유익만을 생각하면 그것이 지혜로운 판단처럼 보일 수도 있었을 것이다. 그러나 그와 같은 행동은 하나님의 진노를 불러일으키는 어리석은 행동에 지나지 않았다.

그러므로 선지자들은 백성들에게 그에 대한 악을 지적하며 하나님의 말씀에 온전히 순종하도록 촉구했다. 그렇게 하는 것이 진정한 하나님의 은혜를 입는 길이자 유일한 살길이었기 때문이다. 하지만 이스라엘 백성은 선지자들의 예언을 멸시하다가 나라와 민족이 패망하는 지경에 이르렀다.

결국 이방의 바벨론 제국이 예루살렘을 침공하여 성곽을 무너뜨리고 거룩한 하나님의 성전마저 파괴하게 되었다. 그렇게 되자 다윗이 세운 유다 왕국은 멸망당할 수밖에 없었으며 이스라엘 민족은 이방의 포로로 사로잡혀 가는 암울한 형편에 처하게 되었다. 이는 백성들로 하여금 깊은 절망에 빠지게 했다. 상황이 그 지경에 이르자 비로소 하나님을 의지하지 않을 수 없었다.

하나님께서는 절망에 빠져 부르짖는 이방 지역의 이스라엘 백성에게 새로운 약속을 하셨다. 그것은 희망의 음성이었다. 하나님은 에스겔 선지자를 통해 이제 다시 자기와 이스라엘 백성 사이에 이루어지게 될 새로운 언약을 주셨던 것이다.

> "내가 그들에게 일치한 마음을 주고 그 속에 새 신을 주며 그 몸에서 굳은 마음을 제하고 부드러운 마음을 주어서 내 율례를 좇으며 내 규례를 지켜 행하게 하리니 그들은 내 백성이 되고 나는 그들의 하나님이 되리라"(겔 11:19,20)

하나님께서는 분열된 백성들에게 일치된 마음과 더불어 거룩한 영을 주시겠다는 말씀을 하셨다. 그것을 통해 저들의 몸에서 완고하게 굳은 마음을 제거하고 부드러운 마음을 주시겠다는 것이었다. 그렇게 되면 백성들이 어리석은 고집을 버리고 하나님의 율례를 좇으며 규례를 지켜 행하도록 하시는 하나님의 뜻에 따라 순종할 수 있게 된다. 그로 말미암아 하나님과 그의 백성 사이에 언약의 관계가 회복되는 것이다.

이처럼 신약시대의 교회에 속한 성도들도 그와 동일한 교훈을 마음속에 새겨야 한다. 하나님의 언약을 버리고 인간의 이성과 경험을 앞세우는 것은 배도의 길을 재촉하는 위험천만한 일이다. 하나님의 이름을 핑계대면서, 인간들이 스스로 판단하고 결정하고 실행하면서 그것이 마치 하나님의 뜻인 양 승인하려는 태도는 근절되어야 한다. 참된 성도들은 오직 기록된 하나님의 말씀과 성령 하나님의 도우심을 힘입어 순종에 힘써야 할 따름이다.

5. "광야에서의 하나님의 진노를 기억하라"

배도에 빠져 하나님께 저항한 인간들의 결과는 뻔했다. 하나님을 진심으로 의지하지 않았던 저들의 행동은 하나님의 무서운 진노를 살 수밖에 없었다. 타락한 인간들은 적극적으로 하나님께 욕하지 않는다고 할지라도 그를 온전히 의지하지 않는 것 자체가 곧 하나님의 진노를 사게 된다.

이스라엘 백성들은, 가나안 땅에 들어가라는 하나님의 언약을 온전히 신뢰하지 못하고 주변에 펼쳐진 환경을 살피며 두리번거렸다. 그것은 하나님의 능력보다 자신의 능력을 의존하는 것과 다를 바 없는 행동이었다. 그러므로 하나님께서는 자신을 멀리하는 저들을 심판하시고자 하셨다. 모세는 민수기에서 그에 관한 기록을 남기고 있다.

"너희 시체는 이 광야에 엎드러질 것이요 너희 자녀들은 너희의 패역한 죄를 지고 너희의 시체가 광야에서 소멸되기까지 사십년을 광야에서 유리하는 자가 되리라"(민 14:32,33)

하나님께서는 자신을 온전히 의지하지 않는 자들에게는 약속의 땅 가나안에 들어가는 복을 허락지 않으셨다. 그것을 통해 그후 모든 시대의 성도들에게 중요한 교훈을 주시고자 했던 것이다. 오늘날 우리도 구약성경에 기록된 내용과 신약성경을 기록한 사도들의 말을 좇아 그와 동일한 교훈을 얻고 있다.

6. "영원한 안식을 소망하라"

인간들이 살아가는 타락한 세상은 결코 완전한 영역이 될 수 없다. 설령 일시적으로 그럴듯하게 보일지라도 그것은 잠시 지나가는 것에 지나지 않는다. 도리어 이 세상은 성도들에게 환난과 고통과 갈등을 제공하게 될 따름이다. 이는 하나님의 자녀가 된 성도들에게는 피할 수 없는 삶이다.

이와 같은 과정을 통해 성도들은 영원한 천국을 소망하게 된다. 하나님의 피로 값 주고 사신 교회에 속한 성도들은 하나님을 온전히 의지하여 믿음으로써 약속된 안식을 바라본다. 즉 세상에 살아가지만 이 세상에 머물려 하지 않고 하나님께서 예비하신 영원한 천국을 사모하게 되는 것이다.

우리가 여기서 분명히 기억해야 할 바는, 진정한 안식은 인간들 스스로 만들어 가는 것이 아니라는 사실이다. 만일 인간들이 그렇게 하려는 노력을 기울인다면 그것은 도리어 하나님의 뜻을 온전히 받아들이지 않는 결과로 발생하는 문제이다. 인간들에게서는 결코 참된 안식이 만들어지거나 자체 제공될 수 없다.

그러므로 지상교회에 속한 성도들에게 허락된 진정한 소망은 장차 임하게 될 영원한 안식에 있다. 그 안식은 이 세상의 인간들이 세상에서 전혀 누려보지 못한 차원의 것이다. 따라서 하나님께서 약속하신 영원한 안식에 대한 소망은 항상 교회 가운데 있어서 성도들의 마음을 설레게 한다.

제9장
영원한 안식과 안식에 대한 소망
(히 4:1-11)

4:1 그러므로 우리는 두려워할지니 그의 안식에 들어갈 약속이 남아 있을지라도 너희 중에 혹 미치지 못할 자가 있을까 함이라

4:2 저희와 같이 우리도 복음 전함을 받은 자이나 그러나 그 들은 바 말씀이 저희에게 유익되지 못한 것은 듣는 자가 믿음을 화합지 아니함이라

4:3 이미 믿는 우리들은 저 안식에 들어가는도다 그 말씀하신 바와 같으니 내가 노하여 맹세한 바와 같이 저희가 내 안식에 들어오지 못하리라 하셨다 하였으나 세상을 창조할 때부터 그 일이 이루었느니라

4:4 제칠일에 관하여는 어디 이렇게 일렀으되 하나님은 제칠일에 그의 모든 일을 쉬셨다 하였으며

4:5 또 다시 거기 저희가 내 안식에 들어오지 못하리라 하였으니

4:6 그러면 거기 들어갈 자들이 남아 있거니와 복음 전함을 먼저 받은 자들은 순종치 아니함을 인하여 들어가지 못하였으므로

4:7 오랜 후에 다윗의 글에 다시 어느 날을 정하여 오늘날이라고 미리 이같이 일렀으되 오늘날 너희가 그의 음성을 듣거든 너희 마음을 강퍅케 말라 하였나니

4:8 만일 여호수아가 저희에게 안식을 주었더면 그 후에 다른 날을 말씀하지 아니하셨으리라

4:9 그런즉 안식할 때가 하나님의 백성에게 남아 있도다

4:10 이미 그의 안식에 들어간 자는 하나님이 자기 일을 쉬심과 같이 자기 일을 쉬느니라

4:11 그러므로 우리가 저 안식에 들어가기를 힘쓸지니 이는 누구든지 저 순종치 아니하는 본에 빠지지 않게 하려 함이라

1. '안식에 이를 자' 와 '이르지 못할 자'

사탄의 유혹에 빠진 인간들은 안식을 완전히 상실했다. 천지만물에 대한 창조 이후에 따라 오게 된 하나님의 안식은 하나님의 영광과 직접 연관되어 있었다. 따라서 참된 안식은 하나님의 영광을 떠나서는 존재할 수 없다.

엿새 동안 우주만물을 창조하신 후 하나님께서는 영광을 누리는 안식을 취하시면서 자신의 형상을 닮은 인간들에게 그 일부분을 나누어 주셨다. 즉 인간들이 그 안식에 참여하도록 은혜를 허락하셨다. 그러므로 인간들은 하나님의 안식에 참여하며 즐거움을 누릴 수 있었던 것이다.

인간들이 범죄함으로써 그 안식을 잃어버렸을 때에도 언약에 신실하신 하나님께서는 구속사역을 통한 안식을 계획하셨다. 그것은 전적인 하나님의 사랑에 기인하는 것이었다. 하지만 이 세상에 태어나는 모든 사람들이 하나님의 구원과 영광의 안식에 참여할 수 있는 것은 아니다.

어떤 사람들은 하나님의 은혜로 말미암아 영원한 생명을 얻어 안식에 들어가게 되지만, 여전히 죄 가운데 있는 또 다른 어떤 사람들은 무서운 심판에 처해질 수밖에 없다. 히브리서 본문에 기록된 이 말씀은 이교도들인 불신자들을 의식하고 한 말이 아니다. 이는 기독교 내부에 들어와 있는 불신자들을 염두에 둔 내용이다.

인간에게 허락되는 안식의 여부는 인간들의 개별적인 행위에 따라 발생하거나 허락되지 않는다. 그것은 인간은 물론 우주만물이 창조되기 전부터 이미 확정된 일이었다(히 4:3). 사도 바울은 에베소 교회에 보내는 편지에서도 그점을 분명히 밝히고 있다.

"곧 창세 전에 그리스도 안에서 우리를 택하사 우리로 사랑 안에서 그 앞에 거룩하고 흠이 없게 하시려고 그 기쁘신 뜻대로 우리를 예정하사 예수 그리스도로 말미암아 자기의 아들들이 되게 하셨으니 이는 그의 사랑하시는 자 안에서 우리에게 거저 주시는바 그의 은혜의 영광을 찬미하게 하려는 것이라"(엡 1:4-6)

하나님의 은혜로 말미암아 영원한 구원을 받게 될 자들은 창세전에 이미 선택받아 예정되어 있었다. 인간의 구원은 형식적인 종교인으로서 기독교에 몸담고 있는가 하는 여부에 달려 있지 않다. 아무리 성심성의를 다해 열정적으로 종교 활동을 한다고 할지라도 구원과 상관이 없는 사람들이 많이 있다는 것이다.

우리는 이에 대한 이해를 위해 '언약과 선택'에 연관된 의미를 올바르게 깨달아야 한다. 구약시대의 이스라엘 백성은 언약의 자손들이었다. 그들은 혈통적으로 아브라함과 이삭과 야곱에게 속해 있었다. 그러나 그들 가운데는 하나님의 구원과 상관이 없는 자들이 많이 있었다. 창세전에 선택받은 자들이 아니라면 역사적인 언약의 제도 가운데 살아가고 있음에도 불구하고 영원한 안식을 보장받지 못한다. 이에 대해서는 모든 시대에 동일하게 나타나는 양상이다.

그렇다면 히브리서 기자는 왜 구태여 여기서 그에 연관된 말을 해야만 했던가? 이 교훈 가운데는 안식에 들어갈 자가 아닌 자들에 의해 하나님의 교회가 어지럽게 되는 것을 방지해야 한다는 의미가 내포되어 있다. 즉 하나님을 알지 못하는 자들의 종교적인 욕망으로부터 교회를 지켜 보존하지 않으면 안 된다. 교회에 속한 성도들이 세상의 가치를 배제함으로써 순결하게 보존되는 것은 무엇보다 중요한 일이다.

2. 안식일의 예표

안식일은 모세를 통해 율법이 주어진 이후에 생겨난 제도가 아니었다.

그 특별한 날은 우주만물과 인간이 창조된 후 곧바로 그 의미를 드러내게 되었다. 하나님께서는 엿새 동안의 창조를 완성하신 후 안식하셨던 것이다. 그러나 인간들의 범죄는 하나님 영광의 대상인 우주만물을 오염에 빠뜨리게 되었다. 그것은 사탄과 인간에 의한 의도된 흠집내기와 마찬가지였다.

그럼에도 불구하고 하나님께서는 인간들에게 안식일을 언약의 징표로 남겨두셨다. 따라서 인간이 타락한 후에도 하나님의 선택을 받은 백성들은 안식일을 통해 하나님의 영광을 깨달을 수 있었다.[5] 그것은 물론 인간들의 의도와는 아무런 상관이 없이 전적인 하나님의 은혜로 말미암은 것이었다.

노아와 아브라함을 비롯한 구약시대의 모든 믿음의 선배들은 안식일의 의미에 관해 분명한 이해를 하고 있었음이 틀림없다. 모세는 이스라엘 백성들로 하여금 그 날을 율법적으로 지키도록 요구했다. 그것은 하나님과 그의 백성 사이에 체결된 계약관계를 드러내 보여주고 있다.

따라서 모세 이후의 구약시대 이스라엘 백성들은 안식일을 철저히 지킴으로써 하나님의 율법에 순종하지 않으면 안 되었다. 그것은 단순히 한 날을 지키는 데 그치지 않고 그 날이 하나님의 창조사역에 밀접하게 연관되어 있다는 사실을 깨닫지 않으면 안 된다. 모세의 율법은 그 언약을 기초로 하고 있기 때문이다.

"천지와 만물이 다 이루니라 하나님의 지으시던 일이 일곱째 날이 이를 때에 마치니 그 지으시던 일이 다하므로 일곱째 날에 안식하시니라 하나님이 일곱째 날을 복 주사 거룩하게 하셨으니 이는 하나님이 그 창조하시며 만드시던 모든 일을 마치시고 이 날에 안식하셨음이더라"(창 2:1-3)

---

5) 신약시대의 '주일'은 구약시대의 안식일에 연관되어 교회를 통해 하나님의 영광을 드러내는 의미를 지니고 있다; 이광호, "안식일과 주일 – 언약적 의미와 영광의 실천적 주일", 진리와 학분의 세계, 제6권(2002, 봄), pp.47-72 참조.

우주만물에 대한 창조를 완성하신 하나님께서 안식하신 것은 우리가 일반적으로 생각하듯이 휴식休息을 취한 것과는 성격이 다르다. 그는 전능한 하나님이시므로 과한 노동으로 인해 하루를 쉰 것이 아니었다. 하나님께서 안식하셨다는 사실은 자신이 창조한 피조세계로부터 친히 영광을 취하셨다는 의미를 지니고 있다. 처음 인간들이 범죄하기 전의 우주만물은 하나님의 영광과 기쁨의 대상이었다.

우리가 여기서 기억해야 할 바는, 안식일은 그 자체로서 거룩한 의미를 지니고 있었다는 사실이다. 일곱째 날인 그날이 하나님의 복을 받았다는 사실은 그것을 입증하고 있다. 또한 하나님께서 안식일을 통해 확인된 영광을 자신의 형상을 닮은 인간들로 하여금 함께 누리도록 배려하신 것은 매우 중요한 의미를 지닌다.

3. 유대인과 이방인

영원한 안식에 들어갈 수 있는 자들은 창세전에 선택받은 하나님의 자녀들에 제한된다. 그들은 타락한 세상의 세력에 굴복하지 않고 오직 영원한 천국에 소망을 두고 살아가는 자들이다. 그러므로 세상을 짝하며 살아가던 자들은 마지막 심판날이 이르게 되면 이를 갈며 울부짖을 수밖에 없다. 그들은 저들에게 그와 같은 무서운 심판의 날이 임하게 될 줄 생각지 않고 있었던 것이다.

하나님께서는 안식에 들어가게 될 백성들을 특별히 남겨두셨다. 구약시대 이스라엘 백성은 하나님의 언약과 더불어 먼저 오신 메시아에 연관된 복음 선포를 접했다. 그러나 다수의 백성들은 그 말씀에 온전히 순종하지 않았다. 따라서 그들은 영원한 안식에 들어갈 수 없었다. 하나님은 그에 대한 사실을 구약성경을 통해 예언해 오셨다.

하나님께서는 다윗의 입을 빌려 '오늘 너희가 그의 음성을 듣거든 너희

마음을 완고하게 하지 말라' 고 하셨다(히 4:7). 그가 서술한 '오늘'(Today)이
라는 말 속에는 특정한 날에 대한 구체성을 드러내 보여주고 있다. 히브리
서에 서술되고 있는 것처럼 그날은 이스라엘 백성이 여호수아와 함께 가
나안 땅에 들어가 한시적으로 누리는 육체적인 안식이 아니라 예수 그리
스도와 더불어 누리는 영원한 안식과 연관되어 있다. 그러므로 하나님을
진정으로 경외하는 성도들은 마음을 부드럽게 하여 하나님의 말씀을 들어
순종해야만 한다.

4. 영원한 안식의 도래

타락한 세상에서 살아가는 성도들의 최상의 소망은 장래 도래하게 될
영원한 안식이다. 즉 그것이 성도들이 소유한 궁극적인 소망이 된다. 이는
이 세상에는 참된 소망이 될 만한 아무것도 존재하지 않는다는 사실을 말
해주고 있다.

만일 이 세상에 어떤 소망이 있어 보인다면 그것은 소망에 관해 잘못된
이해를 하고 있거나 진정한 소망을 멀리하기 때문에 발생하는 현상이다.
재물이나 건강이나 명예와 같은 것들은 결코 인간들이 궁극적으로 기댈만
한 대상이 되지 못한다. 그런 것들은 도리어 썩은 막대 기둥과 같을 따름
이다.

그런데 성경은 이와 동시에 그리스도의 안식에 들어간 성도들에 관한
언급을 하고 있다. 이 말은 세상에서의 삶을 마감한 성도들은 이미 그 안
식에 참여하고 있음을 말해준다. 그들은 하나님께서 모든 창조 사역을 마
치시고 영광을 취하셨듯이 이제 새로운 피조물에 대한 기대와 더불어 안
식을 취하게 된다. 이것은 살아있는 성도들을 위한 안식의 실체적 증거를
보여주고 있다.

그러므로 아직 이 세상에 살아가고 있는 성도들은 영원한 안식에 들어

가기 위한 소망과 더불어 최선의 삶을 살도록 애써야 한다. 하나님의 백성들이 그런 자세를 가져야 하는 까닭은 더러운 세상을 탐하며 불순종하는 자들의 삶의 본에 빠지지 않기 위해서이다. 따라서 지상의 교회는 세상에 기대고 선 배도자들의 유혹이 항상 가까이 있다는 사실을 기억하지 않으면 안 된다.

제10장
하나님의 심판과 환난의 피난처
(히 4:12-16)

4:12 하나님의 말씀은 살았고 운동력이 있어 좌우에 날선 어떤 검보다도 예리하여 혼과 영과 및 관절과 골수를 찔러 쪼개기까지 하며 또 마음의 생각과 뜻을 감찰하나니

4:13 지으신 것이 하나라도 그 앞에 나타나지 않음이 없고 오직 만물이 우리를 상관하시는 자의 눈 앞에 벌거벗은 것같이 드러나느니라

4:14 그러므로 우리에게 큰 대제사장이 있으니 승천하신 자 곧 하나님 아들 예수시라 우리가 믿는 도리를 굳게 잡을지어다

4:15 우리에게 있는 대제사장은 우리 연약함을 체휼하지 아니하는 자가 아니요 모든 일에 우리와 한결같이 시험을 받은 자로되 죄는 없으시니라

4:16 그러므로 우리가 긍휼하심을 받고 때를 따라 돕는 은혜를 얻기 위하여 은혜의 보좌 앞에 담대히 나아갈 것이니라

1. 하나님의 말씀을 통한 심판

세상의 마지막 날이 이르게 되면, 하나님께서 사탄과 그에 속한 모든 세력들을 반드시 심판하신다. 그 심판의 유일한 기준은 하나님의 말씀이다. 즉 세상에서의 윤리적인 선행이나 공적 등은 아무런 기능을 하지 못한다. 오히려 하나님과 상관없는 모든 것들은 하나님의 말씀에 의해 만천하에

드러나게 된다. 그것을 통해 심판의 대상이 되는 악한 것들은 부끄러움을 당하게 되는 것이다.

하나님의 말씀 앞에서 자신의 죄악을 숨길 수 있는 존재는 아무것도 없다. 인간들의 죄악뿐 아니라 오염된 자연까지도 모든 더러움을 드러내게 된다. 타락한 인간과 오염된 자연은 사람들 앞에서 자기의 더럽고 추한 모습을 어느 정도 감출 수 있겠지만 거룩한 하나님의 눈을 속이지는 못한다.

그렇지만 어리석고 무지한 상태에 빠진 인간들은 하나님이 자기의 죄를 알지 못할 것이라 믿고 있다. 그것은 전지전능하신 하나님의 능력을 멸시하는 것과도 같다. 인간들의 모든 죄는 거룩하신 하나님 앞에 그대로 드러날 수밖에 없다. 히브리서 기자는, 하나님의 말씀이 인간의 죄뿐 아니라 만물의 모든 더러운 것들을 만천하에 드러내게 된다는 사실을 분명히 기록하고 있다.

"하나님의 말씀은 살았고 운동력이 있어 좌우에 날선 어떤 검보다도 예리하여 혼과 영과 및 관절과 골수를 찔러 쪼개기까지 하며 또 마음의 생각과 뜻을 감찰하나니 지으신 것이 하나라도 그 앞에 나타나지 않음이 없고 오직 만물이 우리를 상관하시는 자의 눈앞에 벌거벗은 것 같이 드러나느니라"(히 4:12,13)

우리는 여기서 하나님의 말씀이 소유한 근본적인 기능의 한 부분을 깨닫게 된다. 그것은 인간의 모든 육체와 정신적인 측면을 하나도 남김없이 다 드러내게 된다는 것이다. 인간들 자신조차 전혀 인식하지 못하는 내밀한 부분까지도 그렇다. 그러므로 인간은 하나님의 말씀 앞에서 낮아질 수밖에 없는 것이다.

그런데 위의 본문 가운데 나타나는 '혼과 영과 관절과 골수'에 관한 기록을 주의 깊게 이해할 필요가 있다. 그리고 '마음의 생각과 뜻'에 대해서도 같이 생각해 볼 수 있다. 이는 어떤 자들이 소위 인간에 대한 삼분설을 주장하는 데 그에 대한 논박의 근거가 될 수 있기 때문이다. 어리석은 자들 가운데는 사도 바울이 데살로니가 교회에 보내는 편지에서 언급한 한 구절을 인용하며 삼분설을 주장하기도 한다.

> "평강의 하나님이 친히 너희로 온전히 거룩하게 하시고 또 너희 온 영과 혼과 몸이 우리 주 예수 그리스도 강림하실 때에 흠없게 보전되기를 원하노라"(살전 5:23)

위의 본문을 근거로 삼분설을 주장하는 것은 전혀 타당성이 없다. 즉 데살로니가전서에 기록된 말씀을 문자적으로 해석하여 영과 혼과 몸의 삼분설을 내세우는 것은 올바르지 않다. 만일 그런 논리라면 히브리서 4장 12, 13절에 기록된 말씀을 근거로 하여 삼분설이 아니라 더 많은 분화를 꾀할 수도 있을지 모른다. 그러나 우리는 성경의 교훈을 좇아 인간은 영혼과 육체로 되어 있을 따름이라는 사실을 잘 알고 있다.

2. '결산의 날'

사탄의 유혹을 받아 하나님을 배반하고 타락하게 된 모든 인간들은 예외 없이 하나님의 엄중한 심판대 앞에 서야 한다. 나아가 인간의 범죄로 인해 오염된 우주만물 역시 심판의 대상이 된다. 최후 심판이 이루어지게 되면 거룩하신 하나님 앞에서 드러나지 않을 죄악은 단 하나도 없다.

그러나 그 가운데서 무서운 심판을 면할 자들이 있다. 그들은 창세전에 하나님의 선택을 받은 자들로서 십자가 위에서 대속의 죽음을 죽으신 예수 그리스도의 은혜를 입은 자들이다. 인간의 몸을 입으신 예수께서 세상에서 모든 고난을 체휼하시고 저주의 십자가에 달려 돌아가심으로써 그의 백성이 된 자들은 또다시 심판을 받아 죽어야 할 법적인 사유가 남아있지 않은 것이다.

세상에 살아가는 인간들의 삶은 이 세상이 마지막이 아니다. 좋든 싫든 원하든 원치 않든 모든 인간들은 죽음 이후에 따라오는 영원한 삶을 살지 않으면 안 된다. 그런데 죽음 이후에는 정반대로 상이한 두 부류의 양상으로 나뉘게 된다. 예수께서는 제자들에게 그에 관한 교훈을 주셨다.

"선한 일을 행한 자는 생명의 부활로, 악한 일을 행한 자는 심판의 부활로 나오리라 내가 아무 것도 스스로 할 수 없노라 듣는대로 심판하노니 나는 나의 원대로 하려하지 않고 나를 보내신 이의 원대로 하려는고로 내 심판은 의로우니라"(요 5:29,30)

하나님께서 행하실 최후의 결산은 예수 그리스도를 중심으로 이루어진다. 선한 일을 행한 것이란 일반적인 선행이 아니라 하나님의 말씀에 온전히 순종한 사실을 의미하며, 악한 일을 행한 것이란 그의 말씀에 불순종한 삶을 의미한다. 이는 세상에서 발생하는 일반 윤리적인 측면에서 말하는 선이나 악과는 전혀 다르다.

그와 같은 하나님의 심판은 절대적인 성격을 지닌 공의로운 것이다. 어떤 인간들은 심판을 받고 그것이 부당하다고 주장하며 항의할 것이 분명하다. 예수께서는 산상수훈에서 그에 관한 내용을 구체적으로 언급하셨다.[6] 그러나 하나님은 결코 부당하게 행하시는 분이 아니다. 이처럼 하나

---

6) 예수께서는 산상수훈에서 그에 관한 교훈을 주셨다. 어리석은 자들은 자신의 종교적인 행위가 하나님의 심판을 면하게 해주리라는 착각을 하고 있다. 그러나 마지막 심판날이 되면 그 실상이 만천하에 드러나게 된다; "그 날에 많은 사람이 나더러 이르되 주여 주여 우리가 주의 이름으로 선지자 노릇하며 주의 이름으로 귀신을 쫓아내며 주의 이름으로 많은 권능을 행치 아니하였나이까 하리니 그때에 내가 저희에게 밝히 말하되 내가 너희를 도무지 알지 못하니 불법을 행하는 자들아 내게서 떠나가라 하리라"(마 7:22,23).

님의 공의에 따라 예수 그리스도께 속한 자들은 영원한 생명을 얻게 되지만 그렇지 않은 사람들은 영원한 멸망에 빠지게 된다.

3. '만물의 심판자'

우리는 인간들뿐 아니라 우주 만물도 하나님의 심판 대상이 된다는 사실을 주의 깊게 이해해야 한다. 이 세상의 모든 인간들은 자연 가운데서 살아가고 있다. 날마다 보게 되는 하늘의 천체들과 땅과 바다는 항상 그 자리에 존재한다. 우리 주변에는 산천초목을 비롯해 크고 작은 동물들은 물론 눈에 보이지 않는 미물들로 가득 차 있다.

타락한 이성과 경험을 소유한 인간들은 그 가운데 어떤 것들은 아름답고 또 다른 어떤 것들은 추하다고 여긴다. 자기중심성과 더불어 세상에 살아가는 인간들의 형편에서는 그렇게 판단하는 것이 전혀 이상하지 않다. 그러나 그것은 어디까지나 죄에 익숙한 인간들의 느낌에 지나지 않는다.

우리는 이 세상의 모든 피조물들은 예외없이 오염된 상태에 놓여 있다는 사실을 알고 있다. 설령 인간들의 눈에 선하고 아름답게 비쳐진다고 할지라도 실상은 원래의 아름다움을 상실한 오염된 상태이다. 사탄이 인간을 유혹해 우주만물을 장악하게 된 후로는 모든 것이 더러워져 버렸다. 그 이유는 거룩하신 하나님의 관리 아래 있던 만물이 사탄의 통치영역이 되었기 때문이다. 사도 바울은 에베소 교회에 보내는 편지에서 그에 연관된 언급을 하고 있다.

> "그 때에 너희가 그 가운데서 행하여 이 세상 풍속을 좇고 공중의 권세 잡은 자를 따랐으니 곧 지금 불순종의 아들들 가운데서 역사하는 영이라" (엡 2:2)

하나님께서 창조하신 피조세계가 아담과 하와의 범죄로 인해 사탄의 권세아래 놓이게 되었다. 따라서 우리는 항상 사탄이 공중권세를 잡았다는 사실을 기억하고 있어야 한다. 그래야만 모든 인간이 죄인이 되어 그의 수하手下에 놓여있었다는 사실을 깨달을 수 있다. 물론 우리는 성경을 통해 제시된 원래의 아름다움에 대한 어느 정도의 기억을 해야 한다. 시편에서 노래하듯이 하늘의 별들과 자연의 아름다움을 이야기하는 것은 현상과 더불어 원래의 상태를 염두에 두고 있기 때문이다.

우주만물이 사탄에게 속했다는 것은 그것들의 오염을 동시에 말해준다. 그러므로 처음 창조된 하늘과 땅은 하나님의 궁극적인 심판의 대상이 된다. 그 대신 구원받은 하나님의 백성들에게는 새 하늘과 새 땅으로 구성된 새로운 피조물이 제공된다. 요한계시록에서는 그에 관한 최종적인 상황을 주의 자녀들에게 미리 보여주고 있다.

"또 내가 새 하늘과 새 땅을 보니 처음 하늘과 처음 땅이 없어졌고 바다도 다시 있지 않더라"(계 21:1)

하나님께서는 사도 요한에게 최후 심판과 더불어 장차 일어나게 될 최종적인 사건을 보여주셨다. 그것은 처음 하늘과 땅이 심판 당하고 새 하늘과 새 땅이 예비된 사실에 관한 내용이다. 하나님께서 재창조하신 새 하늘과 새 땅은 예수 그리스도를 통해 거듭나게 된 하나님의 자녀들이 상속받게 될 완벽하게 회복된 영역이다.

사도교회 시대 마지막 무렵 하나님의 교회는 엄청난 고난을 당했다. 예수님을 십자가에 못박아 죽인 유대인들과 로마제국은 세상의 욕망을 채우고자 자기들끼리 싸우면서 주님의 교회를 박해했던 것이다. 그 고통 가운데 살아가는 성도들이 올바른 신앙을 지켜 유지하는 것은 하나님의 특별한 은혜가 아니면 가능하지 않은 일이었다.

그때 하나님께서는 사도 요한을 통해 악한 인간들과 우주만물에 대한 최후 심판과 그로 말미암아 허락된 새 하늘과 새 땅을 보여주셨다. 그것은 지상에서 고통당하는 성도들에게 주어진 최상의 위로의 말씀이었다. 이로 말미암아 지상의 성도들은 영원한 천상의 나라를 바라보며 살아갈 수 있었던 것이다. 이에 대해서는 오늘날 우리에게도 완벽하게 동일한 의미를 지니고 있다.

4. 영원한 큰 대제사장의 사역

십자가를 지고 돌아가셨다가 부활승천하신 예수님은 우리의 큰 대제사장이시다. 그는 지금도 천상의 나라 하나님 우편에 앉아 계시면서 지상의 교회를 위해 사역하신다. 그러므로 우리는 그가 주신 도리道理를 굳게 잡아야만 한다. 그것은 은혜의 방편일 뿐 아니라 그것이 없이는 살지 못한다.

따라서 그의 도리를 굳게 잡는 것은 단순히 상징적인 의미가 아니라 우리가 날마다 구체적으로 실천해야 할 삶의 강령이다. 어리석은 자들은 그렇게 하는 것이 거추장스럽거나 부담스러운 것으로 여긴다. 하지만 나약한 인간으로서 그에 온전히 순종하는 것이 진정한 생명을 위한 유일한 길이 된다.

이땅에 살아가는 하나님의 자녀들은 연약한 자들이다. 더구나 악한 사탄의 세력과 대치관계에 놓여 있다는 것은 엄청난 고난이 따르게 된다는 사실을 의미한다. 이에 대해서는 인간의 몸을 입으신 주님께서 가장 잘 알고 계신다. 그는 우리의 모든 것을 직접 체휼하신 분이기 때문이다.

그러므로 주님께서는 때를 따라 돕는 은혜로써 친히 자기 자녀들을 도우신다. 그가 우리의 나약한 형편을 잘 알고 지켜주시는 것이다. 그와 같은 현실을 깨달아 알고 있는 주의 백성들은 항상 그의 '은혜의 보좌' 앞으로 나아가지 않을 수 없게 된다.

타락한 세상의 악한 속성을 끊임없이 경험하는 성도들은, 하나님의 인도하심에 따라 은혜의 보좌 앞으로 나아가지 않을 수 없다. 그렇게 하지 않고는 신앙을 올바르게 지탱하며 살아가지 못한다. 그것이 참 생명을 위한 유일한 길이기 때문이다. 따라서 예수 그리스도의 '은혜의 보좌'에 피함으로써 영원한 생명을 얻게 되는 것이다.

"하나님은 우리의 피난처시요 힘이시니 환난 중에 만날 큰 도움이시라 그러므로 땅이 변하든지 산이 흔들려 바다 가운데 빠지든지 바닷물이 흉용하고 뛰놀든지 그것이 넘침으로 산이 요동할지라도 우리는 두려워 아니하리로다"(시 46:1-3)

주변을 아무리 둘러보아도 이 세상에는 피할 길이 전혀 없다는 사실을 깨닫는 것은 매우 중요하다. 진정한 피난처는 오직 주의 몸 된 교회밖에 없다. 인간의 한계를 인식하지 못하고 스스로 이 세상에 자신을 위한 안전한 피난처를 만들고자 애쓰는 것처럼 어리석은 행위는 없다. 그럼에도 불구하고 대다수 인간들은 금방 무너지게 될 자신의 피난처를 짓기에 급급하다.

분명한 사실은 모든 인간들은 환난과 재앙을 당할 수밖에 없다는 점이다. 그것은 역사적인 의미를 지니는 동시에 개별적인 의미를 동시에 지니고 있다. 스스로 자신의 모든 고통을 해결하고자 하는 자들은 더욱 깊은 환난에 빠질 수밖에 없게 된다. 그것을 피할 수 있는 유일한 곳은 주님께서 예비하신 영원한 안식처이다.

"주는 내게 두려움이 되지 마옵소서 재앙의 날에 주는 나의 피난처시니이다"(렘 17:17)

교회에 속한 하나님의 자녀들은, 죄로 말미암아 생성된 세상의 고통을 피하는 유일한 길은 여호와 하나님 곧 이땅에 오신 예수 그리스도 한 분밖에 없다는 사실을 명확하게 기억하지 않으면 안 된다. 그래야만 끊임없이 예수 그리스도를 바라볼 수 있다. 여전히 악한 죄의 속성을 지니고 있는 인간들이지만 죄 없는 분 앞으로 나아 갈 수 있게 된 것은 전적으로 주님의 은혜에 기인한다. 그것을 깨달아 알게 되는 것이 하나님의 자녀들이 소유하게 되는 최상의 참된 지혜이다.

제4부

제사장 멜기세덱

제11장
구약의 대제사장과
멜기세덱의 반차를 좇은 영원한 제사장
(히 5:1-10)

5:1 대제사장마다 사람 가운데서 취한 자이므로 하나님께 속한 일에 사람을 위하여 예물과 속죄하는 제사를 드리게 하나니

5:2 저가 무식하고 미혹한 자를 능히 용납할 수 있는 것은 자기도 연약에 싸여 있음이니라

5:3 이러므로 백성을 위하여 속죄제를 드림과 같이 또한 자기를 위하여 드리는 것이 마땅하니라

5:4 이 존귀는 아무나 스스로 취하지 못하고 오직 아론과 같이 하나님의 부르심을 입은 자라야 할 것이니라

5:5 또한 이와 같이 그리스도께서 대제사장 되심도 스스로 영광을 취하심이 아니요 오직 말씀하신 이가 저더러 이르시되 너는 내 아들이니 오늘날 내가 너를 낳았다 하셨고

5:6 또한 이와 같이 다른 데 말씀하시되 네가 영원히 멜기세덱의 반차를 좇는 제사장이라 하셨으니

5:7 그는 육체에 계실 때에 자기를 죽음에서 능히 구원하실 이에게 심한 통곡과 눈물로 간구와 소원을 올렸고 그의 경외하심을 인하여 들으심을 얻었느니라

5:8 그가 아들이시라도 받으신 고난으로 순종함을 배워서

5:9 온전하게 되었은즉 자기를 순종하는 모든 자에게 영원한 구원의 근원이 되시고

5:10 하나님께 멜기세덱의 반차를 좇은 대제사장이라 칭하심을 받았느니라

1. 아론 지파에 속한 대제사장의 한계

아론을 제사장 가문의 조상으로 선택하신 분은 여호와 하나님이시다. 모세가 그를 추천하거나 임명한 것이 아니었을 뿐더러 아론이 스스로 자원한 것도 아니다. 그렇다면 하나님께서 당시 최고의 영도자라 할 만한 모세가 아니라 굳이 아론을 지명하여 선택하신 이유는 무엇 때문이었을까?

만일 모세의 자손이 제사장 직분을 맡게 되었다면, 그 자손들은 교만하게 되어 모세를 내세워 엉뚱한 자랑거리로 만들었을지도 모를 일이다. 또한 우리가 짐작해 볼 수 있는 것은, 모세의 자식들이 순수한 이스라엘의 혈통을 지니지 않았기 때문이 아니었을까 하는 점이다. 그러나 그것이 올바른 견해라고 단정지을 수는 없다.[7]

분명한 사실은, 아론을 비롯한 그의 자손들도 다른 이스라엘 백성들과 전혀 다르지 않은 죄인이었다는 점이다. 다만 제사장이 된 저들에게 맡겨진 직분이 달랐을 따름이다. 이는 하나님께서 특별한 의도를 가지고 레위 지파 후손인 저들을 선택해 제사장으로서의 직분사역을 맡기셨음을 말해준다.

나아가 우리는 아론이 다른 사람들에 비해 훌륭한 신앙을 가졌기 때문에 제사장직을 허락받은 것이 아니라는 사실을 이해해야 한다.[8] 그는 과거에 이스라엘 백성들이 시내산 아래서 금송아지를 만들 때 백성들을 잘

---

7) 우리는 야곱의 아들들 가운데 장자권을 상속받게 된 요셉을 기억한다(역대상 5:1,2 참조). 그는 애굽의 이방 여성을 아내로 맞아 자녀들을 낳았지만 그것은 전혀 책망의 대상이 되지 않았다. 이로써 미루어 짐작하건데 모세가 제사장 가문으로 지명받지 못한 것이 이방 혼인 때문이라 단정짓기는 어려워 보인다.

8) 이에 대해서는 오늘날 우리시대의 직분에 있어서도 동일하게 이해해야 한다. 특히 목사가 되는 것이 다른 성도들보다 훌륭한 신앙을 가졌기 때문이라 말할 수 없다. 다른 모든 직분과 마찬가지로 목사직은 하나님의 은사로 받아들여야 한다. 그 은사는 교회를 통해 드러나게 됨으로써 특정한 성도에게 맡겨지게 된다.

못된 길로 이끌어간 인물이었다. 그가 모세와 함께 애굽으로부터 이스라엘 민족을 인도해 내는 데 중요한 역할을 했지만 그것도 개인적인 신앙 때문이었던 것으로 말할 수 없다.

아론과 그의 자손들이 제사장직을 맡았던 것은 전적인 하나님의 작정과 계획에 의한 것이었다. 제사장이 백성들을 위해 예물을 바치고 속죄하는 제사를 드리면서 무지하고 미혹에 빠진 자들을 용납할 수 있었던 것은 그 역시 연약한 자였기 때문이다. 만일 그가 완벽한 신앙인이었다면 그런 연약한 자들을 용납할 수 없었을 것이다.

그러므로 제사장들은 일반 백성들 앞에서 특별히 자부심을 가지거나 그로 인해 자랑하거나 교만한 태도를 가져서는 안 된다. 단지 하나님께서 맡기신 사역을 온전히 시행하도록 애써야 할 따름이다. 이에 대해서는 비록 제사장뿐 아니라 모든 언약의 자손들이 공히 소유해야 할 신앙 자세이다.

2. 구약시대 제사장의 기능

구약시대의 제사장들은 '이스라엘 백성들을 위해' 하나님께 제사드리는 사역을 감당했다. 나아가 그들은 일반 백성들뿐 아니라 '자기 자신을 위해서도' 제사를 드려야만 했다(히 5:3). 이는 그들이 이스라엘 민족의 보통 사람들과 전혀 다르지 않은 죄인이라는 사실을 말해 주고 있다.

따라서 제사장들은 죄 없이 거룩하고 일반 백성들은 죄인이기 때문에 저들을 위해 제사를 지내는 것이 아니다. 즉 "거룩한 우리가 죄인인 여러분들을 위해 제사를 지내준다"는 식으로 생각할 수 없다.[9] 제사장들 역시

---

9) 한국교회에는, 목사들이 어느 가정에 무슨 일이 있을 경우 찾아가 '예배를 봐 준다'고 생각하는 경향이 있다. 그러나 그것은 잘못된 표현이다. 목사가 다른 성도들과 함께 예배에 참여할 수 있을지언정 특정 환경에 놓인 자들을 위해 '예배를 봐 준다'는 것은 있을 수 없다.

죄에 빠진 자들이었으므로 자신을 포함한 모든 이스라엘 민족을 위해 제사직분을 감당해야 했던 것이다.

그러므로 아론 지파의 제사장들은 저들 자신이 더러운 죄인이었기 때문에 아무런 변명 없이 하나님께 제물을 바치고자 하는 모든 백성들을 용납해야만 했다. 그러나 죄가 없는 거룩한 하나님은 죄로 더러워진 인간들을 원 상태로 받아들이지 않으신다. 이는 사실 매우 중요한 의미를 지니고 있다.

참 대제사장이신 예수 그리스도께서는 자기의 십자가 사역으로 말미암아 죄를 용서받아 순결하게 된 성도들만 용납하시게 된다. 그것을 위해 예수님은 아무런 죄가 없는 분이심에도 불구하고 죄인처럼 완전히 낮아지셨다. 인간의 몸을 입으신 그는 친히 저주의 십자가를 지고 하나님의 어린양으로서 완벽한 제물이 되셨던 것이다.

따라서 아론을 비롯한 제사장들은 오실 메시아에 대한 예표적인 기능을 했다. 그들은 단순히 제물을 바쳤을 뿐 아니라 그 가운데는 장차 도래하게 될 메시아의 사역과 그에 대한 소망이 들어있었다. 만일 어떤 제사장이 매우 성실한 자세로 온갖 정성을 다해 하나님께 제사를 지낸다 할지라도 메시아에 대한 소망을 버리고 있다면 그것은 아무런 의미가 없는 헛된 제사에 지나지 않는다.

3. 제사장에 대한 부르심

이스라엘 민족을 위한 제사장 직분은 아무나 행할 수 있는 것이 아니었다. 그것은 개인적인 취향이나 능력의 문제가 아니라 하나님의 부르심에 직접 연관되어 있다. 만일 하나님의 부르심이 없는 상태에서 하나님께 제사를 지낸다면 그것은 하나님의 율법을 무시하는 저항행위가 된다.

우리가 명심해야 할 바는 구약시대의 제사장 직분은 오직 하나님의 부르심을 받은 자들에게만 주어졌다는 사실이다. 이는 제사장의 사사로운 역량이나 인간적인 품성에 근거하지 않는다는 점을 말해준다. 하나님께서는 그와 같은 규례를 통해 제사장 직분을 부여하는 권한은 오직 자기에게만 달려 있음을 분명히 하셨다.

그러나 하나님의 율법을 벗어난 악한 인간들은 그의 말씀을 온전히 받아들이지 않았다. 그런 자들은 하나님의 부르심과 아무런 상관 없이 종교적인 편의에 따라 사람을 세워 그 직분을 감당하도록 종용했다. 이에 대해서는 다윗 왕국이 분열된 후 북쪽 이스라엘 왕국의 여로보암 시대에 극명하게 드러났다.

> "여로보암이 이 일 후에도 그 악한 길에서 떠나 돌이키지 아니하고 다시 보통 백성으로 산당의 제사장을 삼되 누구든지 자원하면 그 사람으로 산당의 제사장을 삼았으므로 이 일이 여로보암 집에 죄가 되어 그 집이 지면에서 끊어져 멸망케 되니라"(왕상 13:33,34)

다윗 왕조에 반기를 든 여로보암은 예루살렘 성전과 상관이 없는 제단을 임의로 만들었다. 그는 그곳에서 제사지내는 제사장을 세우면서 지파에 상관없이 누구든지 역량을 갖추고 자원하는 자들에게 그 직책을 맡겼다. 즉 레위지파 아론의 자손인가 하는 점은 전혀 고려될 필요가 없었다. 여로보암과 그를 추종하는 자들은 겉보기에 제사를 세련되고 원만하게 지낼 수 있다면 누구나 차별 없이 그 일을 감당할 수 있어야 한다고 생각했다.

그러나 그것은 하나님의 율례를 범하는 악한 행동이었다. 예루살렘 성전을 벗어나 별도의 제단을 만드는 것도 죄였지만 아론의 자손이 아닌 자들을 제사장으로 세우는 것도 악한 죄였다. 그에 대해서는 어떤 변명도 허락되지 않았다. 결국 그 일로 말미암아 여로보암의 집안은 땅에서 끊어져 멸망당하는 하나님의 심판을 받게 되었다.

우리는 이와 같은 상황을 통해 현대 교회의 직분에 대해 냉철한 생각을 해 볼 수 있다. 분명한 사실은 개인적인 의도나 욕망에 따라 직분을 선택할 수 없다는 점이다. 즉 어떤 교인이 특정 직분을 가지고 싶다고 해서 교회의 요구와 허락 없이 스스로 그렇게 해서는 안 된다.

그렇지만 우리의 현실은 전혀 그렇지 않다. 상당수 교회에서는 직분 수여의 원리를 완전히 버리고 있다. 특히 목사의 경우에는 거의가 개인 스스로 결정한다고 해도 과언이 아니다. 즉 어떤 사람이 목사가 되고 싶다면 교회의 의사와 상관없이 신학교에 들어가 과정을 거쳐 졸업하게 되면 직분을 받게 된다.[10] 교회를 통한 하나님의 부르심이 아니라 개인의 판단에 그 근거를 두고 있다.

목사가 되기 위해서는 개인적인 결단이 확실한 유효 근거가 되지 못한다. 그러나 어린 교인들은 사람의 성품이나 종교적인 관심에 따라 신학교에 가서 목사가 될 수 있는 것처럼 믿는다. 공부 잘하고 유능하며 성품이 좋다고 해서 신학교에 가서 목사가 되는 것은 위험천만한 일이다.

직분은 교회가 맡길 때 순종함으로써 부여받아야 한다. 구약시대에 제사장이 되기 위한 엄격한 객관적 규례가 있었듯이 신약시대에도 그 정신은 여전히 이어지고 있다. 교회는 이에 대한 명확한 이해를 하지 않으면 안 된다.

4. 객관적 성격을 지닌 그리스도의 대제사장 직분

인간의 몸을 입고 이 세상에 오셔서 대제사장이 되신 예수께서는 멜기

---

10) 신학교에 입학해 일정 기간 동안의 공부를 마치는 것이 목사가 될 수 있는 자격을 획득하는 것이 아니다. 한국의 "독립교회 연합회" 같은 곳에서는 신학교 졸업을 일종의 자격을 보아 목사 안수를 남발하는 것을 본다. 거기에 참여하는 자들은 그것이 교회를 어지럽히는 가장 위험한 행위라는 것을 모르고 있다.

세덱의 반차를 좇아 그 직분을 담당하셨다. 즉 그는 아론의 자손으로 오시지 않았을 뿐 아니라 레위지파도 아니었다. 그는 유다지파에 속한 다윗의 자손으로 이땅에 강림하셨던 것이다. 이는 그가 자기 백성들을 위한 영원한 제사장이 되시기 위해서였다.

예수님이 영원한 대제사장이 된 것은, 성자 하나님의 단독 사역이 아니라 삼위일체 하나님의 전체적인 사역으로 말미암은 것이었다. 히브리서 기자는 이에 관한 설명을 하면서 구약성경의 시편을 인용하여 예수 그리스도께 그것을 적용시키고 있다. 그리스도가 대제사장이 되신 것도 하나님의 부르심에 의한 것이라는 사실이었다. 이는 하나님의 부르심이 없는 직분은 허락될 수 없다는 것을 말해주고 있다.

> "또한 이와 같이 그리스도께서 대제사장 되심도 스스로 영광을 취하심이 아니요 오직 말씀하신 이가 그에게 이르시되 너는 내 아들이니 내가 오늘 너를 낳았다 하셨고"(히 5:5);
> "여호와께서 내게 이르시되 너는 내 아들이라 오늘날 내가 너를 낳았도다"(시 2:7)

위의 본문은, 예수께서 대제사장이 되어 영광을 취하신 것이 삼위일체 하나님의 부르심과 사역에 의한 것이라는 사실을 보여주고 있다. 그가 홀로 자의대로 그렇게 하시지 않았다는 것이다. 그러므로 구약의 시편에서는 하나님께서 '오늘날 내가 너를 낳았다' 고 말씀하셨던 것이다.

5. 고난당하신 대제사장 예수 그리스도

창세전에 택하신 자기 백성들을 구원하기 위해 이땅에 오셔서 대제사장이 되신 예수께서는 친히 십자가를 지고 모진 고난을 당하셨다. 그는 육체를 가진 존재로 이 세상에 계실 때 견디기 힘든 고난으로 인해 통곡과 눈물로 간구하셨다. 이는 완벽한 제사장으로써 세상 죄를 짊어지신 어린 양인 자신을 하나님께 바친 제사장의 모습을 보여준다. 그것이 없이는 하나님으로부터의 속죄가 이루질 수 없다.

하나님의 아들이신 예수님이 그렇게 하신 것은 자기에게 순종하는 자들을 위한 영원한 구원을 이루시기 위해서였다. 즉 자신이 먼저 하나님에 대한 순종의 본을 보이심으로써 자기에게 순종하는 백성들을 구원하시고자 했다. 이를 통해 성부 하나님의 뜻에 온전히 순종하시는 성자 하나님을 보여주고 있다. 히브리서 기자는 그에 관한 매우 의미 깊은 기록을 남기고 있다.

"그가 아들이시라도 받으신 고난으로 순종함을 배워서 온전하게 되었은
즉 자기를 순종하는 모든 자에게 영원한 구원의 근원이 되시고 하나님께 멜
기세덱의 반차를 좇은 대제사장이라 칭하심을 받았느니라"(히 5:8-10)

우리가 여기서 눈여겨보아야 할 점은, 성경이 고난당하신 예수 그리스도의 순종을 멜기세덱에게 연관짓고 있다는 사실이다. 즉 예수 그리스도가 고난으로 순종함을 배워 온전하게 되어 멜기세덱의 반차를 좇은 대제사장이라 칭하심을 받았다고 한 사실을 주의 깊게 이해해야 할 필요가 있다. 우리는 여기서 하나님 아들의 고난과 순종을 멜기세덱에게도 적용해 볼 수 있을 것이다.

그렇다면 멜기세덱이 과거에 어떤 고난을 받은 적이 있었는가? 창세기 14장에서는 멜기세덱이 특별한 고난을 받은 것으로 묘사되지 않는다. 그는 백성들을 통치하는 의의 왕이자 살렘 왕으로서 대단한 권위를 가진 인물로만 나타나고 있다.

그런데 우리는 여기서 조심스럽게 의의 왕 멜기세덱을 욥과 동일한 인

물로 짐작해 볼 수 있다.[11] 욥은 특별한 죄를 짓지 않았음에도 불구하고 하나님으로 말미암은 고난에 참여한 인물이었다. 우리는 그가 사탄으로 인한 고난을 통해 순종을 배웠던 신앙의 선배로 이해할 수 있다.

욥이 자신에게 심판을 받을 만한 직접적인 죄가 없었음에도 불구하고 하나님의 심판을 받았다는 사실에 대해서는 우리가 주의 깊게 이해해야 한다. 시험 중에 있던 욥이 자신의 친구들과 다투며 변론한 이유도 바로 그점 때문이었다. 욥의 친구들은 욥의 잘못을 책망하며 그것을 뉘우치라고 촉구했다.

그러나 욥은 자신이 고난받는 직접적인 이유가 하나님의 특별한 의도 때문이라는 변명을 했다. 즉 욥이 그런 고통을 당한 것이 자기의 잘못이 아니라 하나님의 의도에 근거한다고 했다. 이처럼 우리는 멜기세덱의 반차를 좇아 고난당하는 제사장이 된 예수 그리스도를 생각할 때 욥의 고난을 염두에 둘 수 있다.

---

11) 이광호, 구약신학의 구속사적 이해, 서울: 도서출판 깔뱅, 2006, pp.142-144; 이광호, 창세기, 서울: 도서출판 깔뱅, 2007, pp.125-133 참조.

제12장
신비의 멜기세덱과 신앙이 성숙한 자
(히 5:11-14)

5:11 멜기세덱에 관하여는 우리가 할 말이 많으나 너희의 듣는 것이 둔하므로 해석하기 어려우니라

5:12 때가 오래므로 너희가 마땅히 선생이 될 터인데 너희가 다시 하나님의 말씀의 초보가 무엇인지 누구에게 가르침을 받아야 할 것이니 젖이나 먹고 단단한 식물을 못 먹을 자가 되었도다

5:13 대저 젖을 먹는 자마다 어린아이니 의의 말씀을 경험하지 못한 자요

5:14 단단한 식물은 장성한 자의 것이니 저희는 지각을 사용하므로 연단을 받아 선악을 분변하는 자들이니라

1. 인간의 판단을 넘어선 멜기세덱

히브리서에는 멜기세덱에 연관된 내용을 기술하기 위해 많은 분량을 할애하고 있다. 실상은 히브리서에 기록된 전체 말씀의 중심에 제사장 멜기세덱을 통해 예수 그리스도의 대제사장 직무를 두고 있다 해도 과언이 아니다.

그럼에도 불구하고 멜기세덱에 관한 이해를 하기란 쉽지 않다.[12) 히브

---

12) 자유주의 신학자들은 멜기세덱을 신화적인 인물로 간주하고 있다. 이에 대해서는 욥 역시 마찬가지로 취급받고 있다. 그러나 멜기세덱은 아브라함 시대에 살았던 실존적인 인물이다. 그에 대해서는 조금도 의심할 여지가 없다.

리서 기자는 그에 연관된 언급을 하고 있다. 멜기세덱에 대하여는 할 말이 많지만 일반 성도들이 듣기에 둔하므로 설명하기 쉽지 않다고 했던 것이다. 즉 그는 멜기세덱이 절대로 알 수 없는 존재가 아니라 어린 자로서는 이해하기 어려운 존재라는 말을 하고 있다.

여기서 우리는 인간의 한계와 신앙성숙의 정도에 따라 깨달음의 분량이 다르다는 사실을 알게 된다. 히브리서 기자는 멜기세덱에 대한 이해 자체가 불가능하므로 접근하지 말라고 요구한 것이 아니었다. 당시 사도들은 그에 대하여 분명한 깨달음을 가지고 있음을 말하고 있기 때문이다.

인간들은 지극히 나약할지라도 성령 하나님의 도우심에 힘입어 그에 대한 올바른 지식을 소유할 수 있다. 따라서 우리는 하나님께 깨달음을 위한 선한 지혜를 공급해 주시도록 기도해야 한다.

2. '선생'으로 자라가야 할 성도들

지상 교회에 속한 하나님의 자녀들은 믿음의 삶을 살아가면서 점차 성장해가야 한다. 성숙하게 된 성도들은 다른 사람들에게 진리를 가르치고 전달할 수 있는 기본적인 지식을 갖추지 않으면 안 된다. 그것은 상식적인 모든 성도들이 갖추어야만 할 명백한 사실로서 선택의 여지가 없다.

성경이 여기서 말하고자 한 바는, 특정한 은사를 가진 직분자로서 교사가 되는 것을 의미하지 않는다. 그것은 정상적으로 오랜 신앙생활을 한 성도라면 누구나 '지혜의 선생'이 되어야 한다는 사실을 말해주고 있다.[13]

---

13) 여기서 말하는 '지혜의 선생'이란 '지식의 선생'과 구별하여 이해할 수 있다. 지식의 선생이란 우리가 일반적으로 말하는 가르치는 교사를 일컫는다. 이에 반해 '지혜의 선생'이란 지식이 부족할지라도 옳고 그름을 올바르게 분별할 있는 능력의 소유자를 지칭하고 있다. 즉 교회 내에 지식적인 측면에서는 충분하지 않지만 신실한 신앙생활을 통해 지식보다 값진 지혜를 소유한 자들이 많이 있을 수 있다.

만일 그렇지 않다면 무언가 문제가 있는 것으로 볼 수밖에 없다.

이는 물론 교회의 교사로 세움받은 목사의 사역에도 연관되어 있다. 지상 교회에는 반드시 하나님의 말씀을 체계적으로 가르치는 교사 즉 목사가 필요하다. 하지만 목사가 아니라 할지라도 신앙이 어린 교인들을 지도하고 가르치는 역할을 감당하기 위해서는 올바른 교육이 요구된다.

교회의 교사로 부르심을 받은 목사는 하나님께서 부여하신 특별한 은사를 기초로 하여 세워진 직분자이다. 이는 결코 개인의 종교적인 취향이나 욕망에 기인하지 않는다. 그것은 교회 공동체의 일이기 때문이다. 그러므로 야고보는 교회 가운데 선생이 되기 위해 애쓰는 자가 많지 않기를 바란다고 했다.

> "내 형제들아 너희는 선생 된 우리가 더 큰 심판 받을 줄을 알고 많이 선생이 되지 말라"(약 3:1)

이는 교회에서 가르치는 직분을 부여받은 교사가 지니는 역할이 그만큼 중요하다는 사실을 말해준다. 만일 교사가 잘못 가르치게 되면 모든 교인들은 그릇된 신앙을 가질 수밖에 없게 된다. 따라서 교회의 교사로 세움받은 목사들은 하나님의 말씀을 온전히 가르치지 않으면 안 된다.

예수께서는 잘못된 주장을 펼치면서 왜곡된 가르침을 베푸는 악한 유대인들을 신랄하게 질책하셨다. 그들은 언약의 백성들에게 하나님의 말씀을 떠나 엉터리 교리를 만들어 가르쳤다. 그래서 그런 자들을 눈먼 소경이라고 말씀하셨다.

> "저희는 소경이 되어 소경을 인도하는 자로다 만일 소경이 소경을 인도하면 둘이 다 구덩이에 빠지리라"(마 15:14)

계시된 하나님의 말씀을 버리고 진리를 왜곡한 가르침을 베푸는 것은 사람들을 멸망으로 인도하는 것과 같다. 앞을 보지 못하는 소경이 다른 소경들을 인도하게 되면 전부가 잘못된 길로 들어설 수밖에 없다. 그런 자들은 열심을 내면 낼수록 위태롭게 된다. 따라서 교회의 교사인 목사는 그 교훈을 따라 하나님의 말씀을 올바르게 해석함으로써 참된 가르침을 베풀어야 한다.

그런데 문제는 잘못된 길을 뒤따라가는 어리석은 소경들은 앞선 자가 소경이라는 사실을 까마득히 모르고 있다는 점이다. 그들은 앞장서서 인도하는 자가 모든 것을 밝히 보고 있는 것으로 착각하고 있기 때문이다. 거기다가 잘못된 과정에 향기로운 냄새나 흥겨운 음악이 따른다면 저들은 위태로운 상황 가운데서도 아무런 의심 없이 종교적인 즐거움에 심취할 수 있게 된다.

그럼에도 불구하고 지상 교회에서는 항상 참된 교사들을 필요로 하고 있다. 그것은 어린 성도들을 올바른 말씀의 길로 인도해야 하기 때문이다. 그것을 위해서는 모든 성도들이 함께 협력하지 않으면 안 된다. 온 교회가 서로 돕는 가운데 진리를 가르치며 배움으로써 건전한 교회를 세워 나갈 수 있게 된다.

그러므로 신앙이 성숙한 성도들은 잘못된 가르침을 베푸는 자들을 분별해 낼 수 있는 혜안을 가져야만 한다. 그것은 지상의 교회를 보호하기 위한 중요한 방편이 된다. 거짓된 가르침을 보고도 그에 대해 모르는 척하며 아무런 대응을 하지 않는다면 그것은 거짓 선생과 공범이 되는 것과 마찬가지다.

3. 하나님의 말씀에 대한 초보자

교회에 속해 신앙생활을 되풀이 하면서도 항상 초보자로 있어서는 안 된다. 이는 하나님의 진리의 말씀에 대해 끊임없이 성장해 가야만 하는 것을 의미하고 있다. 신앙고백과 더불어 세례를 받고 교회에 입교하여 성도로 살아가는 자라면 마땅히 진리에 대한 깨달음이 점차 풍성해져 가야 한다.

이 말은 종교적인 경험을 익혀가는 것을 의미하지 않는다. 즉 오랜 기간 동안 신앙생활을 하면서 종교 활동에 익숙해지고 연보를 하며 찬송가를 익히 부를 수 있는 기교의 발전을 의미하지 않는 것이다. 하나님의 말씀에 대한 깨달음이 없는 상태에서 그렇게 된다면 그것은 도리어 위태로운 상황에 빠질 수 있다. 그런 자들은 개인적인 종교 경험을 가지고 신앙성장이라 착각할 가능성이 농후하기 때문이다.

그러므로 히브리서 기자는 그와 같은 상황을 염두에 두고 탄식하듯이 말하고 있다. 당시 히브리서를 수신한 첫 번째 교회에 속한 성도들은 진리의 말씀에 대해 충분히 성숙하지 못했던 것으로 보인다. 그런 경우라면 세상의 철학에 기초한 언어를 마치 하나님의 진리와 버금가는 것으로 받아들일 우려가 생긴다. 사도 바울은 골로새 교회에 편지하면서도 그에 대한 언급을 하고 있다.

"누가 철학과 헛된 속임수로 너희를 노략할까 주의하라 이것이 사람의 유전과 세상의 초등 학문을 좇음이요 그리스도를 좇음이 아니니라"(골 2:8)

올바른 신앙성장 없이는 하나님의 말씀과 세상의 잘못된 가치를 분별해 내기 어렵다. 성숙하지 못한 어린 교인들은 세속적인 가치와 윤리를 최상의 덕목으로 여기기 십상이다. 잘못된 종교적 사고를 가진 자들이 지도자 행세를 하며 세상의 철학과 풍조를 제시할 때 속아 넘어가기 십상이다.

그러나 그것들이 외견상 보기에 아무리 그럴듯하게 여겨질지라도 그것은 인간들의 습성과 세상의 초등학문에 지나지 않는다. 그것은 결코 예수 그리스도와 하나님의 뜻을 따르는 것이 아니다. 따라서 그런 것들은 도리어 참된 하나님의 진리를 깨닫는 데 방해가 될 따름이다.

4. '장성한 성인'과 '어린아이'

하나님의 교회에 소속된 성도라 할지라도 제각각 성장 정도에 차이가 날 수밖에 없다. 신앙이 올바르게 자라서 성숙한 성도들이 있는가 하면 마치 어린아이와 같은 성도들도 있다. 나아가 당연히 정상적으로 성장해야 할 만한 신앙연령이 되었음에도 불구하고 여전히 어린아이 티를 벗어나지 못하는 경우도 있다.

신앙이 어린 성도들은 젖을 먹지만 장성한 성도라면 당연히 단단한 음식을 먹을 수 있어야 한다. 물론 제대로 성장하지 않았으면서 단단한 음식을 억지로 먹으려고 하는 것도 문제가 된다. 그렇게 되면 소화불량에 걸려 심각한 문제를 일으키게 되기 때문이다. 모든 성도들은 신앙이 어릴 때는 젖을 먹기 시작하여 성장 과정을 거쳐 점차 장성한 분량에 이르러야 한다.

지상 교회가 직면하게 되는 심각한 문제들 가운데 하나는 상당한 세월이 흘렀음에도 불구하고 단단한 음식을 먹지 못하고 여전히 젖만 먹는 어린아이와 같은 교인들이 있다는 사실이다. 그런 자들은 천상으로부터 임하는 하나님의 의를 경험하지 못한 상태에 놓여 있다. 하나님의 진정한 의를 경험한 자들이어야만 지각을 통한 연단을 받게 된다. 사도 바울은 고린도 교회에 편지하면서도 그에 연관된 언급을 하고 있다.

> "내가 너희를 젖으로 먹이고 밥으로 아니하였노니 이는 너희가 감당치 못하였음이거니와 지금도 못하리라"(고전 3:2)

바울은 그 전에 자기가 고린도 교회 성도들을 부드러운 젖으로 먹였으며 단단한 밥으로 먹이지 않았다는 사실을 언급하고 있다. 그렇게 한 까닭은 저들에게 단단한 음식을 줄 경우 그것을 감당하지 못할 것을 잘 알고 있었기 때문이다. 그것은 이미 오래전에 바울이 저들에게 취했던 배려의 행동이었다.

그런데 이제는 세월이 지나 그들이 단단한 음식을 먹을 수 있을 만큼 성장해야만 했다. 여기서 말하는 충분한 성장이란 종교적인 경험이나 세련된 기교, 혹은 인간적인 재주가 늘어나는 것을 의미하지 않는다. 그 성장 정도는 하나님의 말씀을 얼마나 올바르게 깨달아 순종하며 적용하느냐 하는 점에 따라 가늠이 된다.

신앙이 정상적으로 성장하지 못한 교인들은 마치 어린아이들과 같아서 단단한 음식을 먹을 수 없다. 그러면서도 그들은 오랜 종교생활로 말미암아 스스로 오만한 종교적 독선에 빠지게 된다. 그런 자들은 신앙이 어리면서도 종교적인 경험으로 말미암아 자신의 신앙이 대단한 것인 양 착각하게 된다.

5. 선악을 분별하는 능력

성도들이 갖추어야 할 가장 근본적인 덕목은 선악을 분별할 수 있는 능력이다. 그것이 결여된다면 어느 것이 선한 것이며 어느 것이 악한 것인지 알지 못한 채 자신의 종교적인 욕망에 따라 행동할 수밖에 없다. 따라서 모든 성도들은 성경에 계시된 하나님의 말씀을 근거로 하여 선악을 분별하는 능력을 갖추도록 해야 한다.

그 능력이 결여된 상태라면 모든 종교행위에 대해 옳고 그름을 판단하기 어렵다. 물론 그것은 하나님으로부터 주어지는 지혜와 밀접하게 연관되어 있다. 구약시대의 솔로몬 왕은 하나님께서 선물을 주시고자 했을 때 선악을 분별할 수 있는 지혜로운 마음을 주시도록 하나님께 간구했다.

"솔로몬이 가로되 누가 주의 이 많은 백성을 재판할 수 있사오리이까 지혜로운 마음을 종에게 주사 주의 백성을 재판하여 선악을 분별하게 하옵소서" (왕상 3:9)

우리는 이 말씀에 나타나는 솔로몬이 장차 오시게 될 그리스도에 대한 예표적인 성격을 지니고 있는 것으로 이해해야 한다. 타락한 인간과 오염된 세상은 반드시 하나님의 궁극적인 심판을 받게 된다. 백성들을 재판함에 있어서 선악을 분별하는 솔로몬의 재판은 종말에 있게 될 예수 그리스도의 최후 심판을 예표하고 있다.

그런데 성경이 말하고 있는 선악의 기준은 과연 무엇인가? 즉 선은 무엇이며 악은 무엇인가? 분명한 사실은, 그것이 세상에서 발생하는 일반 윤리적인 판단에 따라 가늠할 성격이 아니라는 점이다. 인간들의 도덕적 기준을 통해서는 결코 선과 악을 구분할 수 없다. 도리어 하나님의 선은 인간의 이성적인 판단과 윤리와는 정반대적일 수 있다.

우리가 여기서 분명히 깨달아야 할 점은 선은 오로지 하나님으로부터 나오지만 인간들로부터 나오는 모든 것들은 악하다는 사실이다. 사람들의 일반적인 안목으로 보기에 선해 보이지만 악한 것일 수 있고, 사람들의 눈에는 그렇게 보이지 않을지라도 실상은 선한 것일 수 있다.

예를 들어, 성경은 '살인하지 말라' 는 명령을 하고 있다. 시내광야에서 주어진 십계명에는 그에 관한 기록이 명백하게 나타난다. 그런데 그로부터 사십년이 지난 후 이스라엘 백성이 가나안 땅에 들어갈 때는 그곳에 살고 있던 거민들을 바깥지역으로 쫓아내고 그에 응하지 않을 경우 '그들을 죽이라' 는 명령을 내리고 있다.

따라서 하나님께서 주도하시는 일은 인간들의 이성과 경험에 따라 판단할 영역이 아니다. 그와 같은 하나님의 말씀을 잘 알고 있는 성도들은 세상의 일반적인 원리를 교회 가운데 가지고 들어와서는 안 된다. 오히려 지상의 교회는 진리의 말씀으로 선악을 분별하는 가운데 세상을 비판할 수 있어야 한다. 사도 바울은 로마 교회에 편지하면서 그에 관한 기록을 남기고 있다.

> "너희는 이 세대를 본받지 말고 오직 마음을 새롭게 함으로 변화를 받아 하나님의 선하시고 기뻐하시고 온전하신 뜻이 무엇인지 분별하도록 하라"
> (롬 12:2)

하나님의 자녀들은 이 세상에 살아가고 있지만 타락한 세상에 속하지 않았다. 그들은 이땅이 아니라 영원한 천상의 나라에 속한 자로서 천국시민권을 가진 자들이기 때문이다. 그러므로 이 세상의 가치를 본받지 말고 마음을 새롭게 함으로써 변화를 받아야 한다. 그리하여 하나님의 선하시고 기뻐하시는 온전한 뜻에 따라 순종해야 한다.

이와 같이 성도들은 하나님의 말씀과 성령의 도우심에 따라 정상적으로 성장해야 한다. 그렇게 되어야만 선과 악을 제대로 분별해 낼 수 있게 된다. 여러 사도들이 성도들로 하여금 장성한 분량에 이르기까지 자라가도록 촉구한 것은 지상 교회를 온전히 보존하기 위한 거룩한 목적 때문이다.

제13장
'하나님의 도'에 참여하는 자의 복
(히 6:1-12)

6:1 그러므로 우리가 그리스도 도의 초보를 버리고 죽은 행실을 회개함과 하나님께 대한 신앙과

6:2 세례들과 안수와 죽은 자의 부활과 영원한 심판에 관한 교훈의 터를 다시 닦지 말고 완전한 데 나아갈지니라

6:3 하나님께서 허락하시면 우리가 이것을 하리라

6:4 한번 비침을 얻고 하늘의 은사를 맛보고 성령에 참예한 바 되고

6:5 하나님의 선한 말씀과 내세의 능력을 맛보고

6:6 타락한 자들은 다시 새롭게 하여 회개케 할 수 없나니 이는 자기가 하나님의 아들을 다시 십자가에 못박아 현저히 욕을 보임이라

6:7 땅이 그 위에 자주 내리는 비를 흡수하여 밭 가는 자들의 쓰기에 합당한 채소를 내면 하나님께 복을 받고

6:8 만일 가시와 엉겅퀴를 내면 버림을 당하고 저주함에 가까와 그 마지막은 불사름이 되리라

6:9 사랑하는 자들아 우리가 이같이 말하나 너희에게는 이보다 나은 것과 구원에 가까운 것을 확신하노라

6:10 하나님이 불의치 아니하사 너희 행위와 그의 이름을 위하여 나타낸 사랑으로 이미 성도를 섬긴 것과 이제도 섬기는 것을 잊어버리지 아니하시느니라

6:11 우리가 간절히 원하는 것은 너희 각 사람이 동일한 부지런을 나타내어 끝까지 소망의 풍성함에 이르러

6:12 게으르지 아니하고 믿음과 오래 참음으로 말미암아 약속들을 기업으로 받는 자들을 본받는 자 되게 하려는 것이니라

1. 장성한 신앙의 조건: "도의 초보를 버리라"

하나님의 자녀들은 지속적으로 성장해 가야 한다. 성장이 멈춘 신앙은 죽은 신앙일 수밖에 없다. 생명이 없는 신앙은 교회의 참된 성장을 저해하게 된다. 그러므로 성경은 죽은 행실을 질책하며 도의 초보를 버리라고 요구하고 있다(히 6:1).

문제는 죽은 신앙을 가진 자들이 그것을 제대로 인식하지 못하고 있다는 사실이다. 나아가 스스로 어린 신앙인이라는 말만 되풀이 할 뿐 옛 습성을 버리지 않는 경우가 많다. 뿐만 아니라 실상은 죽은 신앙을 가지고 있으면서 마치 매우 훌륭한 신앙인인양 착각하는 자들마저 있다.

이처럼 신앙은 개인이 자신의 신앙을 가늠할 수 있는 것이 아니다. 그런 태도는 여간 위험하지 않다. 그렇게 되면 자신의 종교적인 언어에 스스로 농락당할 우려가 있기 때문이다. 따라서 성도들의 신앙은 개별적인 판단이 아니라 건강한 교회를 통해 객관적으로 검증되는 것이 바람직하다.[14]

우리가 분명히 알아야 할 점은, 하나님의 은혜로 신앙생활을 시작한 사람이라면 어린아이의 신앙행태에서 탈피해야 한다는 사실이다. 그것은 개인의 문제일 뿐 아니라 교회 공동체의 공적인 일이다. 사도 바울은 에베소 교회에 편지하면서 모든 성도들은 그리스도에게까지 자라야 한다는 사실을 말하고 있다.

"이는 우리가 이제부터 어린 아이가 되지 아니하여 사람의 궤술과 간사한 유혹에 빠져 모든 교훈의 풍조에 밀려 요동치 않게 하려 함이라 오직 사랑

---

14) 예를 들어, 부모에 대한 자식의 효성에 관해서도 그렇다. 누가 효자냐 아니냐 하는 문제에 대해서는 개인 스스로 자기 판단을 내릴 수 없다. 나아가 그 속마음을 모를 경우에는 더욱 그렇다. 어설프게 효성으로 치장한 자식들은 자기가 상당한 효자라고 주장할지 모른다. 그러나 자기는 결코 효자가 될 수 없는 불효자라고 생각하는 자들 가운데 진정한 효자가 있을 수 있다. 따라서 그에 대해서는 주관적이 아닌 객관적인 온전한 해석을 요구하게 된다.

안에서 참된 것을 하여 범사에 그에게까지 자랄찌라 그는 머리니 곧 그리스
도라" (엡 4:14,15)

지상의 모든 참된 교회가 고백하고 있는 것처럼 교회의 머리는 오직 예
수 그리스도 한 분이시다. 교회에 속한 성도들은 당연히 머리의 지시를 받
아야 하며 그로부터 떠나지 말아야 한다. 그렇게 함으로써 올바르게 성장
하여 세상의 풍조와 인간들의 간사한 유혹을 이겨 나갈 수 있게 된다. 따
라서 사도 베드로는 성도들의 성장을 언급하면서 예수 그리스도를 아는
지식에서 자라가라는 요구를 하고 있다.

"오직 우리 주 곧 구주 예수 그리스도의 은혜와 저를 아는 지식에서 자라
가라 영광이 이제와 영원한 날까지 저에게 있을지어다" (벧후 3:18)

성도들의 신앙 성장은 종교적인 체험을 축적함으로써 발생하지 않는
다. 참된 성장은 하나님의 말씀을 근거로 한 진리에 배경을 두고 있다. 성
경에 관한 올바른 지식을 습득해 가는 과정이 없이는 참된 성장이 불가능
하다.[15] 하나님의 말씀을 점차적으로 깨달아가지 않는 상태에서는 신앙이
온전히 자라갈 수 없다.

또한 그 지식은 여호와 하나님을 진정으로 경외하는 것과 밀접하게 연
관되어 있다. 하나님을 경외하지 않는 자라면 올바른 지식을 소유할 수 없
다. 구약성경의 잠언서 기자는 그에 연관된 소중한 교훈을 주고 있다.

---

15) 이에 대해서는 교회의 공적인 입장과 개별 성도들을 동시에 염두에 두어야 한
다. 교회는 지식적인 측면에서 끊임없이 자라가야 한다. 지상 교회 안에는 항상
지식적으로 어린 성도들이 존재한다. 어른이 되어 복음을 갓 영접한 자들이나
아직 나이가 어린 아이들도 이에 포함된다. 그러므로 모든 성도들은 지속적으
로 자라가야 하는 것이다. 우리가 여기서 함께 생각해 보아야 할 점은 정신적으
로 박약한 상태에 있는 성도들에 관해서이다. 그런 자들의 경우에는 지식적으
로 온전히 자라가기 어렵다. 그렇지만 함께하는 다른 성도들이 말씀으로 자라
갈 때 그에 편승해 자라가는 것으로 이해해야 한다.

"여호와를 경외하는 것이 지식의 근본이어늘 미련한 자는 지혜와 훈계를 멸시하느니라"(잠 1:7)

이 말씀은 지상 교회에 속한 성도들에게 매우 중요한 의미를 지니고 있다. 세상에서 상당한 식견을 지닌 지식인들이라 할지라도 하나님을 진정으로 경외하는 자세가 없다면 헛된 지식 놀음을 하는 것에 지나지 않는다. 설령 아무리 대단한 철학자나 과학자라 할지라도 그들의 지식은 진정한 지혜를 상실한 불안정한 지식일 따름이다.

세상의 일반적인 관점에서 보아 아무리 무식한 사람처럼 보일지라도, 교회에 속한 성도들의 지식은 하나님을 알지 못하는 탁월한 박사들보다 훨씬 올바른 지식을 소유하고 있다. 하나님을 경외하지 않는 자들은 하나님의 말씀에 대한 가장 기본적인 지식마저 가질 수 없기 때문이다. 따라서 교회 바깥의 지식인들은 유년주일학교에 다니는 어린아이들보다도 그 지식이 못할 수밖에 없다.

2. 하늘의 은사를 맛보고 성령에 참여한 것 같지만 실상은 타락한 자

세례를 받고 교회에 속해 하나님의 나라를 상속받게 된 성도들은 영원한 부활과 종말에 임할 심판을 깨달아 알게 된 자들이다. 그들은 절대로 그 진리의 말씀을 떠나서는 안 된다. 그들은 기초적인 신앙에 머물지 말고 온전한 신앙을 향해 진보해 나가야 한다. 그것은 물론 하나님의 은혜로 말미암아 발생하게 된다.

지상 교회는 하나님께서 자신의 목적을 위해 세우신 특별한 공동체이다. 우리가 속한 참된 교회는 인간들이 역사 가운데 임의로 세운 종교단체가 아니다. 사도 바울은 에베소 교회의 성도들에게 편지하면서 교회는 사도들과 선지자들의 터 위에 세우심을 입은 자들의 모임이라는 사실을 언급하고 있다.

> "너희는 사도들과 선지자들의 터 위에 세우심을 입은 자라 그리스도 예수 께서 친히 모퉁이 돌이 되셨느니라" (엡 2:20)

교회의 유일한 기초는 십자가에 달리신 예수 그리스도이시다. 그가 커다란 건물의 기초석인 모퉁이 돌이 되어 그 위에 지상의 교회가 건축된 것이다. 그에 대한 구체적인 내용이 구약시대 선지자들의 예언 가운데 기록되어 있으며, 신약시대의 사도들이 가르친 교훈들을 통해 나타나고 있다.

우리가 여기서 명심해야 할 바는 교회가 인간들의 윤리적 목적을 위한 종교단체가 아니라는 사실이다. 나아가 교회는 이 세상에 살아가는 교인들에게 풍요로운 삶을 제공하지도 않는다. 도리어 세상의 불의에 맞서야 하며 교회 안에 들어와 성도들을 혼란케 하는 배도자들을 대항해 싸우기를 주저하지 말아야 한다. 이렇게 함으로써 지상교회는 점차 온전한 방향으로 나아가게 된다.

그러나 교활한 사탄은 항상 자신의 세력을 동원해 교회를 어지럽히고자 한다. 따라서 진리를 모르는 종교인들을 교회 안에 심어두기 위해 끊임없이 노력하고 있다. 일반 종교성에 익숙한 그런 자들은 외관상 쉽게 구별되지 않는다. 그들은 종교적인 신앙으로 인해 스스로 즐거워하기도 하며 모든 것을 투자해 열성을 다하기도 한다.

그렇게 되면 어리석은 자들은 물질, 지위, 권력 등을 동원한 저들의 외형적인 활동을 보며 훌륭한 신앙인으로 간주하게 된다. 나아가 본인들조차도 종교적인 신앙에 젖어 만족스러워 한다. 하지만 그들은 진정한 신앙인이 아니라 종교에 심취한 자들에 지나지 않는다. 히브리서 기자는 그에 대한 중요한 언급을 하고 있다.

> "한번 비췸을 얻고 하늘의 은사를 맛보고 성령에 참예한 바 되고 하나님의 선한 말씀과 내세의 능력을 맛보고 타락한 자들은 다시 새롭게 하여 회개케 할 수 없나니 이는 자기가 하나님의 아들을 다시 십자가에 못박아 현저히 욕을 보임이라"(히 6:4-6)

위의 본문에서 사도는 하나님의 복음과 아무런 상관이 없는 자들이면서 교회 안으로 들어와 비췸을 얻고 은사를 맛본 자들이 있다는 사실을 말했다. 더군다나 그들은 성령에 참여한 바 되고 하나님의 말씀과 내세의 능력을 맛보았다고 한다. 그럼에도 불구하고 그들은 진정한 하나님의 자녀들이 아니었다.

이것이 도대체 무슨 말인가? 우리는 위에 기록된 말씀을 여간 주의 깊게 이해하지 않으면 안 된다. 한번 하늘의 비췸을 받고 위로부터 온 은사를 맛보고 성령에 참여한 바 되었다는 것은, 교회 내부의 참된 성도들의 삶에 가까이 있으면서 그에 관한 간접적인 체험을 했다는 의미이다.

그리고 하나님의 선한 말씀과 내세의 능력을 맛보았다는 것 역시 그와 동일한 맥락에서 이해해야 한다. 그들은 정말 하나님의 신령한 은혜를 체험한 것이 아니라 참된 성도들의 언저리에서 하나님께서 베푸신 은사들을 어느 정도 맛본 것이다. 이는 구약시대 배도에 빠진 유대인들이 참된 성도들 가까이 있으면서 하나님의 역사를 어느 정도 체험한 것과 유사한 개념이다.

성경에는 그와 같은 예들이 무수히 많이 기록되어 나타난다. 그것들 가운데 대표적인 경우는 이스라엘 백성이 출애굽할 때를 생각해 볼 수 있다. 애굽을 탈출해 나온 사람들 가운데는 동일한 아브라함의 혈통을 소유했다 할지라도 신자들과 불신자들이 뒤섞여 있었다. 또한 거기에는 아브라함의 혈통과 상관없는 사람들도 상당수 포함되어 있었다. 그들은 본질적인 신앙에 상관없이 만나와 메추라기, 구름기둥과 불기둥 등에 대해 동일한 체험을 했다.

그러나 원천적으로 하나님께 속하지 않은 사람들이 가진 근본 속성은 타락한 본질이다. 그와 같은 자들이 한 때 지상의 교회 가운데서 기독교적인 종교 용어들을 익숙하게 익혀 사용했다고 해서 진정한 성도가 되었던 것은 아니다. 그런 자들은 때가 되어 그 본성을 드러냄으로써 다시금 타락한 듯이 보이지만, 실상은 원래부터 타락한 상태에 놓여 있던 자들이었다.

그와 같은 자들은 다시 새롭게 될 수도 없을 뿐더러 진정으로 회개할 수도 없다. 그들은 교회 안에서 종교적인 열성을 다할 때는 그렇지 않아 보였으나 하나님의 아들을 다시 십자가에 못박는 행위를 하게 된다. 그것은 예수 그리스도를 드러내놓고 능욕하는 사악한 행동을 서슴지 않게 되는 것이다.

우리는 여기서, 히브리서 본문에 기록된 말씀이 '성도의 견인' (Perseverance of Saints) 교리[16]에 배치되는 것이 아니라는 사실을 기억해야 한다. 즉 한번 구원을 받은 자라 할지라도 불신앙을 드러낼 경우에는 다시 멸망의 자리로 떨어질 수 있다는 의미로 받아들여서는 안 된다. 하나님께서는 선택하신 자기 자녀들을 결단코 버리시지 않는다. 우리가 주의해야 할 사람들은 원래부터 하나님의 자녀가 아니면서 교회 안으로 들어와 종교인으로서 거짓 행세하는 자들이다.

3. 복과 저주

복과 저주는 동일한 편의 한 방향에 존재하는 것이 아니라 정 반대편에 놓여있다. 그리고 복과 저주는 서로 뒤섞여 혼합된 채 존재하지 않고 완전

---

16) 칼빈주의 5대교리는 전적부패(Total Depravity), 무조건적 선택 (Unconditional Election), 제한적 속죄(Limited Atonement), 불가항력적 은혜(Irresistible Grace), 성도의 견인(Perseverance of Saint)이다. 이 교리는 1648년에 있었던 도르트(Dort) 회의에서 채택되었다.

히 분리되어 나뉘어져 있다. 따라서 인간들은 하나님으로부터 영원한 복을 받은 자이거나 저주를 받은 자이거나 둘 중 하나이다.

영원한 생명의 구원에 참여한 자들은 복된 자들이지만 그렇지 않은 자들은 저주 가운데 존재하는 것으로 볼 수밖에 없다. 즉 모든 인간은 복이면 복, 저주면 저주 둘 가운데 하나만 받을 수 있으며 본질적인 성격이 전혀 다른 양쪽 모두를 동시에 소유하지 못한다. 그러므로 출애굽한 이스라엘 백성이 광야생활 사십년을 마치고 가나안 땅으로 들어가기 직전 모세는 그에 관한 교훈을 주고 있다.

> "내가 오늘날 복과 저주를 너희 앞에 두나니 너희가 만일 내가 오늘날 너희에게 명하는 너희 하나님 여호와의 명령을 들으면 복이 될 것이요 너희가 만일 내가 오늘날 너희에게 명하는 도에서 돌이켜 떠나 너희 하나님 여호와의 명령을 듣지 아니하고 본래 알지 못하던 다른 신들을 좇으면 저주를 받으리라"(신 11:26-28)

모세는 위의 본문에서 약속의 땅 가나안 진입을 앞둔 이스라엘 자손들 앞에 복과 저주를 두고 있다는 말을 했다. 하나님의 명령을 들어 순종하면 그것이 저들에게 복이 된다. 그러나 저들이 만일 하나님의 말씀으로부터 귀를 막고 그 가르침에서 떠나 다른 신들의 교훈을 따르게 되면 저주를 받게 된다.

히브리서 기자는 이에 관한 설명을 하면서 일상적인 예를 들고 있다. 땅이 하늘에서 자주 내리는 비로 말미암아 농부들이 경작하여 채소를 내면 복을 받은 것이다. 하지만 땅을 기경하지 않아 가시와 엉겅퀴를 내면 버림을 당하고 저주를 받아 마지막에는 그것들이 불에 태워지게 된다(히 6:8).

여기서는 일반은총적인 개념에서 그 의미를 받아들여서는 안 된다. 하나님에 대한 믿음과 상관없이 누구에게나 하늘에서 비가 내려 땅의 곡물과 채소를 얻게 되는 것은 하나님의 진정한 '은혜의 은총' 이라 말할 수 없다. 그와 같은 상황은 하나님의 궁극적인 목적을 이루어 가시는 과정일 뿐 모든 인간들에게 은총을 베푸시고자 하는 긍휼의 의도와는 상관이 없는 것이다.

히브리서를 수신하는 성도들은 이와 같은 내용을 읽으면서 아담과 하와의 타락을 머리에 떠올렸을 것이 틀림없다(창 3:17-19 참조). 땅이 저주를 받은 것은 인간들의 불순종에 직접 연관되어 있다. 하나님께서는 그 처음 심판을 통해 인간들의 원만한 삶을 허용하지 않으셨다.

이것은 단지 이 세상에서 이루어지는 과정적인 삶을 의미할 뿐 아니라 영원한 삶에 관한 교훈을 주고 있다. 이는 오늘날 우리에게도 밀접한 관련이 있으며 교회가 소유한 본질적인 신앙에 연관되어 있다. 하나님께서 자기 백성들에게 허락한 진정한 복은 이 세상에서의 일시적인 정황이 아니라 영원한 구원이다.

4. 하나님의 사랑의 사역

여호와 하나님은 결코 불의를 용납하시거나 그것과 타협하지 않으신다. 그는 거룩한 분이시기 때문에 불의와 어울리거나 조화될 수 없다. 그러므로 인간들 가운데 그와 교제하기 위해서는 먼저 거룩해지지 않으면 안 된다. 그렇지 않고는 그의 면전面前에 나아갈 수 없으며 그를 예배할 수 없다.

사탄의 유혹을 받아 범죄한 인간들에게는 스스로 거룩하게 될 수 있는 방법이 없다. 타락한 인간들은 저주 아래 놓여있을 뿐이며 달리 어떻게 할 도리가 없다. 오직 하나님 한 분만 인간들이 처하게 된 그 끔찍한 문제를 해결하실 수 있다.

하나님께서 독생자 예수 그리스도를 영원한 화해를 위한 중재자로서 이땅에 보내신 것은 전적인 그의 사랑에 기초한다. 나아가 그것은 창세전의 작정과 그의 거룩한 이름에 연관되어 있다. 거룩하신 하나님은 자신의 형상을 닮은 인간들에게 주신 언약을 결코 버리지 않으셨던 것이다.

하나님의 자녀들은 예수님의 삶과 십자가 사역으로 말미암아 영원한 구원을 소유하게 되었다. 그 은혜를 받은 성도들이라면 결코 그것을 잊어버리거나 가볍게 여겨서는 안 된다. 그것을 온전히 지키기 위해서는 하나님의 자녀로서 성도의 도리를 다해야만 한다. 사도 바울은 디모데에게 보내는 편지에서 그점을 강조하고 있다.

> "오직 너 하나님의 사람아 이것들을 피하고 의와 경건과 믿음과 사랑과 인내와 온유를 좇으며 믿음의 선한 싸움을 싸우라 영생을 취하라 이를 위하여 네가 부르심을 입었고 많은 증인 앞에서 선한 증거를 증거하였도다"(딤전 6:11,12)

히브리서의 교훈과 마찬가지로 디모데에게 주어진 이 말씀은 오늘날 우리에게도 그대로 적용되어야 한다. 세상의 악한 것들을 피하고 하나님으로부터 허락된 의와 경건과 믿음과 사랑과 인내와 온유를 좇아야 한다. 그것들이 없이는 타락한 세상 가운데서 온전한 신앙인의 삶을 살아갈 수 없다.

그러므로 그것을 굳건히 지키기 위해서는 항상 믿음의 선한 싸움을 싸우지 않으면 안 된다. 그 대상은 나약한 자기 자신의 내부에 도사리고 있을 뿐 아니라 외부의 세력으로부터 공격해 들어오기도 한다. 성숙한 하나님의 자녀들은 그 속성들을 미리 파악하고 그와 맞서 선한 투쟁을 이어가야만 한다. 그런 투쟁의 삶 뒤에는 하나님으로 말미암은 온전한 믿음과 오래 참는 인내가 뒤따르지 않을 수 없다.

지상 교회와 그에 속한 성도들은 승리를 위해 게으르지 않고 일관성 있는 부지런한 삶을 살아가도록 애써야 한다. 그렇게 함으로써 영원한 소망을 더욱 풍성하게 소유할 수 있게 된다. 사도들이 성도들에게 그와 같은 요구를 했던 것은 하나님의 약속을 기업으로 받는 자들로 하여금 그것을 본받게 하기 위해서였다.

제14장
하나님의 약속과 성취
(히 6:13-20)

6:13 하나님이 아브라함에게 약속하실 때에 가리켜 맹세할 자가 자기보다 더 큰 이가 없으므로 자기를 가리켜 맹세하여

6:14 가라사대 내가 반드시 너를 복 주고 복 주며 너를 번성케 하고 번성케 하리라 하셨더니

6:15 저가 이같이 오래 참아 약속을 받았느니라

6:16 사람들은 자기보다 더 큰 자를 가리켜 맹세하나니 맹세는 저희 모든 다투는 일에 최후 확정이니라

6:17 하나님은 약속을 기업으로 받는 자들에게 그 뜻이 변치 아니함을 충분히 나타내시려고 그 일에 맹세로 보증하셨나니

6:18 이는 하나님이 거짓말을 하실 수 없는 이 두 가지 변치 못할 사실을 인하여 앞에 있는 소망을 얻으려고 피하여 가는 우리로 큰 안위를 받게 하려 하심이라

6:19 우리가 이 소망이 있는 것은 영혼의 닻 같아서 튼튼하고 견고하여 휘장 안에 들어가나니

6:20 그리로 앞서 가신 예수께서 멜기세덱의 반차를 좇아 영원히 대제사장이 되어 우리를 위하여 들어 가셨느니라

1. 아브라함에게 주신 하나님의 약속과 성취

하나님께서는 일상적인 삶을 살고 있던 아브라함을 부르셨다. 그는 결

코 평범한 인물이 아니었음에도 불구하고 갈대아 우르에 머물면서 자신의 비범함에 대한 아무런 깨달음 없이 살아가고 있었다. 당시 주변에 살고 있던 사람들과 별반 다르지 않은 직업을 가지고 가정생활을 하면서 살아가고 있었을 것이 틀림없다.

그런 아브라함을 하나님께서 불러 특별한 언약을 주시며 새로운 삶을 요구하셨다. 그가 먼저 하나님을 찾아 나선 것이 아니며 하나님이 부르실 때를 간절히 기다리고 있었던 것도 아니었다. 아마도 아브라함은 거룩하신 하나님이 자기를 불러 다른 일을 맡기시리라는 사실은 상상조차 하지 못했을 것이다.

그런 형편 가운데서 하나님이 아브라함을 불러 구체적인 사명을 주셨다. 그것은 갈대아 우르의 본토, 친척, 아비집을 떠나 하나님께서 지시하는 땅으로 가라는 명령이었다. 그렇게 하면 그에게 복을 주어 큰 민족을 이룰 것이며 그의 이름이 창대케 되리라는 약속을 하셨다. 하나님은 그 약속의 확실성을 보장하시기 위해 자기의 거룩한 이름을 걸고 그에 대한 말씀을 주셨다.

> "여호와께서 아브람에게 이르시되 너는 너의 본토 친척 아비 집을 떠나 내가 네게 지시할 땅으로 가라 내가 너로 큰 민족을 이루고 네게 복을 주어 네 이름을 창대케 하리니 너는 복의 근원이 될찌라 너를 축복하는 자에게는 내가 복을 내리고 너를 저주하는 자에게는 내가 저주하리니 땅의 모든 족속이 너를 인하여 복을 얻을 것이니라 하신지라"(창 12:1-3)

우리는 히브리서에 기록된 대로 하나님께서 자신의 이름을 걸고 맹세까지 하시면서 아브라함과 약속하신 사실을 눈여겨보아야 한다(히 6:13). 이는 하나님의 불변하는 작정과 그의 사랑을 보여주고 있기 때문이다. 하나님이 아브라함을 불러 특별한 사명을 맡기신 것은 선택하신 자기 백성들을 구원하시기 위해서이며 그 일을 성취하시기 위해 이땅에 메시아를 보내고자 하는 목적 때문이었다.

하나님께서는 이미 다른 종족들이 조상대대로 점유하여 살아가고 있던 땅을 빼앗아 그에게 주시겠다는 약속과, 아직 존재하지도 않는 자식을 통해 큰 민족을 이루도록 허락하시겠다는 것이었다. 그가 복의 근원이 되게 하신다는 말씀은 그로부터 구원자 메시아가 오시게 된다는 사실을 의미한다. 그러므로 그를 축복하는 자는 복을 받게 되지만 그를 저주하는 자는 저주를 받게 된다.

구속사의 핵심 혈통을 이어받고 있던 아브라함은 그 의미를 깨달을 수 있었다. 그것은 물론 하나님의 은혜로 말미암은 것이었다. 아브라함은 살아있는 동안 인간적인 나약함으로 인해 우여곡절迂餘曲折을 겪게 되지만 오래 참음으로써 하나님의 약속을 받게 되었다. 히브리서 기자는 자신의 거룩한 이름을 걸고 맹세하신 '하나님의 맹세' 가 최종적인 확정을 의미한다는 사실을 밝히고 있다(히 6:16).

2. 불변의 하나님

하나님은 자기의 이름을 걸고 맹세한 일에 대해서는 결코 변개하시지 않는다. 그는 택하신 자기 백성들을 구원하고자 하신 약속을 파기하는 분이 아니시다. 그것은 그의 거룩한 이름에 직접 연관되어 있기 때문이다. 우리가 하나님의 거룩한 이름의 진정한 의미를 안다면 창세전 선택과 예정을 아무런 의심 없이 믿고 받아들일 수 있다.

하나님의 자녀들은 그의 영원한 기업을 약속으로 받고 있는 자들이다. 그럼에도 불구하고 세상에서 살아가는 성도들은 타락한 본성상 하나님의 뜻을 저버리고 불순종하기를 되풀이한다. 그럴 경우 저들에게 하나님의 무서운 진노가 임하기도 한다. 그것은 성도들에 대한 특별한 교육과 훈련에 연관되어 있다.

하나님께서 우리를 교육하고 인도하는 과정에서 보여주시는 모든 내용은 그의 사랑에 기초한다. 그러므로 하나님은 성도들의 뉘우치고 회개하는 기도를 들으시고 때로 진노를 돌이키시기도 한다. 또한 자기 백성들을 지켜주시겠다는 약속을 했다가도 배도의 길에 빠지게 되면 엄한 진노의 심판을 내리신다.

사악한 사탄은 성도들이 하나님의 약속을 믿지 못하도록 끊임없이 방해 공작을 펼친다. 그로 말미암아 신앙이 연약한 성도들은 하나님의 약속을 쉽게 잊어버리기도 한다. 그러나 성숙한 성도들은 하나님께서 약속하신 내용을 바라보며 그것을 온전히 믿는 굳건한 신앙을 소유하게 된다.

3. 영원한 피난처

죄에 빠진 인간들에게는 스스로 자기를 보호할 만한 능력이 없다. 나아가 인간들이 자기를 위해 안전한 피난처를 만들지도 못한다. 설령 모든 노력을 기울여 만든다고 해도 그것은 아무런 소용이 없다. 만일 어떤 사람이 자기가 숨기 위한 피난처를 만든다면 그것이 진정한 피난처가 되는 것이 아니라 도리어 위험한 올무가 될 따름이다.

따라서 세상에서 가장 어리석은 자들은 스스로 자기의 몸을 숨기기 위해 피난처를 만들고자 안간힘을 쓰는 자들이다. 나아가 다른 사람들이 만들어낸 세상적인 피난처와 자기의 것을 비교하면서 상대적인 만족감을 느끼며 그것을 누리려는 사람들만큼 불쌍하고 어리석은 자는 없다.

우리가 기억해야 할 바는 인간들의 유일한 피난처는 여호와 하나님이라는 사실이다. 하나님의 자녀들에게 타락한 세상은 환난의 영역에 지나지 않는다. 그러므로 성도들은 타락한 이 세상에 피할 만한 영역을 만들려고 노력하지 않는다.

"하나님은 우리의 피난처시요 힘이시니 환난 중에 만날 큰 도움이시라 그러므로 땅이 변하든지 산이 흔들려 바다 가운데 빠지든지 바닷물이 흉용하고 뛰놀든지 그것이 넘침으로 산이 요동할지라도 우리는 두려워 아니하리로다"(시 46:1-3)

시편 기자는 하나님께 피하는 자들이 가정 안전하다는 사실을 알고 노래하고 있다. 하나님이 환난 중에 있는 자기 백성들을 위해 세력을 펼쳐 도움을 주시게 된다. 성도들이 소유한 이 소망은 세상에서 살아가는 자로서 큰 위안이 되지 않을 수 없다. 따라서 설령 땅과 산에 엄청난 지진이 나서 모든 것들이 바다에 던져져 바닷물이 뒤흔들려 요동친다 해도 하나님의 자녀들은 그것을 전혀 두려워할 필요가 없는 것이다.

4. "영혼의 닻"(an anchor for the soul)

바다에 떠 있는 배는 닻이 없으면 제 위치에 서있지 못한다. 닻이 있음으로 인해 흔들리지 않고 안전하게 정박할 수 있게 된다. 이처럼 망망대해 茫茫大海와 같은 세상에 살아가는 하나님의 백성들에게도 영혼의 닻이 필요하다. 영원한 피난처인 하나님을 신앙하는 믿음이 닻이 되어야만 흔들리지 않고 굳건히 서 있을 수 있다. 그것이 교회에 속한 성도들에게 허락된 진정한 소망이다.

만일 인간들에게 하나님을 믿고 그를 의지하는 참 소망이 없다면 닻 없는 배처럼 이러 저러 향방 없이 떠다닐 수밖에 없다. 그렇게 되면 부질없는 인생을 살아가게 된다. 사도 베드로는 하나님의 자녀들도 그전에는 길 잃은 양같이 세상을 헤매는 존재였다는 사실을 언급하고 있다.

"너희가 전에는 양과 같이 길을 잃었더니 이제는 너희 영혼의 목자와 감독 되신 이에게 돌아왔느니라"(벧전 2:25)

베드로가 위의 본문에서 말하고 있는 것처럼 성도들도 과거에는 길을 잃고 세상을 헤매고 다녔었다. 하나님께서는 그런 자들을 자신의 교회로 불러들이셨다. 그리하여 영혼의 목자와 감독자 되시는 예수 그리스도께로 돌아오게 된 것이다. 하나님을 목자와 감독자로 삼고 그를 피난처로 삼는 자들은 안전한 삶을 누릴 수 있게 된다.

우리가 기억해야 할 바는, 하나님을 알지 못하는 자들은 지금도 인생의 바다를 헤매고 있다는 사실이다. 저들의 삶은 안정될 수 없으며 개인이나 집단이 만들어 둔 무언가를 향해 나아가지만 방향을 잡지 못하고 있다. 설령 저들에게서 안전하다는 말들이 나온다 해도 그것은 일시적인 상황일 뿐 아무런 보장성이 없다.

5. 휘장 안에 들어가신 영원한 대제사장

예수께서는 하나님의 어린 양으로서 모진 고통과 더불어 십자가에 달려 돌아가셨다. 우리가 여기서 반드시 기억해야 할 바는, 그가 영원한 대제사장이 되어 친히 자신의 몸을 거룩한 제물로 하나님께 바치셨다는 사실이다. 히브리서 기자는, 인간의 몸을 입은 하나님의 아들인 예수께서 직접 대제사장이 되어 스스로 자신의 몸을 제물로 바치셨다는 내용을 말해주고 있다.

그는 대제사장으로서 십자가 사역을 감당하셨지만 레위지파가 아니라 멜기세덱의 반차를 좇았다. 이는 그가 아브라함의 믿음에 대한 근원이 된다는 사실을 보여준다. 멜기세덱은 전쟁에서 이기고 돌아오는 아브라함으로부터 전리품의 십일조를 받음으로써 그를 자기에게 예속시킨 제사장이었다. 그는 아브라함이 아직 독자 이삭을 하나님께 희생 제물로 바침으로써 언약적 제사장 직분을 감당하기 전에 벌써 제사장 직분을 감당하고 있었다. 이는 그가 일시적 혹은 지역적인 의미를 넘어선 제사장이었음을 의미하고 있다.

또한 구약의 대제사장들이 일 년에 한 차례씩 성소의 휘장 안에 있는 지성소에 들어간 것은 장차 오시게 될 예수 그리스도의 사역을 예표하고 있었다. 이제 그가 이땅에 오셔서 영원한 어린 양이 되어 십자가에 달려 돌아가심으로써 성소의 휘장 안으로 들어가시게 되었다. 십자가 위에서 흘린 그의 보혈은 지성소와 언약궤 위에 뿌려졌다. 이를 통해 하나님과 그의 백성 사이에 화해가 이루어졌다. 신약성경에는 십자가 사역에 연관된 그 구체적인 내용이 기록되어 있다.

> "예수께서 큰 소리를 지르시고 운명하시다 이에 성소 휘장이 위로부터 아래까지 찢어져 둘이 되니라"(막 15:37,38)

예루살렘 성 밖에서 십자가에 달려 돌아가신 예수께서 실제로는 거룩한 성전에 바쳐지셨다. 성소 안의 휘장이 찢어진 사건은 하늘에 계신 하나님과 땅에 있는 그의 백성들 사이에 완전한 화목이 이루어지게 되었음을 말해준다. 이는 물론 그의 죽으심이 천상의 나라와 직접 연관되어 있었다. 우리가 여기서 유념해야 할 바는 예수 그리스도께서 십자가 위에서 돌아가실 때 대제사장이신 그가 친히 자신의 보혈을 가지고 휘장 안으로 들어가셨다는 사실이다.

제15장
멜기세덱과 아브라함
(히 7:1-10)

7:1 이 멜기세덱은 살렘 왕이요 지극히 높으신 하나님의 제사장이라 여러 임금을 쳐서 죽이고 돌아오는 아브라함을 만나 복을 빈 자라

7:2 아브라함이 일체 십분의 일을 그에게 나눠 주니라 그 이름을 번역한 즉 첫째 의의 왕이요 또 살렘 왕이니 곧 평강의 왕이요

7:3 아비도 없고 어미도 없고 족보도 없고 시작한 날도 없고 생명의 끝도 없어 하나님 아들과 방불하여 항상 제사장으로 있느니라

7:4 이 사람의 어떻게 높은 것을 생각하라 조상 아브라함이 노략물 중 좋은 것으로 십분의 일을 저에게 주었느니라

7:5 레위의 아들들 가운데 제사장의 직분을 받는 자들이 율법을 좇아 아브라함의 허리에서 난 자라도 자기 형제인 백성에게서 십분의 일을 취하라는 명령을 가졌으나

7:6 레위 족보에 들지 아니한 멜기세덱은 아브라함에게서 십분의 일을 취하고 그 얻은 자를 위하여 복을 빌었나니

7:7 폐일언하고 낮은 자가 높은 자에게 복 빎을 받느니라

7:8 또 여기는 죽을 자들이 십분의 일을 받으나 저기는 산다고 증거를 얻은 자가 받았느니라

7:9 또한 십분의 일을 받는 레위도 아브라함으로 말미암아 십분의 일을 바쳤다 할 수 있나니

7:10 이는 멜기세덱이 아브라함을 만날 때에 레위는 아직 자기 조상의 허리에 있었음이니라

1. 멜기세덱의 신분

멜기세덱은 아브라함이 살던 동시대에 약속의 땅 가나안의 한 지역을 통치한 왕이었다. 그가 왕이었다는 사실은 주권을 가지고 통치하던 땅과 백성이 존재했다는 사실을 의미하고 있다. 한 나라의 왕이 되기 위해서는 반드시 그것을 위해 필요한 기본 요건을 갖추어야 하며 혼자서 왕이 될 수는 없다.

멜기세덱은 살렘 왕으로서 의의 왕으로 불렸다. 그가 당시 한 나라의 왕이었다는 사실은 그 자신이 전쟁에 능한 인물이었음을 어느 정도 시사해준다. 비록 그가 전쟁을 치른 구체적인 흔적이 성경 기록에 남아 있지 않지만 자기 나라를 안전하게 지켰다는 사실이 그에 대한 중대한 증거가 된다.

따라서 우리는 멜기세덱이 상징적인 왕이거나 이름만 가진 왕이 아니라 실제적으로 땅과 백성을 소유했던 세력을 갖춘 통치자였음을 분명히 기억해야 한다. 그 왕국은 주변의 나라들과는 완전히 분리된 독립 국가였지만 아무도 함부로 넘볼 수 없었다. 그러나 성경은 그에 대해 구체적인 언급을 하고 있지는 않다.

멜기세덱의 통치영역은 장차 아브라함의 자손들이 세워 통치하게 될 땅의 영역과 백성들에 밀접하게 연관되어 있었다. 아직 아브라함에게 땅과 자손이 주어지지 않았을 때 멜기세덱을 통해 그에 대한 구체적인 예시가 드러났던 것이다. 우리는 성경에 기록된 계시를 통해 구속사적인 의미를 생각해 보게 된다. 멜기세덱은 믿음의 조상 아브라함을 축복한 인물이었다.

"살렘왕 멜기세덱이 떡과 포도주를 가지고 나왔으니 그는 지극히 높으신 하나님의 제사장이었더라 그가 아브람에게 축복하여 가로되 천지의 주재시

요 지극히 높으신 하나님이여 아브람에게 복을 주옵소서"(창 14:18,19)

멜기세덱은 자신에게 속한 백성들을 통치하는 왕이었던 동시에 지극히 높으신 하나님의 제사장이었다. 그는 자기 자신을 위한 제사장이었던 것이 아니라 다른 사람들을 위한 제사장이었다. 그는 아브람을 축복할 수 있는 권한을 소유한 자였다. 그것은 단순히 말로만 내뱉는 우호적인 축복의 표현이 아니었다. 그 말은 실효성을 지닌 것이었으며, 아무나 할 수 있는 행위가 아니었다. 나아가 아브람이 그의 축복을 받았던 것은 그가 하나님의 특별한 선택을 입은 자였기 때문이었다.

멜기세덱이 "천지의 주재시요 지극히 높으신 하나님이여 아브람에게 복을 주옵소서"라고 간구한 말은 매우 중요하다. 이는 창세기 12장 2절에서 하나님께서 아브람에게 약속하신 복과 동일한 의미를 지니고 있기 때문이다. 그 복은 곧 땅과 자손에 연관되어 있으며 장차 세워질 하나님의 왕국과 메시아에 관한 예언을 담고 있었다.

히브리서 기자는 또한 멜기세덱에 대해 매우 중요한 언급을 하고 있다. 그에게는 부모가 없으므로 족보가 없으며 시작과 끝도 없다는 것이었다. 이는 그가 보통 사람들과는 다른 특별한 존재라는 사실을 언급하는 내용이다. 또한 성경은 그가 하나님의 아들과 방불하여 항상 제사장으로 존재한다는 표현을 하고 있다.

> "아비도 없고 어미도 없고 족보도 없고 시작한 날도 없고 생명의 끝도 없어 하나님 아들과 방불하여 항상 제사장으로 있느니라"(히 7:3)

여기서 멜기세덱에게 아비도 어미도 없다는 말은 그가 공중에서 뚝 떨어진 인물이라는 말이 아니다. 도리어 그것은 일반적인 평범한 사람이 아니라는 점을 강조하고 있다. 시작한 날도 없고 생명의 끝도 없이 하나님의 아들과 방불하다는 말의 의미도 그와 동일하다. 그는 하나님의 아들과 같은 존재로서 항상 제사장으로 있으며 자기 백성들을 위해 하나님께 완벽한 간구를 하는 자로 묘사되어 있다.

우리는 하나님의 아들과 방불한 존재인 멜기세덱이 실존 인물이 아닌 가상 인물로 간주하려는 자유주의 신학자들을 견제해야 한다. 그는 앞으로 이땅에 오시게 될 메시아를 예표하는 실존 인물이었다. 그는 아마도 욥이었을 것으로 생각된다. 만일 그가 욥이라면, 아브라함이 그를 만났을 때는 욥이 고난을 마쳤을 때였을 것으로 보인다.[17] 멜기세덱이 실존인물이라면 그의 실체는 분명히 존재할 수밖에 없다.

2. 전쟁에서 돌아오던 아브라함

갈대아 우르를 떠나 약속의 땅 가나안으로 들어오게 된 아브라함은 전쟁을 치르게 되었다. 그는 일반적으로 생각하는 '평화'를 사랑하는 인물이 아니었다. 아브라함은 원래 군인의 신분이 아니었지만 그 땅에서 전쟁하는 모습을 보여줌으로써 장차 언약의 왕국이 전개될 상황을 보여주고 있다.

전쟁이란 일상적인 힘겨루기를 하는 경기나 단순한 게임과는 성격이 근본적으로 다르다. 그것은 인간의 생명이 걸려있는 문제이다. 우리가 생각해야 할 점은 그 전쟁이 하나님으로 말미암은 것이었다는 사실이다. 즉 하나님의 경륜 가운데 그 전쟁이 일어나 아브라함의 위력을 드러내 보여주었던 것이다.

> "너희 대적을 네 손에 붙이신 지극히 높으신 하나님을 찬송할지로다 하매
> 아브람이 그 얻은 것에서 십분 일을 멜기세덱에게 주었더라" (창 14:20)

---

17) 이광호, 구약신학의 구속사적 이해, 서울: 도서출판 깔뱅, 2006, pp.142-4 참조.

아브라함이 이방 족속들에게 승리를 거둘 수 있었던 것은 전적으로 하나님의 도우심 때문이었다. 그것은 아브라함과 함께 계시는 하나님을 증거해 주고 있다. 그에 대해서는 아브라함 자신이 가장 잘 알고 있었을 것이 틀림없다. 물론 그에게 패배한 자들도 점차 아브라함의 존재를 알게 되었을 것이며, 그가 여호와 하나님을 믿고 따르는 자라는 사실도 전달되었을 것이다.

전쟁에서 승리하고 돌아오던 아브라함이 도중에서 멜기세덱을 만나게 되었다. 아브라함이 그를 찾아간 것이 아니라 도리어 멜기세덱이 아브라함에게 보이기 위해 나타났다. 아브라함은 그를 만났을 때 그가 하나님의 사람이라는 사실을 즉시 알아보았다. 앞뒤 전체적인 정황을 볼 때 그가 개인적인 친분이 있어서 원래부터 멜기세덱을 알고 있었던 것으로 보이지 않는다.

그럼에도 불구하고 아브라함이 전쟁에서 승리를 거두고 돌아오는 길에 멜기세덱을 만나게 되자 전혀 의심하지 않고 그를 알아보았던 것은 전적인 하나님의 인도와 은혜로 말미암은 것이었다. 그래서 그는 그가 전쟁에서 노획한 전리품 가운데 십분의 일을 그에게 바쳤다. 이로써 아브라함의 신분이 확실하게 드러나게 되었다. 여기에는 매우 중요한 구속사적인 의미들이 내포되어 있다.

우리는 여기서 아브라함의 승리가 전적으로 하나님께 기인했다는 사실을 알 수 있다. 멜기세덱은 "너희 대적을 네 손에 붙이신 지극히 높으신 하나님을 찬송할지로다"고 말했다. 그런데 아브라함이 전리품의 십분의 일을 하나님께 바친 것이 아니라 멜기세덱에게 주었다는 사실은 매우 중요하다.

아브라함이, 전쟁에서 승리를 안겨주신 하나님이 아니라 멜기세덱에게 십분의 일을 바친 것은 그가 하나님의 아들과 방불한 존재로서 메시아를 직접 예표하고 있었기 때문이다. 이를 통해 우리는 멜기세덱이 장차 이땅에 왕으로 오시게 될 예수 그리스도를 직접 예표하고 있다는 점을 분명히 알게 된다.

3. 멜기세덱에게 예속된 아브라함

아브라함은 전쟁에서 이기고 빼앗은 전리품의 십분의 일을 멜기세덱에게 바침으로써 그의 소속이 분명히 확인되었다. 그렇게 되면 아브라함뿐 아니라 그의 몸에서 난 모든 언약의 자손들은 자연적으로 멜기세덱에게 예속된다. 즉 나중에 형성될 이스라엘 민족은 멜기세덱에게 예속된 민족이었던 것이다. 나아가 다윗이 세우게 될 이스라엘 왕국도 그에게 속한 나라가 된다.

이는 영적으로 아브라함의 자손이 된 하나님의 자녀들은 멜기세덱의 반차를 좇은 예수 그리스도께 예속된다는 사실을 드러내 보여주고 있다. 즉 영적으로 아브라함의 자녀가 된 교회에 속한 성도들은 아브라함이 멜기세덱에게 예속되었듯이 예수 그리스도께 예속된 자들이다.

즉 멜기세덱이 살렘 왕이자 의의 왕이었듯이 예수님은 그것을 궁극적으로 완성하시는 왕으로서 이 세상에 오셨다. 그리고 멜기세덱이 영원한 제사장의 모습을 보였듯이 예수님은 자신의 몸을 제물로 바치면서, 택하신 자기 자녀들을 위한 영원한 대제사장이 되어 지상 사역을 감당하셨다. 십자가 사역 이후 부활 승천하신 그는 지금도 천상의 나라에 계시면서 그 사역을 지속하고 계신다.

또한 멜기세덱이 하나님의 아들을 방불하는 자였듯이 예수님은 하나님의 아들로서 이땅에 오셨다. 아브라함에 대한 멜기세덱의 축복은 오늘 우리가 예수 그리스도로 말미암아 받게 된 복과 동일한 상징적인 성격을 지니고 있었다. 우리는 멜기세덱이 오실 메시아에 대한 구속사적 예표라는 사실을 반드시 기억해야 한다.

4. 레위인들과 십일조의 관계적 의미

아브라함이 멜기세덱에게 바친 십일조와 이스라엘 백성들이 레위인 제사장들에게 바친 십일조의 관계적 의미는 매우 중요하다. 분명한 사실은 낮은 자가 높은 자에게 십일조를 바친다는 사실이다. 따라서 아브라함이 멜기세덱에게 전리품의 십분의 일을 바쳤다는 사실은 그 관계를 분명히 보여주고 있다.

구약시대 특히 율법시대 이후로는 레위인들이 일반 백성으로부터 십일조를 받아 살아갔다. 그렇다면 레위인들이 다른 지파 사람들보다 더 높았다는 의미인가? 물론 일반적인 관점에서는 그렇지 않다. 이스라엘 백성들은 레위인들에게 십일조를 바친 것이 아니라 하나님의 율법에 따라 하나님을 기억하며 십일조를 바쳤다.

그러므로 십일조를 바치지 않는 사람이 있다면 그것은 레위인들에게 범죄한 것이 아니라 하나님께 불순종하는 행위가 되었다. 이는 이스라엘 백성이 하나님께 십일조를 바치면 하나님께서 그것을 다시 레위인들에게 적절히 나누어 주시는 의미를 지니고 있다. 물론 십일조는 그 외에도 달리 각종 절기들을 비롯해 이스라엘 민족을 위해 필요한 경비로 사용될 수 있었다.

우리가 여기서 주의 깊게 생각해야 할 바는 모세시대 이후 율법에 따라 제사장 직분을 맡은 자들은 그전에 이미 아브라함을 통해 멜기세덱에게 십일조를 바친 상태 아래 존재한다는 사실이다. 이는 아브라함이 멜기세덱에게 전리품의 십분의 일을 바칠 때, 이스라엘 민족 가운데서 제사장의 역할을 감당하고 있던 레위인들이 아브라함의 허리에 있었던 것으로 말할 수 있기 때문이다.

따라서 구약의 십일조는 메시아를 예표하는 기능을 한 것으로 볼 수 있다. 아브라함이 전리품의 십분의 일을 멜기세덱에게 바친 사건은 십일조의 근거가 된다. 아브라함으로부터 그것을 받은 자가 멜기세덱이었으며 그는 또한 하나님께 예속된 자였다. 그러므로 예수 그리스도가 이땅에 오심으로써 십일조의 모든 의미가 완성된 것이다.[18]

---

18) 신약시대 교회의 십일조는 구약의 율법 때문에 행해지는 것이 아니다. 우리시대의 십일조 연보는 '언약과 은혜의 개념' 에서 이해되어야 한다. 수입의 일부를 공 예배를 통해 연보함으로써 자신을 교회에 예속시키는 의미를 지니게 된다. 즉 규모있는 연보를 하지 않을 경우 말과 생각으로는 자신의 모든 재물이 하나님의 것이라 주장하지만 실상은 개인적인 목적을 위해 사용할 우려가 따를 수 있다.

제5부

영원한 대제사장

제16장
멜기세덱과 예수 그리스도
(히 7:11-17)

7:11 레위 계통의 제사 직분으로 말미암아 온전함을 얻을 수 있었으면(백성이 그 아래서 율법을 받았으니) 어찌하여 아론의 반차를 좇지 않고 멜기세덱의 반차를 좇는 별다른 한 제사장을 세울 필요가 있느뇨

7:12 제사 직분이 변역한즉 율법도 반드시 변역하리니

7:13 이것은 한 사람도 제단 일을 받들지 않는 다른 지파에 속한 자를 가리켜 말한 것이라

7:14 우리 주께서 유다로 좇아 나신 것이 분명하도다 이 지파에는 모세가 제사장들에 관하여 말한 것이 하나도 없고

7:15 멜기세덱과 같은 별다른 한 제사장이 일어난 것을 보니 더욱 분명하도다

7:16 그는 육체에 상관된 계명의 법을 좇지 아니하고 오직 무궁한 생명의 능력을 좇아 된 것이니

7:17 증거하기를 네가 영원히 멜기세덱의 반차를 좇는 제사장이라 하였도다

1. 제사장 멜기세덱

멜기세덱은 하나님을 위한 제사장이었으며 백성들을 위해 제사를 지내는 인물이었다. 그런데 하나님께서는 그에게 십일조를 바친 아브라함의

자손들 가운데 아론 지파를 따로 세우셨다. 즉 하나님은 모세를 통해 이스라엘 민족 가운데 제사를 지낼 제사장 직분을 레위지파 아론의 자손들에게 허락하셨던 것이다.

히브리서 기자는 율법 아래 있던 아론 지파의 제사장이 온전하지 못했다는 사실을 지적하고 있다. 이는 매우 중요한 의미를 지니고 있다. 거기에는 참된 영원한 제사장이 반드시 필요하다는 의미가 내포되어 있기 때문이다. 그것은 아론의 자손들이 합법적인 제사장 사역을 감당했지만 참 대제사장은 아론 지파나 그가 속한 레위지파가 아니라 유다지파에서 나온다는 사실에 연관되어 있다.

구약 시대의 모든 이스라엘 백성은 아브라함의 후손들이다. 물론 아브라함의 씨로부터 출생했다고 할지라도 이삭과 야곱의 혈통을 잇는 자들이어야만 하나님의 언약 가운데 존재할 수 있었다. 그리고 아브라함은 멜기세덱에게 무릎을 꿇었다. 이는 아브라함의 자손인 이스라엘 백성이 멜기세덱에게 예속된 것과 동일한 의미를 지닌다. 따라서 멜기세덱에게 속하지 않은 유대인들은 진정한 아브라함의 자손이 아니었다.[19]

그에 연관된 사건과 모든 사실들을 받아들이는 자들은 참된 유대인이었지만 그것에 대한 의미를 진정으로 받아들이지 않는 자들은 혈통적 유대인에 지나지 않는다. 예수님 당시 많은 혈통적 유대인들은 그것을 받아들이지 않았다. 그런 자들은 겉보기에는 아브라함의 후손들이었지만 실상은 그와 아무런 상관이 없는 자들이었다. 따라서 예수께서는 어리석은 유대인들에게 그에 관한 말씀을 하셨다.

---

19) 우리는 여기서 매우 중요한 점 하나를 생각해 보아야 한다. 그것은 참 유대인과 혈통적 유대인들은 모두 아브라함의 후손이었지만 구원에 대해서는 달리 적용되었다는 사실이다. 참 유대인들은 아브라함에게 속해 있었을 뿐 아니라 동시에 메시아를 예표하는 멜기세덱에게 속한 자들이었다. 그에 반해 배도에 빠진 혈통적 아브라함의 후손들은 멜기세덱에게 예속된 아브라함을 깨닫지 못했다.

"그러므로 회개에 합당한 열매를 맺고 속으로 아브라함이 우리 조상이라고 생각지 말라 내가 너희에게 이르노니 하나님이 능히 이 돌들로도 아브라함의 자손이 되게 하시리라"(마 3:8,9; 눅 3:8)

예수님의 이 말씀은 혈통적인 아브라함 자손이 중요한 것이 아니라는 사실을 지적하고 있다. 유대인들은 이 말을 듣고 매우 심하게 분노했다. 그것은 옳고 그름의 문제 때문이 아니라 저들의 자존심을 상하게 했기 때문이었다.

아브라함에게 주어진 하나님의 언약을 받아들이는 자들이라면 멜기세덱에 관한 내용과 더불어 그와 연관된 메시아를 소망해야 했다. 그와 연관된 믿음을 소유하지 않는 자라면 어느 누구라 할지라도 아브라함 언약에 참여한 자가 될 수 없었다.

2. 아론 지파 제사장의 그림자로서의 성격

창세전에 택하신 하나님의 자녀들을 구원하시기 위해 이땅에 오신 영원한 제사장은 아브라함의 직접적인 혈통과는 아무런 상관이 없는 분이다. 언약적인 측면에서는 그와 밀접하게 연관되어 있었지만 혈통적으로는 전혀 그렇지 않았다. 따라서 아브라함의 자손들이 출생하기 전에 이미 멜기세덱을 통해 그의 반차를 잇게 될 대제사장이 오게 되리라는 사실이 시사되었던 것이다.

그러므로 아론 지파의 제사장들은 장차 이땅에 오시게 될 영원한 대제사장에 대한 그림자적인 성격을 지니고 있었다. 구약시대의 제사장들은 완벽한 자들이 아니었으며 많은 문제점들로 얼룩져 있었다. 그들은 역사적인 과정에서 멜기세덱과 예수 그리스도 사이에서 하나님의 언약을 드러내 보여주었다.

그러므로 하나님을 경외하는 참된 제사장과 거짓 제사장의 차이는 저들의 제사행위 자체에 달려 있지 않았다. 즉 얼마나 정성껏 하나님께 제사를 드리느냐 하는 것이 직접적인 의미를 발생시키지 않았다. 나아가 일반 백성들로부터 뇌물을 받지 않고 개인적인 치부를 하지 않는 자들이 훌륭한 제사장이라 말할 수도 없었다.

참된 제사장은 그 사역 가운데 항상 하나님께서 보내시게 될 메시아를 소망하며 기다리는 자들이었다. 그들에게 있어서 가장 중요한 것은, 제사를 지내면서 그 가운데 메시아에 대한 진정한 소망을 두고 있느냐 하는 점이었다. 그래야만 직간접적으로 제사에 참여하는 모든 백성들도 그와 동일한 신앙 가운데서 하나님을 섬기게 된다.

3. 율법의 의미

히브리서 기자는 구약시대의 제사직분이 바뀌어졌던 사실을 말하고 있다. 멜기세덱의 제사장 직분과 하나님의 요구에 따라 '모리아 산'에서 독자 이삭을 바쳤던 아브라함의 제사장 직분이 나중 아론 지파에게 맡겨짐으로써 바뀌게 되었다는 것이다. 그것은 나중 레위지파가 아니라 유다지파를 통해 완벽한 대제사장으로서 이땅에 오실 하나님의 아들 예수 그리스도와도 연관되었다.

성경은 또한 제사장 직분이 시대에 따라 바뀌었듯이 구약시대의 율법도 그와 같이 바뀌게 될 수밖에 없음을 언급하고 있다(히 7:12). 그것은 구약의 율법이 감당해야 할 예언적인 역할과 기능이 있었다는 사실을 말해준다. 그것은 하나님의 자녀들을 구원하게 될 메시아를 향하고 있으며 그가 오시게 되면 구약의 율법이 감당해야 할 사명을 완수하게 된다는 것이었다. 그래서 예수께서는 유대인들에게 그와 연관된 말씀을 하셨다.

"너희가 성경에서 영생을 얻는 줄 생각하고 성경을 상고하거니와 이 성경이 곧 내게 대하여 증거하는 것이로다"(요 5:39)

구약의 율법은 장차 오실 메시아에 대한 증거를 하고 있다. 구약성경을 읽으면서 그에 대한 깨달음이 없다면 아무런 의미가 없다. 이는 인간들에게 율법이 주어진 목적은 단순히 그것을 지키도록 주신 표준 조항이 아니라 그것을 통해 깨달아야 할 중요한 내용이 있었기 때문이다. 그것은 물론 메시아에 대한 깨달음이다. 이처럼 율법은 언약의 자손들에게 메시아에 관한 소망을 가지도록 주어졌다.

그렇지만 영원한 진리와 하나님의 궁극적인 뜻에 관심이 없는 자들은 그것을 깨닫지 못했다. 그들 가운데는 성경을 부지런히 연구하고 읽는 자들이 있었지만 그들의 관심은 참된 메시아가 아니라 이땅에서 추구할 종교적인 욕망에 있었다. 그것은 결국 종교 윤리주의자들의 잘못된 판단에 근거한다.

예수께서는 진리를 벗어난 유대인들의 폐해를 잘 알고 계셨다. 그런 형편은 그 이후에도 지속되었다. 배도에 빠진 자들은 구약 율법의 진정한 의미를 알지 못했다. 따라서 예수님은 산상수훈에서 율법과 자신의 관계에 대한 설명을 하셨다. 또한 사도 바울은 로마 교회에 보내는 편지에서 그에 관하여 언급했다.

"내가 율법이나 선지자나 폐하러 온 줄로 생각지 말라 폐하러 온 것이 아니요 완전케 하려 함이로라"(마 5:17);
"그리스도는 모든 믿는 자에게 의를 이루기 위하여 율법의 마침이 되시니라"(롬 10:4)

구약의 율법은 이땅에 메시아가 오실 것에 대한 증거를 했다. 그가 인간의 몸을 입고 세상에 오시자 성도들은 이제 율법을 통한 약속이 아니라 믿음의 실체로써 구원에 참여하게 되었다. 그러므로 그의 은혜를 입은 자들은 구약성경에 예언된 대로 십자가 사역을 완성하신 예수 그리스도께 모든 것을 맡기고 의지하게 된 것이다.

그러나 영원한 천상의 나라가 아니라 이땅에서 종교적인 영역을 확보하려고 하던 악한 자들의 생각은 달랐다. 그들은 하나님의 이름을 핑계대어 이땅에 자신의 세력을 펼치고자 했다. 그것은 겉보기에 악하고 탐욕스런 행태가 아니라 윤리적인 모습으로 나타나는 것이 일반적이었다. 그런 자들은 성경을 윤리적인 교훈을 주는 책으로 받아들였으며 예수님을 윤리를 추구하는 교사로 인식하게 되었다.

4. 유다지파에 속한 영원한 대제사장

하나님의 아들이신 영원한 대제사장은 레위지파 아론의 집안을 통해 이땅에 오시지 않았다. 그는 유다지파를 통해 세상에 태어나셨다. 그리고 성경은 예수 그리스도께서 멜기세덱의 반차를 좇아 대제사장의 사역을 행하게 되었음을 말하고 있다. 시편 기자는 아직 메시아가 오시기 전에 그에 관한 예언적 노래를 불렀다.

"여호와는 맹세하고 변치 아니하시리라 이르시기를 너는 멜기세덱의 반차를 좇아 영원한 제사장이라 하셨도다"(시 110:4)

시편 기자가 노래한 이 말씀은, 영원한 대제사장으로 오실 메시아가 아론 지파에 예속된 것이 아니라 멜기세덱의 반차를 좇게 되리라는 사실을 예언적으로 말해주고 있다. 그것은 하나님께서 원래부터 작정하고 계신 사실이었다. 이는 그가 구약의 율법을 성취하시는 분이라는 사실을 드러내 보여준다.

그리고 우리가 여기서 반드시 기억해야 할 점은 인간의 몸을 입고 이 세상에 오신 예수 그리스도는 완벽한 대제사장일 뿐 아니라 우주만물에 대해 통치권을 행사하는 만왕의 왕이라는 사실이다. 그는 완벽한 제사장인 동시에 완벽한 왕이었던 것이다. 그런 두 가지 신분을 동시에 소유한 예수께서 이땅에 오심으로써 자기 자녀들을 위하여 완벽한 사역을 이룩하시게 되었다.

예수 그리스도께서 레위지파에 속한 아론의 가문이 아니라 유다지파에 속한 다윗의 가문을 통해 오신 것은 제사장과 왕의 신분을 지닌 자로서 이땅에 오시기 위해서였다. 그가 멜기세덱의 반차를 좇는 자로서 유다지파를 통해 오심으로써 그 둘을 동시에 충족하게 된 것이다.

이 사실은 믿음의 조상 아브라함이 예속된 멜기세덱의 사역에 직접 연관되어 있다. 예수께서는, 살렘 왕이자 의의 왕이었던 동시에 영원한 제사장이었던 그의 반차를 좇아 이 세상에 오셨다. 그는 모세의 율법을 초월한 자로서 이땅에 강림하셨던 것이다. 그러므로 하나님의 은혜를 입은 모든 성도들은 영원한 제사장일 뿐 아니라 참된 평화의 왕이자 의의 왕이신 그에게 속해 그와 함께 왕 노릇하게 되는 것이다.

제17장
영원한 대제사장
(히 7:18-28)

7:18 전엣 계명이 연약하며 무익하므로 폐하고

7:19 (율법은 아무 것도 온전케 못할지라)이에 더 좋은 소망이 생기니 이것으로 우리가 하나님께 가까이 가느니라

7:20 또 예수께서 제사장 된 것은 맹세 없이 된 것이 아니니

7:21 (저희는 맹세 없이 제사장이 되었으되 오직 예수는 자기에게 말씀하신 자로 말미암아 맹세로 되신 것이라 주께서 맹세하시고 뉘우치지 아니하시리니 네가 영원히 제사장이라 하셨도다)

7:22 이와 같이 예수는 더 좋은 언약의 보증이 되셨느니라

7:23 저희 제사장 된 자의 수효가 많은 것은 죽음을 인하여 항상 있지 못함이로되

7:24 예수는 영원히 계시므로 그 제사 직분도 갈리지 아니하나니

7:25 그러므로 자기를 힘입어 하나님께 나아가는 자들을 온전히 구원하실 수 있으니 이는 그가 항상 살아서 저희를 위하여 간구하심이니라

7:26 이러한 대제사장은 우리에게 합당하니 거룩하고 악이 없고 더러움이 없고 죄인에게서 떠나 계시고 하늘보다 높이 되신 자라

7:27 저가 저 대제사장들이 먼저 자기 죄를 위하고 다음에 백성의 죄를 위하여 날마다 제사 드리는 것과 같이 할 필요가 없으니 이는 저가 단번에 자기를 드려 이루셨음이니라

7:28 율법은 약점을 가진 사람들을 제사장으로 세웠거니와 율법 후에 하신 맹세의 말씀은 영원히 온전케 되신 아들을 세우셨느니라

1. 옛 언약에 대한 갱신

구약의 율법은 장차 이땅에 오시게 될 메시아에 관한 내용이 중심에 놓여 있었다. 하나님께서 다양한 유형의 계명을 주셨던 것은 바로 그것 때문이었다. 그러므로 율법 가운데 살아가는 백성들은 항상 메시아 강림에 대한 소망을 가지고 살아가야 했다.

그러나 하나님께서 인간의 옷을 입고 이 세상에 메시아로 오시게 되면 율법의 기능은 완료된다. 그에 대해서는 구약시대부터 이미 예언되어 왔었다. 따라서 하나님을 경외하는 참 이스라엘 백성들은 그 율법이 완성되기를 바라며 신앙생활을 했다.

구약시대의 예레미야 선지자는 그에 관한 하나님의 예언을 전했었다. 하나님께서 이스라엘 백성을 위해 새 언약을 세우리라는 것이었다. 그것은 옛 언약에 대한 갱신을 의미하고 있다. 때가 이르게 되면 그 일이 반드시 이루어진다는 것이다. 그렇게 되면 옛 언약은 완성되고 새 언약이 드러나게 된다.

> "나 여호와가 말하노라 보라 날이 이르리니 내가 이스라엘 집과 유다 집에 새 언약을 세우리라 … 그러나 그 날 후에 내가 이스라엘 집에 세울 언약은 이러하니 곧 내가 나의 법을 그들의 속에 두며 그 마음에 기록하여 나는 그들의 하나님이 되고 그들은 내 백성이 될 것이라" (렘 31:31-33)

새로운 언약의 갱신이 있으리라는 말씀은 이스라엘 백성에게 소망이 되었다. 예레미야 당시는 바벨론 제국에 의해 예루살렘 성전이 파괴되는 극난한 시기에 처해 있었다. 하나님의 집인 성전이 파괴된다는 것은 그야말로 하늘이 무너지는 것보다 더 충격적인 일이었다. 그러나 그것은 피할 수 없는 상황이었다.

그럴 때 전달된 선지자 예레미야의 예언은 백성들에게 궁극적인 소망을 확인해 주었다. 그의 말 가운데는 예루살렘 성전이 파괴되는 것이 완전한 절망은 아니라는 내용이 내포되어 있었다. 즉 메시아가 오시게 되면 그 전에 있던 계명은 연약하고 한시적인 것이었기 때문에 폐지될 것이라 말했던 것이다.

이제 하나님으로부터 새로운 계명이 임하게 되면 그것이 진정한 소망이 된다. 그것은 사람들이 실행할 수 있는 일이 아니라 메시아의 도래를 의미한다. 즉 하나님의 아들이 인간의 몸을 입고 이 세상에 오신다는 사실을 시사하고 있다. 그렇게 함으로써 구약의 모든 율법은 일차적으로 성취된다. 하나님의 백성들은 그를 통해 하나님께 더욱 가까이 나아갈 수 있다.

그렇게 되면 하나님의 계명이 항상 지상의 참된 교회들 가운데 존재하게 된다. 하나님께서는 교회와 성도들의 마음에 자신의 새로운 율법을 기록하여 인을 치게 된다. 이로써 여호와 하나님과 그의 백성들 사이에는 언약이 갱신되어 예수 그리스도로 말미암는 완벽한 새로운 관계가 확립되는 것이다.

2. 맹세로 된 대제사장

예수께서 인간의 몸을 입고 이땅에 오심으로써 영원한 대제사장이 되신 것은 맹세로 된 것이었다. 이 의미는 그가 우연히 혹은 세상의 여건에 따라 대제사장이 된 것이 아니라는 사실을 말해주고 있다. 즉 그는 이미 오래전부터 언약하신대로 말씀을 성취하여 대제사장이 되신 것이다.

영원한 대제사장은 보편성과 객관성을 지니고 있는 분이다. 이는 시대와 장소를 초월하는 대제사장 직분을 말해 주고 있다. 따라서 예수께서 아담이 타락한 후 반드시 존재해야 할 대제사장으로 오신 것은 삼위일체 하나님의 작정에 따른 일이었다. 하나님께서는 예수 그리스도를 영원한 제사장으로 세우시기로 맹세하셨으며 역사 가운데 그 일을 실행하셨다. 이에 관해서는 시편 기자도 노래하고 있다.

> "여호와는 맹세하고 변치 아니하시리라 이르시기를 너는 멜기세덱의 반차를 좇아 영원한 제사장이라 하셨도다 주의 우편에 계신 주께서 그 노하시는 날에 열왕을 쳐서 파하실 것이라"(시 110:4,5)

예수 그리스도가 영원한 대제사장이 되신 것은 하나님의 작정과 섭리로 말미암은 것이다. 하나님께서는 구속사 가운데 그 사실을 드러내 보여주셨다. 아브라함 시대에 멜기세덱을 보내신 것도 그와 연관된 것이었다. 그 예언적 사건에 따라 이땅에 와서 십자가 사역을 완성하시고 부활승천하신 후 하나님 우편에 앉아 계신 예수 그리스도께서는 세상의 열왕을 심판하시는 사역을 감당하시게 된다.

3. 언약의 보증이 되신 예수 그리스도

이땅에 오셔서 제사장 사역을 완성하신 예수께서는 스스로 언약의 보증이 되셨다. 그것은 전적으로 삼위일체 하나님의 사역이었음을 증거해 주고 있다. 그에 대한 보증은 연약한 인간들이 감당할 수 있는 일이 아니었다.

예수께서는 제자들에게 자신의 존재 의미를 말씀해 주셨다. 그 자신이 천상으로부터 내려오신 거룩한 '산 떡'이라는 사실을 밝히셨다. 그는 세상에 살아가고 있는 자기 백성들을 위해 자신의 몸을 영원한 양식으로 제공하셨다. 그러므로 자신을 생명의 떡이라고 말씀하셨던 것이다.

> "진실로 진실로 너희에게 이르노니 믿는 자는 영생을 가졌나니 내가 곧 생명의 떡이로라 너희 조상들은 광야에서 만나를 먹었어도 죽었거니와 이

는 하늘로서 내려오는 떡이니 사람으로 하여금 먹고 죽지 아니하게 하는 것
이니라 나는 하늘로서 내려온 산 떡이니 사람이 이 떡을 먹으면 영생하리라
나의 줄 떡은 곧 세상의 생명을 위한 내 살이로라 하시니라"(요 6:47-51)

이 말씀은 예수께서 자신의 몸 곧 거룩한 피와 살로써 보증을 서신 것과
같다. 이는 십자가를 지시기 전에, 자신의 몸을 내어주시겠다고 하신 약속
이었다. 구약시대 제사장들이 하나님께 바쳐진 거룩한 음식을 먹었듯이
이제 자신의 몸이 하나님께 화목제물로 바쳐짐으로써, 백성들이 그것을
먹고 참 생명을 공급받게 된다는 것이었다.

십자가를 지시기 전날 밤 예수께서는 제자들에게 그에 대한 말씀과 더
불어 구체적인 의미를 드러내셨다. 이스라엘의 모든 백성들이 유월절 음
식을 먹을 때, 자신의 몸을 제자들에게 내어주시면서 그것이 구약시대 모
든 제사의 완성이라는 사실을 보여주셨다. 예수께서는 유월절 양 고기가
아니라 떡과 포도주를 저들에게 나누어 주시면서 그것이 자신의 몸이라고
하시며 먹으라고 하셨다.

"또 떡을 가져 사례하시고 떼어 저희에게 주시며 가라사대 이것은 너희를
위하여 주는 내 몸이라 너희가 이를 행하여 나를 기념하라 하시고 저녁 먹은
후에 잔도 이와 같이 하여 가라사대 이 잔은 내 피로 세우는 새 언약이니 곧
너희를 위하여 붓는 것이라"(눅 22:19,20)

그때 주어진 예수님의 말씀과 영원한 유월절 어린양이신 그의 피와 살
은 제자들뿐 아니라 후일에 태어나게 될 그의 자녀들에게 주어진 것과 마
찬가지다. 즉 그것은 후대의 교회와 그에 속한 모든 성도들에게 주어진 의
미를 지니고 있다. 따라서 십자가에 달려 돌아가신 예수님은 역사적 교회
가운데 그것이 상속되어 가야할 것을 말씀하셨다. 사도 바울은 고린도 교
회에 편지하면서 그점을 밝히고 있다.

"내가 너희에게 전한 것은 주께 받은 것이니 곧 주 예수께서 잡히시던 밤에 떡을 가지사 축사하시고 떼어 가라사대 이것은 너희를 위하는 내 몸이니 이것을 행하여 나를 기념하라 하시고 식후에 또한 이와 같이 잔을 가지시고 가라사대 이 잔은 내 피로 세운 새 언약이니 이것을 행하여 마실 때마다 나를 기념하라 하셨으니 너희가 이 떡을 먹으며 이 잔을 마실 때마다 주의 죽으심을 오실 때까지 전하는 것이니라"(고전 11:23-26)

지상에 존재하는 교회 공동체는 새 언약을 소유한 공동체이자 생명의 공동체이다. 이는 예수 그리스도의 몸에 직접 연관되어 있다. 하나님의 자녀들이 매 주일 모여서 드리는 공 예배 시간에 나누는 성찬은 그것을 확인하는 의미를 지닌다. 이는 단순한 종교적인 의례를 말하는 것이 아니라 그것이 영원한 생명의 근원이라는 사실을 말해주고 있다. 따라서 교회에 속한 성도들의 참된 생명은 이 세상에서 나는 식량이 아니라 천상의 나라로부터 공급되는 예수 그리스도의 몸인 참 음식과 음료에 달려 있다.

하나님의 자녀들은 십자가에 달려 돌아가신 예수님 몸을 영적인 의미에서 실제적이자 구체적으로 먹는다. 믿음으로 섭취하는 그 음식을 통해 성도의 영혼이 자라나게 된다. 만일 그 거룩한 음식을 정기적으로 먹지 않는다면 심각한 영적인 배고픔과 기갈을 느껴야 한다. 그렇지 않다면 죽은 신앙을 가진 것과 마찬가지라는 사실을 교회가 잘 깨닫고 있는 것은 매우 중요하다.

4. 영원한 대제사장

구약시대의 제사장들은 여러 명이었다. 이스라엘 민족의 전체 역사를 감안한다면 그 수는 헤아릴 수 없을 만큼 많다. 그들은 혼자서 단독으로 모든 사역을 감당할 수 없었을 뿐 아니라 수명壽命이 다하면 죽어야 했기 때문에 계속해서 새로운 제사장들을 세우지 않으면 안 되었다.

그러나 영원한 대제사장이신 예수 그리스도는 그렇지 않다. 그는 보통 인간들처럼 제한적이지 않으며 죽음으로 인해 사역을 중단하시는 분도 아니시다. 그는 자신의 몸을 영원한 제물로 단번에 바치신 후로는 친히 영원한 대제사장이 되셨다. 그렇게 함으로써 자기 자녀들의 영원한 생명을 보증하셨다.

예수께서 소유한 대제사장 직분은 시공간視空間을 초월한다. 제사장으로서 그의 직분은 영구한 것이다. 따라서 그를 힘입어 하나님께 나아가는 성도들은 온전한 구원을 받을 수 있었다. 이는 인간의 역사 가운데 끊임없이 일어나고 있다. 그것이 지속적으로 이루어지는 것은 그가 항상 살아 계셔서 자기 백성들을 위해 간구하고 계시기 때문이다. 사도 바울은 로마 교회에 편지하면서 그에 관한 언급을 하고 있다.

> "누가 정죄하리요 죽으실 뿐 아니라 다시 살아나신 이는 그리스도 예수시니 그는 하나님 우편에 계신 자요 우리를 위하여 간구하시는 자시니라"(롬 8:34)

십자가에 달려 죽었다가 부활 승천하신 예수께서는 지금 이 순간에도 천상의 나라에서 하나님 우편에 앉아 계신다. 이는 삼위일체 하나님의 존재에 연관된 표현이다. 그는 자기 자녀들을 위해 간구하기를 쉬지 않으신다. 이는 그의 영원한 제사장 사역과 직접 연관되는 의미를 지니고 있다.

5. 완벽한 제물로 바쳐진 자로서의 구원자

대제사장이신 예수님은 창세전에 선택받은 하나님의 자녀들을 구원하시기에 합당하신 분이다. 그는 죄가 전혀 없는 분이시기 때문에 죄악으로 가득 찬 인간들을 위해 자신의 몸을 대신 내어주실 수 있었다. 이는 거룩한 인간이신 예수 그리스도의 몸이 죄인들을 위해 효력 있는 대속의 죽음을 죽을 수 있었음을 의미한다.

그는 또한 하나님을 위한 완벽한 희생 제물이 되셨다. 흠이 없는 온전한 분이었기 때문에 화목을 위한 제물이 되어 죽을 수 있었으며, 동시에 대제사장 사역을 감당할 수 있었다. 성경에는 그에 대한 증거들이 되풀이 되어 나타나고 있다. 사도 바울을 비롯한 여러 사도들이 그에 대한 구체적인 증언들을 하고 있다.

> "이 예수를 하나님이 그의 피로 인하여 믿음으로 말미암는 화목 제물로 세우셨으니 이는 하나님께서 길이 참으시는 중에 전에 지은 죄를 간과하심으로 자기의 의로우심을 나타내려 하심이니"(롬 3:25);
>
> "그리스도께서 너희를 사랑하신 것 같이 너희도 사랑 가운데서 행하라 그는 우리를 위하여 자신을 버리사 향기로운 제물과 생축으로 하나님께 드리셨느니라"(엡 5:2);
>
> "저는 우리 죄를 위한 화목 제물이니 우리만 위할 뿐 아니요 온 세상의 죄를 위하심이라"(요일 2:2)

죄에 빠진 하나님의 자녀들을 위한 구원자는 자신의 몸을 온 세상을 위한 완벽한 화목제물로 하나님께 바친 예수 그리스도 한 분 밖에 없다.[20] 타락한 인간들에게는 결코 그 일을 감당할 수 있는 능력이 존재하지 않는다. 예수께서 자신의 거룩한 몸을 하나님께 드리셨으므로 이제 우리에게는 더 이상 해야 할 일이 남아있지 않다. 하나님께서는 예수님의 십자가 사역으로 인해 우리의 모든 죄를 간과하셨기 때문이다.

---

20) 성경이 예수님을 '온 세상'을 위한 화목제물로 묘사하고 있는 것은 '만인구원설'을 주장하고자 하는 것이 아니다. '온 세상'이란 그를 통한 구원은 유대인이나 헬라인의 구별이 없으며 남녀노소 빈부귀천의 차이가 없다는 사실을 말해주고 있다. 즉 하나님의 구원은 인종과 장소를 초월하고 있다는 사실이 그 의미 가운데 나타나고 있다.

하나님께서는 거룩한 어린 양으로 이땅에 오신 예수 그리스도를 완벽한 화목제물로서 기쁘게 받으셨다. 그것은 구약시대의 제물이 되었던 소나 양이나 염소와는 전혀 달랐다. 그런 것들을 통해 예언되어 온 예수님이 하나님의 진노를 완전히 해소시킴으로써 자신의 자녀를 의로운 존재로 인정하게 되었던 것이다.

그가 화목제물이 되어 십자가에 달려 돌아가신 것은 인간들의 죄를 용서하실 뿐 아니라 피조세계에 대한 영원한 회복[21]을 약속하는 의미를 내포하고 있다.

---

21) 여기서 말하는 '피조세계에 대한 영원한 회복' 이란 첫 번째 지어진 세상의 상태적인 변화를 의미하지 않는다. 이는 옛 우주만물에 대한 심판과 더불어 임하게 될 새 하늘과 새 땅에 대한 재창조를 의미하고 있다.

제18장
영원한 대제사장의 지속적인 사역
(히 8:1-5)

8:1 이제 하는 말의 중요한 것은 이러한 대제사장이 우리에게 있는 것이라 그가 하늘에서 위엄의 보좌 우편에 앉으셨으니

8:2 성소와 참 장막에 부리는 자라 이 장막은 주께서 베푸신 것이요 사람이 한 것이 아니니라

8:3 대제사장마다 예물과 제사 드림을 위하여 세운 자니 이러므로 저도 무슨 드릴 것이 있어야 할지니라

8:4 예수께서 만일 땅에 계셨더면 제사장이 되지 아니하셨을 것이니 이는 율법을 좇아 예물을 드리는 제사장이 있음이라

8:5 저희가 섬기는 것은 하늘에 있는 것의 모형과 그림자라 모세가 장막을 지으려 할 때에 지시하심을 얻음과 같으니 가라사대 삼가 모든 것을 산에서 네게 보이던 본을 좇아 지으라 하셨느니라

1. 교회 가운데 계신 대제사장

십자가에 달려 돌아가심으로써 지상에서의 제사장 사역을 완성하신 예수께서는 지금도 천상에서 그 일을 지속하고 계신다. 여기서 말하는 완성이라는 의미는 예언의 성취라는 사실과 직접 연관되어 있다. 또한 그의 지속적인 사역은 이 세상에 아직 그로부터 은혜를 입어야 할 많은 백성들이

남아 있음을 말해주고 있다.

　부활하신 예수께서는 제자들에게 세상이 끝나는 마지막 날까지 저들과 항상 함께 계시리라는 약속을 하셨다. 그것은 저들이 이 세상에 살아가는 동안 주님의 도우심을 절대적으로 필요로 한다는 의미를 담고 있다. 성도들이 살아가야 할 타락한 세상은 결코 호락호락하지 않다. 그런 형편 가운데서 저들이 지상에서 감당해야 할 사명과 함께 주어진 그 약속은 큰 위안이 되지 않을 수 없었다.

　　"그러므로 너희는 가서 모든 족속으로 제자를 삼아 아버지와 아들과 성령의 이름으로 세례를 주고 내가 너희에게 분부한 모든 것을 가르쳐 지키게 하라 볼찌어다 내가 세상 끝날까지 너희와 항상 함께 있으리라 하시니라"(마 28:19,20)

　예수께서는 제자들에게 세상으로 나가 모든 족속으로 하여금 제자를 삼으라고 요구하셨다. 이는 하나님의 언약이 역사 가운데 존재했던 유대인의 민족 범주를 넘어 이방인 세계를 향해 개방되고 있음을 보여준다. 그리고 성부와 성자와 성령의 이름으로 세례를 주라는 명령을 하셨다. 그들은 또한 주님께서 분부한 모든 것들을 새로 제자가 된 자들에게 가르쳐 지키게 해야만 한다.

　그 놀라운 일을 수행하기 위해 예수께서 세상 끝 날까지 항상 저들과 함께 계시리라는 약속을 하시게 되었다. 예수님의 그 약속에도 불구하고 그 말씀을 들었던 모든 제자들은 현실적으로 세상의 마지막이 이르기 전에 이미 다 죽었다. 따라서 그들은 더 이상 우리 가운데 살아 활동하고 있지 않은 것이다.

　그럼에도 불구하고 그의 약속은 오늘날까지 그대로 존속하고 있다. 이 말은 과연 무슨 의미를 지니고 있는 것인가? 우리는 예수님의 말씀을 교회

론적 관점에서 이해해야 한다. 즉 전체 보편교회의 관점에서 볼 때 맨 처음 세대인 제자들이 받은 그 약속은 그 이후 시대에 그대로 이어지는 것이다.

우리는 이것이 상징적인 의미가 아니라 교회와 연관된 실제적인 현실이라는 사실을 이해하지 않으면 안 된다. 처음 제자들에게 항상 함께 계시겠다고 약속하신 그 예수님은 영원한 제사장으로서 우리 가운데 계신다.

2. 천상의 보좌 우편에 계신 대제사장

이 세상의 교회 가운데 계시는 하나님의 아들이신 대제사장은 동시에 천상의 나라 하나님 우편에 앉아 계신다. 그는 천상에서 그 사역을 지속하시면서 지상 교회에 속한 성도들을 지켜 보호하고 계시는 것이다. 물론 그는 세상에 있는 모든 것들을 하나도 빠짐없이 다 아시는 분이다.

산헤드린 공회에 의해 순교를 당한 스데반은 죽기 직전 천상의 나라에서 하나님 우편에 앉아 계시는 예수 그리스도의 모습을 보았다(행 7:55,56). 그것은 단순한 환상이 아니라 실제적인 상황이었다. 부활하신 주님은 천상에 계시면서 천사들을 비롯한 모든 세력들을 다스리며 통치하고 계시는 것이다.

> "주 예수께서 말씀을 마치신 후에 하늘로 올리우사 하나님 우편에 앉으시니라"(막 16:19);
> "저는 하늘에 오르사 하나님 우편에 계시니 천사들과 권세들과 능력들이 저에게 순복하느니라"(벧전 3:22)

성경에는 부활하신 예수님이 천상의 나라에서 영광을 취하고 계시는 분으로 묘사되어 있다. 이땅에서 모든 사역을 완성하신 그리스도께서는 더 이상 고난당하시는 분이 아니다. 사도 요한은 그의 계시록에서 천상의 나라 하나님 우편에 앉아계시는 영화로운 주님의 모습을 그대로 보여주고 있다(요한계시록 4장 참조).

그렇지만 우리가 깊이 명심해야 할 점은 그리스도께서 천상의 나라와 세상 양쪽에 분리된 상태로 따로 계시는 것이 아니라는 사실이다. 그는 인간들의 사고를 초월하는 관점에서 동시적으로 존재하고 계신다. 즉 천상의 영화로운 나라와 이땅에 존재하는 교회는 하나로 연결되어 있다.

3. 지금도 계속되는 제사장 사역

이 세상에 오셔서 모든 제사장 사역을 완성하신 하나님께서는 부활승천하신 후 천상에 계시면서 지상에 태어나는 성도들을 위해 연장된 사역을 지속하고 계신다. 이는 그가 또다시 십자가 사역과 동일한 일을 감당하는 것이 아니다. 더 이상 하나님께 자신의 몸을 제물로 바칠 필요가 없다. 하지만 아직 모든 것이 완료되지 않은 상태에서 지상에 태어나 살아가고 있는 자기 자녀들을 위한 은혜의 사역을 지속하고 계신다.

예수님의 몸은 십자가 사역을 통해 단번에 하나님을 위한 화목제물로 바쳐지게 되었다. 그후 부활하여 천상의 나라로 승천하셨다. 천상에 계신 예수님은 지금도 제사장의 직분을 계속 감당하고 계신다.

십자가 사역을 통한 제사 행위가 우주적인 사건으로 인간의 전 역사를 포괄하고 있다면, 현재 천상에서 진행중인 그의 사역은 역사 가운데 이어지는 구체적인 현실에 밀접하게 연관되어 있다. 즉 아직 온전치 못해 죄에 빠지게 되는 백성들을 위해 그는 제사장 직분을 감당하고 있으며, 죄를 용서받아 주님의 품으로 들어와야 할 성도들을 위해 그 사역을 지속하고 계신다.

이처럼 천상에서 예수님의 제사장 사역은 지상에 살아가고 있는 성도들을 위한 중재사역과 밀접하게 연관되어 있다. 이는 삼위일체 하나님의 연속적인 사역을 보여주고 있다. 즉 제사장으로서 행하시는 사역의 기능은 여전히 지속되고 있다. 사도 바울은 로마에 있는 교회에 편지하면서 그에 관한 언급을 하고 있다.

> "이와 같이 성령도 우리 연약함을 도우시나니 우리가 마땅히 빌 바를 알지 못하나 오직 성령이 말할 수 없는 탄식으로 우리를 위하여 친히 간구하시느니라"(롬 8:26);
> "누가 정죄하리요 죽으실 뿐 아니라 다시 살아나신 이는 그리스도 예수시니 그는 하나님 우편에 계신 자요 우리를 위하여 간구하시는 자시니라"(롬 8:34)

예수 그리스도의 십자가 사역 이후 천상에서의 사역은 지금도 계속되고 있다. 그것은 삼위일체 하나님의 사역이다. 그 가운데 예수 그리스도 사역 이 세상에 존재하는 장막이 아니라 하나님께서 세우신 참 장막에서 이루어지고 있다. 따라서 그 의미는 현재적인 관점에서 이해되어야 할 내용이다.

이는 물론 이 세상에서 구약의 율법에 따라 드리는 제사행위와는 다르다. 그것은 이미 완성되었으므로 또다시 재현될 필요가 없다. 만일 그렇다면 예수님의 십자가 사역이 완전하지 않고 무언가 부족하다는 의미를 지니게 된다.

그러나 이땅에서 이루어진 예수님의 사역은 완벽한 사역이었다. 하나님의 자녀들은 그리스도의 온전한 제사에도 불구하고 여전히 나약한 가운데 이 세상에서 살아가고 있다. 그러므로 천상에 계신 영원한 대제사장께서는 우리를 돕는 자로서 하나님의 지속적인 화해를 주도하고 계신다.

4. 그림자와 실체

구약시대의 제사장들이 하나님을 섬긴 것은 일종의 그림자와도 같은 성격을 지니고 있었다. 그러나 우리가 극히 조심해야 할 부분은 하나님을 섬기는 행위 자체를 상징적으로 이해하려 한다는 것이다. 저들의 하나님을 섬기는 제사행위는 상징적인 경배가 아니라 실제적인 경배였다.

그럼에도 불구하고 구약의 제사장들의 제사행위가 그림자와 같은 성격을 지니고 있다는 것은 장차 이르게 될 실체적 대제사장을 향하고 있었기 때문이다. 장차 오실 대제사장에 대한 기대가 결여된 제사는 온전한 제사가 될 수 없다. 따라서 구약의 제사장들은 항상 영원한 참 대제사장을 바라보고 있어야 했다.

그에 대해서는 사도 바울이 골로새 교회에 편지하면서 잘 설명해 주고 있다. 구약의 제사와 절기를 비롯한 모든 의례들은 장래 일의 그림자였음을 증거하고 있다. 그 그림자의 실제적인 몸체는 예수 그리스도였다.

"그러므로 먹고 마시는 것과 절기나 월삭이나 안식일을 인하여 누구든지 너희를 폄론하지 못하게 하라 이것들은 장래 일의 그림자이나 몸은 그리스도의 것이니라"(골 2:16,17)

사도 바울이 여기서 말하고자 하는 것은 실체이신 예수 그리스도에 관한 것이었다. 그가 인간의 몸을 입고 이 세상에 오셔서 십자가 사역을 완성하신 후에는 더 이상 그림자에 매여 있을 필요가 없다는 것이다. 이는 구약성경의 모든 내용이 이제 불필요하다는 것을 말하는 것이 아니다.

그렇지만 실체가 드러난 후에는 그림자가 소유했던 기능상의 역할을 완성하게 된다. 따라서 실체이신 그리스도와 함께 있는 자들은 그림자에 얽매일 필요가 없다. 즉 하나님의 자녀들이 더 이상 구약의 율법들을 지키지 않는 것으로 인해 유대 율법주의자들에 의해 비판받지 않아도 된다는 것이다.

그럼에도 불구하고 구약 율법의 모든 의미는 여전히 우리에게 소중한 교훈을 주고 있다. 구약에 기록된 모든 말씀은 신약시대 교회를 향해 하나님의 언약에 연관된 중요한 의미들을 전달해 주고 있다. 하나님께서 자기 백성을 구원하시는 역사적 과정을 통해 그의 놀라운 은혜를 깨달을 수 있기 때문이다.

그 대제사장께서 이제는 천상의 영원한 참 장막에 계시면서 자기 자녀들을 위한 구원과 보존사역을 지속하고 계신다. 아직 그의 재림으로 인한 최종적이 완성이 이루어지지 않은 상태에서 이땅에 살아가는 교회와 성도들을 위해 제사장적 사역을 지속하고 있다. 그것은 자기 백성을 위해 세상 끝 날까지 일하시는 하나님의 예수 그리스도의 사랑을 보여준다.

제19장
언약의 중보자와 새 언약
(히 8:6-13)

8:6 그러나 이제 그가 더 아름다운 직분을 얻으셨으니 이는 더 좋은 약속으로 세우신 더 좋은 언약의 중보시라

8:7 저 첫 언약이 무흠하였더면 둘째 것을 요구할 일이 없었으려니와

8:8 저희를 허물하여 일렀으되 주께서 가라사대 볼지어다 날이 이르리니 내가 이스라엘 집과 유다 집으로 새 언약을 세우리라

8:9 또 주께서 가라사대 내가 저희 열조들의 손을 잡고 애굽 땅에서 인도하여 내던 날에 저희와 세운 언약과 같지 아니하도다 저희는 내 언약 안에 머물러 있지 아니하므로 내가 저희를 돌아보지 아니하였노라

8:10 또 주께서 가라사대 그날 후에 내가 이스라엘 집으로 세울 언약이 이것이니 내 법을 저희 생각에 두고 저희 마음에 이것을 기록하리라 나는 저희에게 하나님이 되고 저희는 내게 백성이 되리라

8:11 또 각각 자기 나라 사람과 각각 자기 형제를 가르쳐 이르기를 주를 알라 하지 아니할 것은 저희가 작은 자로부터 큰 자까지 다 나를 앎이니라

8:12 내가 저희 불의를 긍휼히 여기고 저희 죄를 다시 기억하지 아니하리라 하셨느니라

8:13 새 언약이라 말씀하셨으매 첫 것은 낡아지게 하신 것이니 낡아지고 쇠하는 것은 없어져 가는 것이니라

1. 언약의 중보자

예수 그리스도는 인간들을 위한 중보자로서 이 세상에 오셨다. 거룩한 하나님과 창세전에 그가 택하신 백성들 사이에는 거룩하면서도 완벽한 인간으로서의 중보자가 요구되었다.[22] 그것은 하나님께서 구약시대부터 언약하신 내용과 연관된다. 예수께서 완벽한 하나님이면서 완벽한 인간이 되어야 했던 이유가 바로 거기 있다.

범죄한 인간들은 그 중보자가 없이는 감히 하나님께 나아갈 수 있는 방법이 없다. 그가 자신의 몸을 화목제물로 바치실 때 비로소 하나님의 진노를 누그러뜨릴 수 있게 된다. 그것을 통해 하나님과 인간 사이에 궁극적인 화해가 이루어진다. 사도 바울은 디모데에게 보내는 편지에서 그에 관한 증거를 하고 있다.

> "하나님은 한 분이시요 또 하나님과 사람 사이에 중보도 한 분이시니 곧 사람이신 그리스도 예수라 그가 모든 사람을 위하여 자기를 속전으로 주셨으니 기약이 이르면 증거할 것이라" (딤전 2:5,6)

이 말씀에서 하나님은 오직 한 분이라는 사실과 하나님과 인간 사이에 중보사역을 감당할 수 있는 이도 오직 한 분밖에 없다는 사실을 바울은 강조하고 있다. 그 중보자는 인간의 몸을 입고 이 세상에 오신 성자 하나님이신 예수 그리스도시다. 요한은 중보를 맡은 그 사역이 아름다운 직분이라 했다. 그것은 인간들의 이성과 경험으로 가늠할 수 없는 초월적인 아름다움을 간직하고 있다.

---

22) 이에 대해서는 하나님께서 아브라함에게 그의 독자 이삭을 모리아 산에서 제물로 바칠 것을 명령하실 때 그 의미가 분명히 드러나고 있다. 이는 하나님이 자기를 위한 제물로서 동물이 아니라 사람의 몸을 원하신다는 '인신제사'가 요구되고 있기 때문이다.

우리는 예수 그리스도 이외에는 어떤 중보자도 존재하지 않는다는 사실을 분명히 기억해야 한다. 하나님의 말씀을 모독하는 현대의 신학자들 가운데는 그 의미를 희석시키려는 자들이 많이 있다. 그들은 예수님 이외에도 하나님께로 나아갈 수 있는 길이 많이 열려 있다고 주장한다.

그런 자들은 기독교 이외에 다른 종교들에도 나름대로의 중보자가 있다고 말한다. 불교, 이슬람교, 힌두교, 다양한 토속종교들 가운데도 신과 사람을 연결할 수 있는 특별한 구원자가 존재한다는 것이다.[23] 그러나 그것은 진리를 훼손하기 위해 사탄이 제공한 감언이설에 지나지 않는다.

예수께서는 오직 자기만이 죄에 빠진 인간들을 구원할 수 있는 유일한 길이라는 사실을 온 세상에 천명하셨다. 그것은 절대 배타적인 의미를 지니고 있다. 그 사실을 받아들이지 않고 믿지 않는 자들은 참된 그리스도인이라 말할 수 없다. 오늘날 우리는 그와 같은 악한 사조를 깨어 경계하지 않으면 안 된다.

2. 첫 언약과 영원한 둘째 언약의 필요성

하나님께서는 이땅에 중보자인 메시아를 보내기로 작정하시고 구약성경을 통해 끊임없이 말씀하셨다. 그것은 이스라엘 백성들을 위한 첫 번째 언약으로 주어지게 되었다. 구약시대 하나님의 택함을 받은 성도들은 그 언약을 통해 장차 오시게 될 메시아를 기다리는 가운데 살아갔던 것이다.

그런데 언약의 자손들 중에는 그에 관해 근본적으로 오해하는 자들이 많이 있었다. 그런 자들은 장차 인간의 몸을 입고 이 세상에 메시아로 오

---

23) 이는 우리시대의 종교다원주의(christ-pluralism) 사상에서 극명하게 드러나고 있다. 그것을 주장하는 자들은 모든 종교에는 고유한 구원자가 있다고 생각한다. 이와 같은 사상은 세속화되어 타락한 기독교에서 생겨났으며, 지금은 WCC(세계교회협의회)가 그에 대한 적극적인 활동을 펼치고 있는 실정이다.

실 하나님의 아들을 소망하지 않았다. 그들은 이스라엘 백성으로서 이땅에서 세력을 과시하며 만족스런 인생을 누리는 것에 집착하고 있었던 것이다.

하지만 구약시대 이스라엘 민족이 소유했던 언약은 그림자와 같은 성격을 지니고 있었다. 장차 그에 대한 실체가 이 세상에 모습을 드러내게 된다는 것이었다. 그것은 평이하게 이루어지는 자연스런 변화가 아니라 옛것을 깨뜨리고 나오듯이 진행되는 강력한 변화를 동반하게 된다. 이 사실은 장차 이르게 될 일종의 긴장관계를 예고하고 있다.

역사의 변천이 되풀이 되어 가는 동안 구약시대 언약의 백성들에게도 그것은 상당한 영향을 끼칠 수밖에 없었다. 그러므로 히브리서 기자는 첫 언약의 한계를 지적하며 "볼지어다 날이 이르리니 내가 이스라엘 집과 유다 집과 더불어 새 언약을 맺으리라"(히 8:8)고 하신 구약시대에 주신 하나님의 말씀을 인용하고 있다.

하나님께서는 약속에 따라 새 언약을 맺으시되 이스라엘의 집과 더불어 그렇게 하시겠다고 하셨다. 그것은 언약으로 말미암은 집단 공동체적인 성격을 지니고 있으며 구약의 약속을 배경을 한 발전적 의미를 동반하고 있다. 이에 대해서는 에스겔 선지자를 통해 기록된 계시 가운데서도 잘 드러나고 있다.

> "그러나 내가 너의 어렸을 때에 너와 세운 언약을 기억하고 너와 영원한 언약을 세우리라"(겔 16:60)

하나님께서는 에스겔 선지자를 통해 새 언약 곧 영원한 언약을 새우리라는 사실을 밝히셨다. 그것은 장차 이땅에 오시게 될 메시아와 직접 연관되는 것이었다. 그를 통한 언약을 맺으실 때 그것은 영원한 언약이 될 수 있었다.

에스겔 선지자가 하나님의 계시를 받아 활동하던 시대는 이스라엘 민족이 참담한 형편에 놓여있을 때였다. 여로보암이 세운 북쪽 이스라엘 왕국은 앗수르 제국에 의해 이미 패망하고 없어진 상태였다. 북쪽 지역의 남은 백성들은 이방인과 혼혈이 되어 민족적인 정체성을 거의 상실해 가고 있는 실정이었다.

이제 반쪽 남은 유다 왕국도 풍전등화風前燈火와 같은 위태로운 형편에 놓여 있었다. 앗수르를 패망시킨 신흥 강대국인 바벨론 제국이 유다 왕국을 강하게 위협하고 있었기 때문이다. BC 598년 에스겔이 바벨론의 포로로 잡혀가기 전이었던 BC 605년에 이미 예루살렘의 유력한 인사들이 포로로 잡혀 갔었다. 거기에는 다니엘과 그의 세 친구들인 사드락과 메삭과 아벳느고도 포함되어 있었다.

이스라엘 민족에게는 하나님의 직접적인 도우심이 없이는 아무런 소망도 가질 수 없는 형편이었다. 그런 정황 중에도 하나님께서는 저들이 이방인들에 의해 패망당하는 것을 막아주시겠다는 약속을 하시지 않았다. 그 대신 이스라엘 백성들에게 세운 옛 언약을 기억하고 새로운 영원한 언약을 세우리라는 말씀을 하셨다. 이스라엘 왕국의 일시적인 회생보다 훨씬 더 중요한 것이 궁극적인 영원한 왕국의 설립이었던 것이다.

3. 새 언약

히브리서 기자는, 구약에 기록된 첫 언약이 온전치 못하다는 사실을 언급했다. 이는 첫 번째 주어진 언약은 장차 오게 될 언약에 대한 예언과 약속의 성격을 지니고 있었음을 말해준다. 따라서 참된 이스라엘 백성이라면 당연히 장차 임하게 될 더 좋은 언약을 기다리고 있어야만 했다.

사도 바울은 갈라디아 교회에 편지하면서 첫 언약과 두 번째 주어진 새 언약에 관한 본질적인 내용을 소상히 기록하고 있다. 거기에는 아브라함의 아내 사라와 그의 첩 하갈이 언급되어 있다. 그리고 저들의 몸에서 난 두 아들인 이삭과 이스마엘을 통해 두 언약을 설명하고 있다.

> "기록된 바 아브라함이 두 아들이 있으니 하나는 계집 종에게서, 하나는 자유하는 여자에게서 났다 하였으나 계집 종에게서는 육체를 따라 났고 자유하는 여자에게서는 약속으로 말미암았느니라 이것은 비유니 이 여자들은 두 언약이라 하나는 시내산으로부터 종을 낳은 자니 곧 하가라 이 하가는 아라비아에 있는 시내산으로 지금 있는 예루살렘과 같은 데니 저가 그 자녀들로 더불어 종노릇하고 오직 위에 있는 예루살렘은 자유자니 곧 우리 어머니라"(갈 4:22-26)

사도 바울은, 이스마엘이 하갈로부터 육체를 따라 출생한 반면 이삭은 자유하는 여자인 사라에게서 하나님의 약속에 따라 태어났음을 말하고 있다. 그는 본문에서 이 내용을 언급한 것이 하나님의 언약을 설명하기 위해서라는 사실을 밝혔다. 여기서 특이한 사실은 두 여자를 언약에 직접 대입해 설명하고 있다는 사실이다.

바울은 먼저 하갈을 아라비아에 있는 시내산에 비유하고 있다. 그리고는 당시 이스라엘 민족의 중심 역할을 하던 예루살렘이 곧 구약시대의 시내산과 같다고 말했다. 시내산은 하나님께서 모세를 통해 율법을 허락하신 곳인데 예루살렘은 그 율법으로 말미암아 세워진 언약의 도성이다. 바울은 하갈이 육체의 자녀를 낳았듯이 시내산과 예루살렘이 그와 같다는 것이었다.

그러나 거룩한 하나님의 자녀들이 바라보아야 할 대상은 타락한 세상에 존재하는 것이 아니라 천상에 있는 영원한 예루살렘이다. 약속에 따라 난 자로서 자유를 소유한 이삭처럼, 하나님께 속한 자녀들은 육체를 통해 태어나서 세상의 종노릇하는 자들이 아니라는 것이었다. 하나님의 언약으로 말미암아 거듭 태어난 모든 성도들은 약속의 어머니인 그 예루살렘에서 영원토록 거하게 된다.

그러므로 예수 그리스도를 통해 허락된 새 언약은 구약시대 이스라엘 조상들이 출애굽했을 때 맺은 언약과 같지 않다. 구약시대에 살았던 성도들은 하나님의 율법을 지키며 장차 일어나게 될 약속을 바라보며 살았다. 그렇지만 옛 언약에 따라 이땅에 오신 예수 그리스도의 십자가 사역으로 인해 하나님의 자녀로 부르심을 받은 자들은 새 언약 가운데 머물러 존재하게 된다.

4. '생각'과 '마음'에 새겨진 법

하나님께서 그의 백성들과 맺으신 새 언약은 "나는 그들에게 하나님이 되고 그들은 내게 백성이 되리라"(히 8:10)고 하신 말씀의 확증이다. 이제 그것은 약속으로 남아 있는 것이 아니라 구체적으로 실현되었다. 그 약속은 더 이상 흔들릴 수 없는 견고한 기틀 위에 서게 된 것이다.

히브리서 기자는 그 언약이 교회에 속한 성도들의 생각 가운데 자리매김하게 되고 저들의 마음판에 기록되리라고 말했다. 그렇게 되면 지상에 살아가는 모든 참된 성도들은 굳센 믿음과 함께 마음판에 그것이 기록되게 된다. 하나님께서 저들의 마음판에 직접 그것을 새겨두게 되는 것이다. 따라서 바울은 고린도 교회에 보내는 두 번째 편지에서 변할 수 없는 성도들의 정체성에 관한 내용을 언급했다.

> "너희가 우리의 편지라 우리 마음에 썼고 뭇사람이 알고 읽는 바라 너희는 우리로 말미암아 나타난 그리스도의 편지니 이는 먹으로 쓴 것이 아니요 오직 살아 계신 하나님의 영으로 한 것이며 또 돌비에 쓴 것이 아니요 오직 육의 심비에 한 것이라"(고후 3:2,3)

위의 본문에 언급된 사도 바울의 말은 하나님의 자녀들이 사도들의 편지라는 사실을 말해주고 있다. 그 내용은 사도들 자신의 마음에도 기록되어 있어서 많은 사람들이 알고 읽는다. 이처럼 성도들의 마음에도 그와 같은 내용이 여러 사람들로부터 읽혀져야 할 편지로 기록되어 있다.

교회에 속한 성도들의 마음에 새겨진 그리스도의 편지는 펜이나 먹으로 쓴 것이 아니다. 그것은 하나님의 영으로 새겨 기록한 것이다. 나아가 그것은 돌비에 써서 몸에 지니고 다니는 것이 아니라 육신의 심비心碑에 기록해 두었으므로 요지부동이다. 이처럼 모든 참된 성도들은 자신의 삶을 통해 심비에 새겨진 예수 그리스도의 편지를 뭇 사람들에게 드러내는 자들이다.

5. 복음의 세계 전파

하나님의 복음은 온 세상 땅 끝까지 전파되어야 할 것이 구약성경에서부터 지속적으로 선포되어 왔다. 창세전에 선택받은 모든 백성들은 시대와 장소를 초월하여 하나님의 특별한 부르심을 입게 된다. 거기에는 소속된 민족과 남녀노소, 빈부귀천이 아무런 상관이 없다. 구약시대 이사야를 비롯한 여러 선지자들의 입을 통해서도 세계만방에 복음이 선포될 것이 예언되었다.

부활하신 예수께서는 제자들이 이제 어떤 사명을 부여받고 있는지에 대해 말씀하셨다. 그들은 온 천하에 다니며 만민에게 복음을 전파해야 했다. 그것을 믿고 순종하는 자들은 하나님으로부터 영원한 구원을 받게 된다. 그렇지만 그것을 거부하고 받아들이지 않는 자들은 멸망을 피할 수 없다.

"또 가라사대 너희는 온 천하에 다니며 만민에게 복음을 전파하라 믿고 세례를 받는 사람은 구원을 얻을 것이요 믿지 않는 사람은 정죄를 받으리

라"(막 16:15,16)

예수 그리스도의 존엄한 이름은 그의 십자가 사역과 더불어 온 세상에 선포되어야 한다. 그것이 모든 인간들에 대한 구원과 심판의 근거와 기준이 되기 때문이다. 그렇게 되면 세상은 더 이상 자신의 죄를 핑계대지 못한다.

그러나 하나님의 복음을 심중에 받아들이는 자들은 다시금 정죄를 받을 필요가 없다. 거듭난 하나님의 자녀들은 낡은 옛 언약 대신 영원한 새 언약과 더불어 살아가게 된다. 예수 그리스도께서 자기 자녀들을 구원하시기 위해 대신 형벌을 받으신 사건은 선포되어야 할 복음의 핵심적인 내용이다.

제20장
손으로 지은 성전과 그 실체
(히 9:1-10)

9:1 첫 언약에도 섬기는 예법과 세상에 속한 성소가 있더라

9:2 예비한 첫 장막이 있고 그 안에 등대와 상과 진설병이 있으니 이는 성소라 일컫고

9:3 또 둘째 휘장 뒤에 있는 장막을 지성소라 일컫나니

9:4 금향로와 사면을 금으로 싼 언약궤가 있고 그 안에 만나를 담은 금항아리와 아론의 싹 난 지팡이와 언약의 비석들이 있고

9:5 그 위에 속죄소를 덮는 영광의 그룹들이 있으니 이것들에 관하여는 이제 낱낱이 말할 수 없노라

9:6 이 모든 것을 이같이 예비하였으니 제사장들이 항상 첫 장막에 들어가 섬기는 예를 행하고

9:7 오직 둘째 장막은 대제사장이 홀로 일년 일차씩 들어가되 피 없이는 아니하나니 이 피는 자기와 백성의 허물을 위하여 드리는 것이라

9:8 성령이 이로써 보이신 것은 첫 장막이 서 있을 동안에 성소에 들어가는 길이 아직 나타나지 아니한 것이라

9:9 이 장막은 현재까지의 비유니 이에 의지하여 드리는 예물과 제사가 섬기는 자로 그 양심상으로 온전케 할 수 없나니

9:10 이런 것은 먹고 마시는 것과 여러 가지 씻는 것과 함께 육체의 예법만 되어 개혁할 때까지 맡겨 둔 것이니라

1. 첫 언약의 성소

인간들은 여호와 하나님을 섬기면서 아무데서나 제사 행위를 할 수 없었다. 하나님께 제물을 드리기 위해서는 반드시 정해진 곳에서 규례에 따른 제사를 지내야만 했다. 아무리 훌륭한 제물이라 할지라도 하나님과 상관이 없는 곳에서 제물을 드린다면 그것은 아무런 의미가 없다. 그런 곳에서 행해지는 제사는 하나님께서 받지 않으시기 때문이다.

나아가 그와 같은 제사는 오히려 하나님의 뜻을 멀리하는 불순종 행위가 된다. 설령 온전한 제사장이 있고 값진 제물이 있다 할지라도 그것만으로 참된 제사를 위한 조건이 충족되는 것은 아니다. 따라서 언약 백성인 이스라엘 자손들은 항상 그점을 염두에 두고 있어야 했다.

그러므로 하나님께서는 모세에게 자신의 임재를 위한 거룩한 성소를 건립하도록 명령하셨다. 그것은 하나님이 직접 정해주신 규례에 따른 것이었다. 성소는 반드시 정해진 장소에 존재해야 했다. 역사적 과정에서 때로 다른 곳으로 장소를 이동했지만 그 근본은 하나님의 규례에 따른 것이었다. 그러므로 지상에 존재한 성소는 영원한 성소를 향한 그림자 역할을 하고 있었다.

첫 언약 가운데는 이스라엘 민족이 여호와 하나님을 섬기기 위한 분명한 예법이 있었다. 성소는 규례에 따라 두 부분으로 나누어져 있었다. 성소의 출입문이 있는 내부 바깥쪽은 제사장들이 날마다 출입하는 영역이었다. 거기에는 향단과 등잔대와 떡상이 놓여 있었다. 그곳은 거룩하게 구별된 영역이었기 때문에 아무나 들어갈 수 없었다. 오직 제사장들만 들어가 맡겨진 직무를 감당할 수 있었다.

성소는 여호와 하나님이 계시는 휘장 넘어 지성소를 향하고 있었으며, 그 영역은 마치 하나님을 향해 나아가는 필수적인 길목과도 같았다. 제사장들은 그곳에서 날마다 향단에서 규례에 따른 향을 피웠다. 그리고 등대에 켜진 불을 관리해야 했다. 또한 떡상에 진설된 떡을 갈았다.

일반 이스라엘 백성은 직접 그 자리에 있었던 것이 아니었지만 지속적으로 진행되는 제사장들의 중보적인 사역들을 통해 실제적으로 하나님을 만날 수 있었다. 이스라엘 백성들은 성소에서 이루어지는 제사장 사역에 간접적으로 참여하게 되었다. 성소와 제사장들의 사역을 통하지 않고 여호와 하나님께 나아갈 수 있는 방편은 없었다.

2. 지성소

성소와 지성소 사이에는 휘장이 쳐져 있어서 두 공간이 구분되었다. 상시적으로 환하게 불이 밝혀져 있어야 할 성소는 제사장들이 날마다 출입하는 영역이었던 데 반해, 일 년 한 차례 대속죄일을 제외한 나머지 날에는 늘 깜깜한 지성소는 그렇지 않았다.[24] 지성소에는 일반 제사장들의 출입도 엄격하게 금지 되었다. 나아가 대제사장들이라 할지라도 그 안으로 함부로 들어갈 수 없었다. 히브리서 기자는 지성소 내부에 연관된 내용을 구체적으로 기록해 보여주고 있다.

> "또 둘째 휘장 뒤에 있는 장막을 지성소라 일컫나니 금향로와 사면을 금으로 싼 언약궤가 있고 그 안에 만나를 담은 금항아리와 아론의 싹난 지팡이와 언약의 비석들이 있고 그 위에 속죄소를 덮는 영광의 그룹들이 있으니 이것들에 관하여는 이제 낱낱이 말할 수 없노라"(히 9:3-5)

사도는 지성소 내부에 금향로와 금으로 싼 언약궤가 놓여있었다고 했

---

24) 하나님이 계시 곳은 인간들이 볼 수 없는 흑암의 영역이었다. 물론 인간의 눈에는 깜깜한 영역이었지만 하나님께는 그렇지 않다. 모세는 출애굽기에서 흑암 중에 계시는 하나님에 대해 언급하고 있다: "백성은 멀리 섰고 모세는 하나님의 계신 암흑으로 가까이 가니라"(출 20:21).

다. 그리고 그 안에는 만나를 담은 금 항아리와 아론의 싹난 지팡이와 언약의 돌비석 둘이 들어 있었다. 언약궤 위에는 속죄소가 있었으며 그 위를 덮은 영광의 그룹(Cherubim)들이 있었다. 히브리서 기자는 그에 대한 내용을 말하고 있으면서도 낱낱이 언급하기에는 역부족이라는 점을 강조해 말하고 있다.

이는 인간들의 일반적인 사고로는 접근하기 어려운 신비한 내용과 의미가 거기에 담겨있다는 사실을 말해준다. 설령 그 안에 놓여있는 모든 성물들과 그에 연관된 내용을 어느 정도 안다고 할지라도 그 신비한 의미 전체를 알기 어렵다는 것이다.

우리는 그에 대한 올바른 자세를 가지지 않으면 안 된다. 또한 우리가 반드시 기억해야 할 바는 지성소가 단순한 상징이 아니라 실체적이었다는 사실이다. 즉 하나님께서는 실제로 그곳에 임재해 계셨다. 이스라엘 백성과 성막이 시내광야에 머물고 있을 때 그곳으로부터 구름기둥과 불기둥이 올라온 것은 그에 대한 사실을 입증해 주고 있다.

또한 우리가 반드시 기억해야 할 점은 지성소에 놓인 언약궤 안에 들어 있던 만나와 모세의 두 돌판, 그리고 아론의 싹난 지팡이는 하나같이 시내광야에서 허락된 것들이었다는 사실이다. 그 성물들은 메시아가 오실 때까지 역사상의 이스라엘 민족의 중심에 존재하게 된다. 즉 그것을 통해 광야에서 이스라엘 민족 가운데 계셨던 하나님께서 그후에도 지속적으로 저들과 함께 계심을 보여주셨던 것이다.

3. 대속죄일과 대제사장

이스라엘 민족 가운데는 여러 절기들 이외에 반드시 지켜야만 할 특별한 날이 주어졌다. 그것은 매년 한 차례씩 돌아오는 대속죄일이다. 그 날은 이스라엘 민족의 모든 죄를 하나님 앞에서 속죄 받게 된다. 그 날이 되면 대제사장이 규례에 따라 홀로 지성소 안으로 들어가 희생 제물의 피로써 여호와 하나님께 속죄제를 드려야 한다. 레위기에는 그에 대한 구체적인 규례가 기록되어 있다.

> "그는 또 수송아지의 피를 취하여 손가락으로 속죄소 동편에 뿌리고 또 손가락으로 그 피를 속죄소 앞에 일곱 번 뿌릴 것이며 또 백성을 위한 속죄제 염소를 잡아 그 피를 가지고 장 안에 들어가서 그 수송아지 피로 행함 같이 그 피로 행하여 속죄소 위와 속죄소 앞에 뿌릴지니"(레 16:14,15);
> "이는 너희의 영원히 지킬 규례라 이스라엘 자손의 모든 죄를 위하여 일 년 일차 속죄할 것이니라 아론이 여호와께서 모세에게 명하신대로 행하니라"(레 16:34)

대제사장은 속죄일이 되면 언약궤 위 곧 속죄소에 수송아지의 피를 손가락에 찍어 동편 즉 앞면에 뿌려야 한다. 그리고 언약의 백성들을 위해 염소를 잡아 그 피를 지성소 안으로 가지고 들어가 속죄소 위와 앞에 뿌려야 한다. 우리는 여기서 수송아지의 피는 제사장들의 죄를 사하기 위한 것이며 염소의 피는 일반 백성들의 죄를 사하기 위한 것이었다는 사실을 알 수 있다.

이스라엘 민족은 일 년에 한 차례씩 대제사장이 집례하는 대속죄일을 반드시 지켜야 했다. 그것은 예수 그리스도가 이땅에 오심으로써 이스라엘 민족의 역할이 끝날 때까지 지속되어야 할 규례였다. 이는 지성소에서 드려지는 제사인 속죄제는 실체인 그리스도가 오실 때까지 진행되었다. 예수께서는 구약의 모든 제사의 의미를 완성하는 실체로서 이 세상에 오셨던 것이다.

구약시대 이스라엘 백성은 평상시에도 날마다 규례에 따른 제사를 지냈다. 또한 유월절, 칠칠절, 장막절을 비롯한 각종 절기 때마다 율법을 좇아 절기를 지켰다. 속죄를 위한 개인 제사뿐 아니라 민족적인 제사를 지내야만 했다.

그럼에도 불구하고 이스라엘 민족 가운데는 겉으로 드러나지 않은 죄악들이 곳곳에 숨어 있었다. 대속죄일은 그 모든 죄들을 한꺼번에 용서받는 날이기도 했다. 그날 대제사장이 규례에 따라 동물을 잡아 하나님께 속죄제를 드림으로써 이스라엘 민족의 전체적인 정결례가 행해졌던 것이다.[25]

4. 개혁할 때까지의 비유

히브리서 기자는 이 모든 제사가 실체적인 동시에 비유적인 성격을 지니고 있음을 말하고 있다. 이는 그것들이 한시적인 의미를 지니며 영원한 제사장과 제물이 이땅에 도래하게 되면 그 의미가 완성된다는 사실을 말해주고 있다.

구약시대의 모든 제사행위들은 장차 임하게 될 언약의 실체인 메시아를 향하고 있어야 했다. 제사장들과 백성들이 드리는 모든 예물과 제사들은 그것 자체로 저들의 모든 양심을 온전케 하지 못했다. 즉 그 제사행위로써 저들의 모든 죄를 완전히 용서받을 수는 없었던 것이다.

그러므로 성소에서 바쳐지는 제물과 제사장들의 모든 제사행위는 항상 역사 가운데 오시게 될 메시아를 바라보고 있었다. 따라서 윤리적으로 건전해 보이는 제사장이 아니라 제사를 통해 장차 오시게 될 메시아를 진정으로 소망하는 제사장이 올바른 제사장이었다. 그들이 제사와 연관하여 제물을 먹고 마시며 정결하게 몸을 씻는 모든 규례들은 육체적인 예법이다. 그것들은 새로운 언약을 통한 개혁이 이루어질 때까지 이스라엘 민족

---

25) 예수 그리스도께서 완벽한 대제사장으로 이 땅에 오셔서 자기의 거룩한 몸을 친히 영원한 희생 제물로 바치셨다. 십자가 위에서 그의 목숨이 끊어질 때 그의 피는 지성소에 바쳐졌다. 하나님께서는 그것을 통해 아담으로 말미암아 들어오게 된 인간들의 모든 죄를 용서하시게 되었다. 그것이 창세전에 선택받은 그의 자녀들에게 효력을 발생시킴으로써 영원한 구원이 이루어졌다.

에게 맡겨진 사역이었던 것이다.

하나님의 아들로서 인간의 몸을 입고 이 세상에 오신 예수께서는 그에 대한 분명한 말씀을 하셨다. 자기가 곧 이스라엘 민족이 행했던 구약의 모든 제사의 결정체라는 것이었다. 그는 이제 구약의 모든 예언에 대한 의미가 완성되었으며, 영원한 제사가 이루어지게 된다는 사실을 이스라엘 백성을 향해 선포하셨던 것이다.

"예수께서 대답하여 가라사대 너희가 이 성전을 헐라 내가 사흘 동안에 일으키리라 유대인들이 가로되 이 성전은 사십 륙년 동안에 지었거늘 네가 삼 일 동안에 일으키겠느뇨 하더라 그러나 예수는 성전 된 자기 육체를 가리켜 말씀하신 것이라"(요 2:19:21)

예수님은 구약의 언약을 근거로 하여 자기 백성들을 구원하시기 위한 영원한 성전으로서 이땅에 오셨다. 그는 직접 하나님과 자기 백성을 위한 거룩한 제사장이 되셨으며 친히 화목제물이 되셨다. 그가 십자가에 달려 돌아가시고 그의 피가 지성소 안에 바쳐진 것은 그 사실을 확증하고 있다. 그것을 통해 하나님의 자녀들이 영원한 생명을 소유하게 되었던 것이다.

제21장
대제사장과 언약의 피
(히 9:11-22)

9:11 그리스도께서 장래 좋은 일의 대제사장으로 오사 손으로 짓지 아니한, 곧 이 창조에 속하지 아니한 더 크고 온전한 장막으로 말미암아

9:12 염소와 송아지의 피로 아니하고 오직 자기 피로 영원한 속죄를 이루사 단번에 성소에 들어가셨느니라

9:13 염소와 황소의 피와 및 암송아지의 재로 부정한 자에게 뿌려 그 육체를 정결케 하여 거룩케 하거든

9:14 하물며 영원하신 성령으로 말미암아 흠 없는 자기를 하나님께 드린 그리스도의 피가 어찌 너희 양심으로 죽은 행실에서 깨끗하게 하고 살아 계신 하나님을 섬기게 못하겠느뇨

9:15 이를 인하여 그는 새 언약의 중보니 이는 첫 언약 때에 범한 죄를 속하려고 죽으사 부르심을 입은 자로 하여금 영원한 기업의 약속을 얻게 하려 하심이니라

9:16 유언은 유언한 자가 죽어야 되나니

9:17 유언은 그 사람이 죽은 후에야 견고한즉 유언한 자가 살았을 때에는 언제든지 효력이 없느니라

9:18 이러므로 첫 언약도 피 없이 세운 것이 아니니

9:19 모세가 율법대로 모든 계명을 온 백성에게 말한 후에 송아지와 염소의 피와 및 물과 붉은 양털과 우슬초를 취하여 그 책과 온 백성에게 뿌려

9:20 이르되 이는 하나님이 너희에게 명하신 언약의 피라 하고

9:21 또한 이와 같이 피로써 장막과 섬기는 일에 쓰는 모든 그릇에 뿌렸느니라

9:22 율법을 좇아 거의 모든 물건이 피로써 정결케 되나니 피 흘림이 없은즉 사함이 없느니라

1. 대제사장이자 완벽한 제물로 오신 성자 하나님

예수님은 이 세상에 자기 백성들을 위한 완벽한 대제사장으로 오시게 되었다. 그는 과거 구약시대 그림자와 같은 역할을 하던 아론 지파의 제사장들과는 격이 다른 분이었다. 인간의 몸을 입고 이땅에 오신 하나님의 아들은 장차 영원한 대제사장이 되시기 위해 십자가 사역을 감당하셨다.

초림하신 예수께서는 자신의 살과 피를 십자가에 내어놓으심으로써 하나님을 위한 완벽한 제물이 되셨다. 세례 요한은 예수님을 보고 그가 이땅에 오신 이유를 이스라엘 민족 가운데 선포했다. 그가 세상 죄를 지고 가는 하나님의 어린 양이라는 사실을 백성들에게 알렸다.

> "이튿날 요한이 예수께서 자기에게 나아오심을 보고 가로되 보라 세상 죄를 지고 가는 하나님의 어린 양이로다 ... 또 이튿날 요한이 자기 제자 중 두 사람과 함께 섰다가 예수의 다니심을 보고 말하되 보라 하나님의 어린 양이로다"(요 1:29,35,36)

구약시대의 이스라엘 백성은 제사장들을 통해 하나님께 희생 제물을 바침으로써 일시적으로 죄를 용서받게 되었다. 물론 그 자체로 완벽한 용서를 받은 것이 아니었다. 하지만 그것을 통해 장차 이 세상에 오시게 될 메시아와 그의 사역을 기억하며 저들의 모든 것을 맡겼다.

이스라엘 자손들은 하나님께 동물을 바치기 전에 그 머리 위에 손을 얹어 안수했다. 그것을 통해 제사를 드리는 자의 죄가 그 동물에게 전가되었다. 그렇게 되면 그 동물은 인간의 죄를 짊어지게 된다. 제사 드리는 자가 죄를 전가받은 동물을 잡아 죽여 하나님께 바침으로써 죄의 문제가 해결되었던 것이다.

그것은 물론 상징적인 의미와 더불어 실제적인 의미를 지닌다. 상징적이라고 하는 것은 인간의 죄가 실제로 동물에게 전가되는 것은 아니라는 의미에서이다. 그리고 실제적이라고 하는 것은 그 동물이 장차 오시게 될 그리스도를 예표하고 있으므로 앞으로 오실 그리스도에게 그 죄를 담당시 킨다는 의미에서 단순한 상징에 머물지 않는다.

이제 하나님의 아들이 인간의 몸을 입고 거룩한 어린 양이 되어 이 세상에 오심으로써 구약의 모든 언약이 구체적으로 실현되었다. 그는 염소와 황소나 암소의 피가 아니라 친히 거룩한 자신의 피를 주셨다. 그리고 그 동물의 타버린 재가 아닌 자신의 육체를 통해 하나님의 선택받은 백성들을 정결케 하셨다.

구약시대의 이스라엘 백성은 동물의 몸과 피를 통해 일시적으로 정결케 되는 의미를 소유할 수 있었다. 그러나 십자가에 달리신 예수 그리스도의 살과 피는 죄인들을 영원토록 정결케 하는 기능을 했다. 그것은 인간들의 종교적인 노력이나 애씀이 아니라 전적으로 성령 하나님에 의해 이루어지게 된다.

그 모든 과정을 통해 교회에 속한 성도들의 양심은 죽은 행실에서 깨끗하게 변화될 수 있다. 예수님의 십자가 사역으로 인해 범죄에 빠졌던 백성들의 삶이 새로운 삶의 영역으로 들어가게 된 것이다. 그 결과 하나님의 자녀들은 예수 그리스도를 통해 살아계신 하나님을 온전히 섬길 수 있게 되었다.

2. 예수 그리스도의 십자가 사역

예수께서 십자가에 달려 고통당하신 것은 구약시대의 성전 제사를 통해 동물이 피를 흘리며 잡히는 것과 같았다. 그는 마치 제사드리는 자의 죄를 지고 죽어가는 동물처럼 희생제물이 되어 죽어갔다. 하나님의 아들로서 인간의 몸을 입고 이땅에 오신 예수께서는 온갖 질고와 고통을 당하셨다.

그에 대해서는 구약성경에서 예언되어 온 바였다. 이사야 선지자는 그에 대한 예언을 했다.

"그는 주 앞에서 자라나기를 연한 순 같고 마른 땅에서 나온 줄기 같아서 고운 모양도 없고 풍채도 없은즉 우리의 보기에 흠모할만한 아름다운 것이 없도다 그는 멸시를 받아서 사람에게 싫어 버린바 되었으며 간고를 많이 겪었으며 질고를 아는 자라 마치 사람들에게 얼굴을 가리우고 보지 않음을 받는 자 같아서 멸시를 당하였고 우리도 그를 귀히 여기지 아니하였도다 그는 실로 우리의 질고를 지고 우리의 슬픔을 당하였거늘 우리는 생각하기를 그는 징벌을 받아서 하나님에게 맞으며 고난을 당한다 하였노라 그가 찔림은 우리의 허물을 인함이요 그가 상함은 우리의 죄악을 인함이라 그가 징계를 받음으로 우리가 평화를 누리고 그가 채찍에 맞음으로 우리가 나음을 입었도다"(사 53:2-5)

예수께서 자기 백성을 위해 당하신 모든 고통은 필수적이었다. 이는 하나님께서 자기 백성들의 죄를 용서하기 위해 반드시 거쳐야 할 과정이었던 것이다. 하지만 그것은 인간들의 요청에 의해 이루어진 것이 아니었다. 따라서 우리는 그것을 통해 자기 자녀들을 위한 하나님의 놀라운 사랑을 엿보게 된다.

십자가에 달리신 예수님은 온갖 고통을 당하신 후 끝내 생명이 끊어졌다. 그 순간 그는 하나님의 거룩한 희생제물로써 예루살렘 성전의 지성소에 바쳐지게 되었다. 성경은 예수께서 십자가에 달려 돌아가시는 순간 지성소에 계시는 하나님께 바쳐졌다는 사실을 기록하고 있다. 그가 운명하실 때 지성소를 가로막고 있던 휘장이 위에서 아래로 찢어진 것은 그에 대한 증거가 된다.

"예수께서 큰 소리를 지르시고 운명하시다 이에 성소 휘장이 위로부터 아래까지 찢어져 둘이 되니라"(막 15:37,38)

예수께서는 유대인들과 로마인들에 의해 예루살렘 성 밖에서 십자가에
달리셨다. 거기에는 거룩한 성 안에서 사람의 생명을 죽이지 않는다는 의
미가 들어있다. 이는 동시에 구약시대 제사장들이 동물을 잡을 때 성소 안
이 아니라 성막 문 앞에서 잡은 사실과도 연관된다. 즉 성소 밖에서 잡은
희생제물의 피를 제사장이 속죄를 위해 성소와 지성소 안으로 가지고 들
어갔던 것이다.

예루살렘 성 밖에서 십자가에 달려 돌아가신 예수님의 몸은 그대로 있
었다. 그의 몸은 그에게 속한 사람들이 먹어야 할 영적인 양식이 되었다.
예수께서는 죽음에서 부활하여 승천하신 후 신비한 방법으로 자기의 몸을
자기를 따르는 자들에게 영혼의 양식으로 제공하셨다. 이는 나중 교회의
공 예배 가운데 시행되는 성찬을 통해 그 의미가 분명하게 드러나게 된다.

이와 더불어 예수님의 거룩한 피는 성소 휘장 넘어 있는 지성소 안에 바
쳐지게 되었다. 즉 언약궤 위에 있던 속죄소에 뿌려졌던 것이다. 그 피는
하나님께 바쳐진 동시에 그의 백성들에게는 언약의 피로서 남아 있게 되
었다. 그것이 성도들의 참된 음료가 되어 영원한 생명을 보존하는 방편이
되었던 것이다. 이렇게 하여 어린 양으로 이땅에 오신 예수께서는 자신의
몸을 하나님께서 만족하시는 제물로 단번에 드리시게 되었다.

3. 새 언약의 중보자로서 속죄사역

십자가 사역을 통해 자신의 몸을 제물로 바치신 예수님은 하나님과 인
간 사이에서 중보자가 되셨다. 이는 구약의 모든 언약이 완성되었음을 의
미한다. 그가 동물이 아닌 자신을 하나님께 바침으로써 옛 언약을 새 언약
으로 갱신하셨던 것이다.

하나님께서는 옛 언약을 통해 이스라엘 백성으로 하여금 죄를 깨닫게
하셨다. 그리고 하나님께 바쳐지는 영원한 희생제물을 통해 그 모든 죄가

해결될 수 있다는 사실을 알려주셨다. 예수님은 자기 백성들이 깨달아 알게 된 죄를 근본적으로 속량하시기 위해 십자가에 달려 돌아가셨다. 그리고 그 모든 언약을 성취하심으로써 저들에게 약속된 영원한 기업을 얻도록 해주셨다.

히브리서 기자는 예수님의 십자가 사건을 유언遺言과 관련지어 설명하고 있다. 이는 구약에 기록된 하나님의 약속이 신약시대를 염두에 둔 것이었음을 의미한다. 즉 구약의 모든 율법을 하나님께서 남기신 유언으로 해석하고 예수께서 그 유언을 성취하게 되었다는 것이다(히 9:16,17).

모든 유언은 일반적으로 유언한 당사자가 죽은 후에야 비로소 그 효력이 발생한다. 즉 그가 죽지 않으면 유언의 효력이 나타나지 않는다. 이처럼 예수님이 죽으신 것도 하나님의 아들이신 그가 구약의 율법을 통해 주어졌던 유언을 성취하기 위해서라는 것이었다(갈 3:15이하 참조).

모세의 율법을 통해 주어진 첫 번째 언약은 동물의 피와 연관된 것이었다. 모세는 율법에 따라 온 백성에게 모든 계명을 선포한 후, 붉은 양털과 우슬초를 취하여 송아지와 염소의 피와 물을 묻혀서 그것이 기록된 두루마리와 온 백성에게 뿌렸다(출 24:6,7 참조). 그와 더불어 모세는 그 뿌려지는 피가 하나님께서 백성들에게 명하신 언약의 피라는 사실을 선포했다.

그 다음 모세는 장막과 섬기는 일에 사용하는 모든 기구들 위에 그 피를 뿌렸다. 그렇게 함으로써 모든 물건들이 동물의 피로 말미암아 일시적으로 정결하게 되었다. 따라서 히브리서 기자는 "피 흘림이 없은즉 사함이 없다"(히 9:22)라는 말씀을 교회에 속한 성도들에게 선포했던 것이다.

이제 구약시대에 예언되었던 모든 언약이 예수 그리스도를 통해 성취되었다. 완벽한 어린 양으로 오신 그는 자신의 거룩한 피로써 제사장들이 성소에서 바치던 동물의 피가 상징해오던 모든 문제를 단번에 해결하셨다. 예수님이 십자가 위에서 거룩한 피를 흘리고 돌아가심으로써 하나님과 인간 사이에 중보사역을 완성하시게 되었던 것이다. 사도 바울은 골로새 교회에 편지하면서 그점을 언급하고 있다.

> "그의 십자가의 피로 화평을 이루사 만물 곧 땅에 있는 것들이나 하늘에 있는 것들을 그로 말미암아 자기와 화목케 되기를 기뻐하심이라 … 이제는 그의 육체의 죽음으로 말미암아 화목케 하사 너희를 거룩하고 흠 없고 책망할 것이 없는 자로 그 앞에 세우고자 하셨으니"(골 1:20-22)

십자가 위에서 흘리신 예수 그리스도의 거룩한 피가 하나님과 인간 사이에 화목을 이루는 역할을 하게 되었다. 즉 예수님을 통해 거룩한 하나님과 죄인이었던 인간 사이에 화평이 이루어진 것이다. 그것은 우주적인 사건이 되었으며 재창조를 통한 만물의 회복을 동반하게 된다.

우리가 여기서 기억해야 할 중요한 사실은 예수께서 자기의 거룩한 피로 값 주고 사신 교회가, 이제는 그리스도 안에서 거룩하게 되어 책망할 것이 없는 존재가 되었다는 점이다. 이는 물론 인간들의 일시적인 현재 상태를 말하는 것이 아니라 그리스도 안에서 허락된 영원한 구속을 의미한다. 따라서 교회에 속한 성도들은 하나님 앞에서 거룩하게 되어 그를 온전히 경배할 수 있게 되었다.

제6부

자기 백성을 위한 사역

제22장
천상에 계시는 주님의 사역
(히 9:23-28)

9:23 그러므로 하늘에 있는 것들의 모형은 이런 것들로써 정결케 할 필요가 있었으나 하늘에 있는 그것들은 이런 것들보다 더 좋은 제물로 할지니라

9:24 그리스도께서는 참 것의 그림자인 손으로 만든 성소에 들어가지 아니하시고 오직 참 하늘에 들어가사 이제 우리를 위하여 하나님 앞에 나타나시고

9:25 대제사장이 해마다 다른 것의 피로써 성소에 들어가는 것같이 자주 자기를 드리려고 아니하실지니

9:26 그리하면 그가 세상을 창조할 때부터 자주 고난을 받았어야 할 것이로되 이제 자기를 단번에 제사로 드려 죄를 없게 하시려고 세상 끝에 나타나셨느니라

9:27 한 번 죽는 것은 사람에게 정하신 것이요 그 후에는 심판이 있으리니

9:28 이와 같이 그리스도도 많은 사람의 죄를 담당하시려고 단번에 드리신 바 되셨고 구원에 이르게 하기 위하여 죄와 상관없이 자기를 바라는 자들에게 두 번째 나타나시리라

1. 천상의 원형과 땅의 모형

이 세상의 모든 것들은 하나님의 피조물로서 원래 아름다운 모습이었으나 아담의 범죄 이후 완전히 오염된 영역이 되어 버렸다. 따라서 타락한

세상은 거룩한 하나님께서 거하시기에 부적합한 곳이 되어버렸다. 거룩한 하나님은 반드시 거룩한 곳이어야만 거하실 수 있기 때문이다.

그런데 하나님께서는 타락한 세상 가운데 거룩한 영역을 다시금 재창조하셨다. 하나님은 아브라함의 자손인 이스라엘 백성을 애굽에서 시내 광야로 인도해내신 다음 그들 가운데 거하시고자 하셨다. 그것은 상징적인 의미가 아니라 실제적인 일이었다.

하나님은 모세를 시내산 위로 불러올려 언약의 백성들 가운데 자기가 상시적으로 거할 수 있는 거룩한 성소를 짓도록 명령하셨다. 그 규모와 양식을 비롯한 모든 것들은 구체적으로 제시되었다. 사용되어야 할 재료와 색상에 이르기까지 전부 하나님께서 정하셨다. 거기에는 인간들의 아이디어나 주장이 들어갈 여지가 전혀 없었다. 성소는 전적으로 하나님의 뜻에 따라 만들어져야 했던 것이다.

히브리서 기자는 지상에 세워지게 되는 성소가 하늘에 있는 것들의 모형이라고 했다. 인간들은 천상의 나라를 눈으로 볼 수 없지만 하나님은 그곳에 거하신다. 그러므로 천상의 거룩한 모형을 지상에 둠으로써 그 가운데 거하시고자 했던 것이다.

그렇지만 우리는 '모형'이라는 말의 의미를 잘 생각해 볼 수 있어야 한다. 여기서 모형이라는 것이 단순히 '생김새'를 일컫는 것으로 보아서는 안 된다. 우리는 그것을 정확하게 파악할 수 없으나 천상의 원형과 동질의 영적인 성격을 지닌 기능상의 가시적인 실체에 대해 말하고 있는 것으로 이해해야 한다. 이는 하나님께서 자신의 형상대로 인간을 창조하신 것과 유사한 관점에서 이해할 수 있는 내용이다.

그럼에도 불구하고 지상에 세워진 성소와 천상에 존재하는 성소가 동일할 수는 없다. 지상의 성전에서는 동물들이 희생 제물로 바쳐졌으며, 동물의 피가 지성소를 비롯한 언약궤 위에도 뿌려졌다. 그것으로써 성소와 그 안에 있는 모든 기구들을 정결하게 해야만 했다.

그러나 성자 하나님으로서 인간의 몸을 입고 이 세상에 오셔서 영원한 제물이 되신 예수님의 피는 모든 것을 완벽하게 정결케 하는 능력을 갖추고 있었다. 그가 이땅에서 행하신 제사장 사역은 천상의 나라에 직접 맞닿아 있다. 그러므로 그의 피로 값 주고 사신 지상 교회와 천상의 나라는 하나로 엮어져 있다.

사도 요한은 천상의 나라에 하나님의 거룩한 성전이 있다는 사실을 언급했다(계 11:19;14:17;15:5). 그리고 그 안에는 하나님의 영구한 언약궤가 있다는 말을 했다. 그것은 천상의 하나님과 십자가 사역을 통해 구원받은 인간 사이에 영원한 언약의 관계가 성립되어 있다는 사실을 말해주고 있다.

구약성경에도 천상에 존재하는 하나님의 성전에 관한 기록이 나타난다. 제사장 에스라는 그에 대한 증거를 하고 있다. 하나님께서 천상의 나라에 있는 성전에 계신다는 것이었다. 그는 페르시아 제국의 아닥사스다 왕을 염두에 두고 그에 관한 말을 했던 것이다.

> "무릇 하늘의 하나님의 전을 위하여 하늘의 하나님의 명하신 것은 삼가 행하라 어찌하여 진노가 왕과 왕자의 나라에 임하게 하랴"(스 7:23)

하나님으로 말미암아 지상에서 행해진 모든 사역과 교훈을 통해 천상에 있는 원형을 기억할 수 있게 되는 것이 성도들이 가지는 지혜이다. 하나님의 율법에 의해 요구된 것이라면 지상에 존재하지만 타락한 세상의 것이 아니다.[26] 우리는 적어도 그 본질적인 의미를 명확하게 이해하지 않으면 안 된다. 그러므로 지상에 있지만 천상에 속한 것들을 세속적인 것으로 만들어 버리려고 하는 행위는 여간 위험하지 않다.

---

26) 지상의 교회와 그에 속한 모든 영적인 것들도 이와 마찬가지다. 그 모든 것들은 이 세상에 존재하되 실상은 천상에 속해 있기 때문이다. 그러므로 천상에 속한 거룩한 교회를 타락한 세상의 것으로 만들려 하거나 오염시키지 말아야 한다.

하지만 어리석은 인간들은 모든 것을 자신의 구미에 맞추고자 한다. 타락한 인간은 본성상 세상에서 형성된 이성과 경험을 의존하게 된다. 그러나 우리는 천상의 것을 모형으로 한 지상의 성물들을 아무렇게나 바꾸려 해서는 안 된다. 우리는 항상 그에 연관된 교훈을 민감하게 받아들여야 한다.

하나님께서는 자기가 원하시는 대로 경배 받으시기를 원하신다. 즉 타락한 인간들의 종교적인 잔재주를 원치 않으신다. 타락한 인간들에게는 아무런 선한 것이 나올 수 없기 때문이다.

2. 온전한 천상의 장막

지상에 건립된 장막은 하나님의 명령에 의해 거룩한 속성대로 지어졌지만 악한 인간들이 그 상태를 온전하게 유지하지 못했다. 그러나 하나님께서는 자신의 성전이 거룩하게 보전되기를 원하셨다. 따라서 하나님의 뜻을 벗어난 인간들이 성전을 오염시켰을 때 하나님께서는 그것을 심판하시고자 하셨으며 실제로 그렇게 하셨다.

다윗 왕 이후 솔로몬 시대에 세워진 예루살렘 성전은 어떤 경우에도 파괴되지 않는 완벽한 건축물이 아니었다. 그럼에도 불구하고 어리석은 이스라엘 백성들은 이방인의 종교적인 방편들을 동원해 성전을 더럽히면서도 그것이 영원무궁할 것이라는 망상을 하고 있었다. 그렇게 되기를 바랐던 까닭은 그것을 통해 저들의 욕망을 추구할 수 있다는 생각을 하고 있었기 때문이다.

그러나 하나님께서는 유다 왕국의 마지막 시기에 저들의 배도로 인해 그 성전을 이방인들의 손에 내어주셨다. 바벨론 제국은 성전을 파괴했으며 예루살렘성과 유대 땅을 마음대로 유린했다. 그럼에도 불구하고 이스라엘 백성들은 저들에게 저항할 만한 아무런 힘이 없었다. 그들은 결국 이방인의 포로로 잡혀가는 신세가 되었다.

하나님께서 성전이 파괴되는 것을 허용하신 것은 이스라엘 백성들에 대한 심판의 의미도 있었거니와 그것을 통해 영원한 천상의 성소가 있다는 사실을 드러내 보여주시기 위해서였다. 즉 세상에 있는 성소를 미신적으로 섬길 것이 아니라 그것을 보며 천상의 나라와 그 안에 있는 참된 성전을 소망하라는 것이었다.[27]

이에 관한 진리는 유대인들에게만 해당되는 것이 아니라 모든 인간들이 귀담아 들어야 할 내용이다. 천상의 존재는 믿는 사람에게만 존재하고 믿지 않는 자들에게는 없는 심리적이거나 관념적인 것이라 말할 수 없다. 그러므로 사도 바울은 아테네를 방문했을 때 이방신전을 차려놓고 거짓 신을 섬기는 자들에게 하나님의 존재와 거처를 언급하면서 그에 대한 증거를 했다.

"우주와 그 가운데 있는 만물을 지으신 하나님께서는 천지의 주재시니 손으로 지은 전에 계시지 아니하시고 또 무엇이 부족한 것처럼 사람의 손으로 섬김을 받으시는 것이 아니니 이는 만민에게 생명과 호흡과 만물을 친히 주시는 자이심이라"(행 17:24,25)

이 말씀은 이방인이 아니라 하나님의 자녀들이 우선적으로 귀담아 들어야 할 내용이다. 하나님을 알지 못하는 자들이 그 말씀을 들은 후 한쪽 귀로 흘려버린다 할지라도 우리로서는 어떻게 할 도리가 없다. 그러나 하나님의 자녀들은 바울을 통해 주어진 그 교훈의 의미를 올바르게 깨닫지 않으면 안 된다. 하나님께서는 지상에 있는 거룩한 성소에 계시지만 동시에 영원한 천상의 나라에 계시는 분이기 때문이다.

---

27) 이와 더불어 우리가 얻을 수 있는 교훈은, 성도들은 교회를 섬기되 미신적으로 섬겨서는 안 된다는 사실이다. 모든 것은 하나님의 뜻에 맞게 섬기는 것이 중요하다.

3. 모형에 바쳐질 제물과 원형에 바쳐질 제물

천상의 모형이 되는 지상의 성소에 바쳐지게 될 제물과 천상의 원형에 바쳐져야 할 제물은 다르다. 지상의 제사를 위해서는 동물을 희생 제물로 삼았지만 천상의 원형을 위해서는 참된 거룩한 제물을 바쳐야만 했다. 그것은 단순한 그림자나 상징적인 것이 아니라 역사적인 실체가 되어 궁극적인 역할을 하게 된다.

하나님께서는 자기를 위해 흠이 없고 완벽한 제물을 원하셨다. 구약시대의 제사장들을 비롯한 모든 성숙한 성도들은 그에 대한 어느 정도의 깨달음을 가지고 있어야 했다. 그래야만 그들이 하나님께 바쳐질 제물로서 이 세상에 오실 메시아에 대한 소망을 가질 수 있을 것이었기 때문이다.

예수께서는 완벽하고 영원한 어린 양이 되어 십자가 위에서 하나님을 위한 화목제물로 바쳐지셨다. 그것으로써 구약의 예언이 완전히 이루어지게 되었다. 즉 그 제사를 통해 죄에 빠진 인간들을 향한 하나님의 진노가 누그러뜨려져 진정한 화해가 이루어졌다. 오늘날 우리가 감히 하나님 앞으로 나아갈 수 있는 것은 십자가 위에서 행하신 예수 그리스도의 제사장 사역 때문이다.

4. 단번에 드려진 완벽한 제물

예수 그리스도는 인간의 죄를 속하기 위해 십자가 위에서 단번에 하나님께 드려졌다. 이는 구약시대 이스라엘 민족의 제사장들이 정해진 때마다 하나님께 제물을 바쳤던 것과 크게 대비된다. 구약의 제사장들은 정해진 절기들과 더불어 지속적인 성전 제사를 드려야만 했다. 또한 제사에 연관된 모든 규례에 따라 철저한 순종이 요구되었다.

구약 시대에 행해졌던 모든 제사들은 장차 이땅에 오시게 될 대제사장이신 그리스도께 초점이 맞추어져 있었다. 그가 오셔서 자신의 몸을 하나님께서 만족해하시는 거룩한 제물로 바침으로써 죄를 소멸할 수 있게 되었다. 그로 말미암아 죄에 빠진 인간들에 대한 영원한 구원을 이룩하게 되었던 것이다.

예수님은 자기의 몸을 단번에 하나님께 바쳤으므로 그 일을 되풀이할 필요가 없었다. 이에 대해서는 교회에 속한 우리도 그에 온전히 참여한 바 되었다. 즉 오늘날 우리는 또다시 하나님께 제사를 지낼 필요가 없으며 특별한 제물을 드리지 않아도 된다. 예수께서 완벽한 제물이 되어 모든 것을 충족시키셨기 때문이다. 따라서 우리는 이제 예수 그리스도 안에 거함으로써 그의 모든 사역으로 인한 혜택을 온전히 누리게 된 것이다.

만일 신약시대의 성도들도 되풀이하여 제사를 드리는 것이 원래 하나님의 뜻이었다면 그리스도께서도 창조 초기부터 동일한 사역을 지속적으로 감당했을 것이 분명하다. 그러나 하나님께서는 그와 같은 제사 행위를 요구하시지 않았다. 예수께서 세상의 마지막을 앞두고 이땅에 오신 것은 과거에 제사장들이 되풀이 하여 드리던 제사의 내용을 최종적으로 완성하는 의미를 보여주고 있다.

그러므로 이는 예수께서 되풀이 해 고난을 받거나 죽어야 할 하등의 이유가 없음을 확정적으로 보여주고 있다. 그가 거룩한 제물이 되어 단번에 하나님께 바쳐짐으로써 온전한 화목을 이루게 되었다. 이로써 사탄의 유혹에 의해 아담이 저지른 원죄로 말미암는 형벌문제가 완전히 해결되었던 것이다.

5. 죄와 심판

아담의 범죄는 모든 인간들을 가공할 만한 죽음으로 몰아갔다. 이 세상의 모든 인간들은 죄에 빠진 아담의 자손으로서 태어나게 되었다. 따라서 거듭난 하나님의 자녀들도 이 세상에서의 죄된 삶을 완전히 정리하지 않으면 안 된다. 그렇게 함으로써 그리스도로 말미암는 새로운 삶이 전개되기 때문이다.

인간이 이 세상에 태어나 살다가 한 번 죽는 것은 정해진 이치이다. 이 세상에서 죽지 않고 영원히 살아갈 수 있는 예외적인 인간은 아무도 없다. 우리는 죽음이 누구나 거쳐야 할 당연한 과정이라면 그다지 두려워할 필요가 없다. 엄밀한 의미에서 볼 때 좀 더 오래 살고 짧게 사는 것은 아무런 값어치를 제공하지 못한다. 나아가 세상의 관점에서 보아 어떤 인생을 살다가 죽느냐 하는 것도 특별한 의미가 없다.

그럼에도 불구하고 어리석은 인간들은 세상의 것들을 기준으로 하여 삶과 죽음의 값어치를 따지기 좋아한다. 그들 중에 다수는 마땅히 거쳐야 할 죽음을 매우 두렵게 여긴다. 그런 사람들은 조금이라도 오래 살면서 무언가를 해 보고자 하는 미련을 떨치지 못한다. 그것은 영원한 참된 삶을 상실한 인간들의 처참한 욕망에서 발생하는 문제에 지나지 않는다.

그러나 하나님의 자녀들은 이 세상에 궁극적인 관심을 두지 않는다. 세상에서는 얻을 만한 명예도 없고 집착할 만큼 값어치 있는 것도 없다. 우리에게는 자기 백성들을 구원하시기 위해 친히 십자가를 지고 돌아가신 예수 그리스도와 그의 요구가 중요할 따름이다.

지혜로운 인간들은 교회 가운데 계시된 말씀을 통해 죽음 이후에 따르는 비밀을 알게 된다. 죽음 이후에 곧바로 따라오는 것은 하나님의 무서운 심판이다. 그러나 어리석은 자들에게는 하나님의 심판에 대한 올바른 개념이 없다.

그럼에도 불구하고 인간들이 죽음을 두려워하는 까닭은, 그후에 일어나게 될 일과 죄의 형벌에 대한 불안한 보편 인식에 연관되어 있다. 즉 인간들이 무의식중이라 할지라도 무언가에 대한 불안감을 가지고 있는 것은 죄 때문이다. 하지만 많은 사람들이 죽음 이후에 따르게 될 하나님의 심판

에 대해 구체적인 깨달음을 소유하지 못하고 있는 사실은 안타깝기 그지
없는 일이다.

6. 부활의 소망

인간들은 자기 생명을 마음대로 조정하지 못한다. 즉 태어나고 죽는 문
제는 개인의 결단에 속하지 않는다. 만일 그 생명이 진정으로 개인의 것이
라면 자기 마음대로 할 수 있어야 한다. 인간들은 그 모든 사실을 뻔히 알
면서도 자기가 소유한 생명을 자기의 것이라 착각한 채 살아가고 있다. 원
천적인 관점에서 볼 때 생명은 하나님께 속한 것이다. 이와 같은 사실은
우리에게 근본적인 교훈을 주고 있다.

이 세상에서의 출생과 사망이 인간들에게 달려 있지 않듯이 죽음 이후
의 다음 세상에서의 삶 역시 마찬가지다. 개인의 결단에 의해 살고 싶으면
살고 죽고 싶으면 죽을 수 있는 것이 아니다. 하나님께서는 이 세상에서의
삶을 통해 그것을 명백히 보여주셨음에도 불구하고 인간들은 그 원리에
대해서는 아무런 관심이 없다.

자기 백성들을 위해 십자가에 달려 돌아가셨다가 부활승천하신 예수께
서는 장차 재림하시게 된다. 그가 다시 오시게 되면 세상의 모든 것은 완
료된다. 하나님을 알지 못하는 자들은 저들의 상상을 초월하는 무서운 심
판을 당하게 된다. 그러나 구원받은 하나님의 자녀들에게는 저들이 기대
하는 것을 초월하는 영화로운 세계가 기다리고 있다. 성경은 그것을 위해
그리스도께서 두 번째 나타나실 것에 대한 분명한 약속을 하고 있다.

> "이와 같이 그리스도도 많은 사람의 죄를 담당하시려고 단번에 드리신 바
> 되셨고 구원에 이르게 하기 위하여 죄와 상관없이 자기를 바라는 자들에게
> 두 번째 나타나시리라"(히 9:28)

하나님의 자녀들에게는 이 약속이 궁극적인 소망이 되어 있다. 따라서 세상에서 형성된 어리석은 논리에 집착하지 않을 수 있다. 비록 세상에서 견디기 어려운 환난과 고통을 당한다 할지라도 그것은 결코 대수로운 것이 되지 못한다.

이와 동시에 교회에 속한 성도들은 하나님을 모르는 채 세상에서 자랑스럽게 살아가는 자들이 도리어 불쌍하다는 사실을 깨닫게 된다. 설령 온 세상의 존경을 한 몸에 받고 세계적인 명성을 떨친다 해도 저들은 결단코 부러움의 대상이 될 수 없다. 세계적으로 이름을 알린 정치가, 기업인, 과학자, 운동선수, 영화배우 등 어느 누구라 할지라도 하나님을 모른다면 불쌍한 존재에 지나지 않는다.

그러므로 하나님의 자녀들은 그런 사람들을 눈곱만큼도 부러워할 필요가 없다. 그들은 결단코 성도들이 부러워할 만한 대상이 될 수 없는 것이다. 그와는 반대로 교회에 속한 형제들 가운데 비록 병들고 궁핍하고 세상 사람들로부터 멸시를 받는 자가 있다고 할지라도 그들이 진정으로 복된 자임을 깨닫게 된다. 우리의 소망은 한시적인 이땅이 아니라 영원한 천국에 있기 때문이다. 여기에서 우리는 '부자와 거지 나사로 이야기' (눅 16:19-31)에 귀를 기울일 필요가 있다.

제23장
율법과 두루마리 책을 통한 메시아 사역 예언
(히 10:1-7)

10:1 율법은 장차 오는 좋은 일의 그림자요 참 형상이 아니므로 해마다 늘 드리는 바 같은 제사로는 나아오는 자들을 언제든지 온전케 할 수 없느니라

10:2 그렇지 아니하면 섬기는 자들이 단번에 정결케 되어 다시 죄를 깨닫는 일이 없으리니 어찌 드리는 일을 그치지 아니하였으리요

10:3 그러나 이 제사들은 해마다 죄를 생각하게 하는 것이 있나니

10:4 이는 황소와 염소의 피가 능히 죄를 없이 하지 못함이라

10:5 그러므로 세상에 임하실 때에 가라사대 하나님이 제사와 예물을 원치 아니하시고 오직 나를 위하여 한 몸을 예비하셨도다

10:6 전체로 번제함과 속죄제는 기뻐하지 아니하시나니

10:7 이에 내가 말하기를 하나님이여 보시옵소서 두루마리 책에 나를 가리켜 기록한 것과 같이 하나님의 뜻을 행하러 왔나이다 하시니라

1. 그림자로서 율법과 제사의 기능

구약의 율법은 그림자와 같은 역할을 했다. 그림자가 존재한다는 것은 매우 중요한 의미를 지니고 있다. 왜냐하면 그림자는 반드시 실체를 동반하기 때문이다. 즉 실체 없이 그림자만 있는 경우는 없다.

그런 의미에서 볼 때 구약이 그림자 역할을 한다는 것은 장차 오시게 될

실체가 있다는 사실을 증거하고 있다. 따라서 구약의 율법은 영구한 것이 아니라 한시적인 의미를 지니고 있는 것으로 이해해야 한다. 이는 구약이 신약보다 덜 중요하다는 의미가 아니라 그에 맡겨진 역할에 관한 것을 말해준다.

구약시대 이스라엘 민족의 제사장들은 매일, 매주, 매월, 매해마다 늘 같은 제사를 되풀이했다. 이는 그 제사행위로써 사람들의 죄를 용서하여 온전하게 할 수 없었다는 사실을 말해준다. 만일 저들의 제사가 온전했다면 단번에 정결하게 되어 또다시 범죄하거나 그로 말미암아 죄를 깨닫지 않아도 되었을 것이기 때문이다.

그러므로 이스라엘 백성이 되풀이하여 제사를 지낸 것은 저들의 죄가 완전히 도말되도록 하기 위함이 아니었다. 그것은 도리어 자신이 지은 죄를 기억하도록 하는 목적을 가지고 있었다(히 10:3). 따라서 율법이 죄를 깨닫게 해준다는 성경말씀은 단순히 기록된 율법에만 국한되지 않았다.[28] 즉 죄를 지은 사람이 하나님께 제물을 바침으로써 자신의 죄를 확인하는 의미를 지니고 있었다. 만일 되풀이 되는 제사가 없었다면 자기가 하나님께 범죄한 죄인이라는 사실을 기억하지 못했을 것이다.

이제 예수 그리스도가 이땅에 오심으로써 구약의 율법이 소유했던 모든 기능이 성실하게 종료되었다. 해마다 때마다 시행되던 제사가 더 이상 그 역할을 되풀이 할 필요가 없게 된 것이다. 이는 그림자를 보이다가 이제 실체가 오심으로써 새로운 상황이 전개된 사실을 말해준다. 즉 메시아 사역에 관한 구약의 모든 예언이 하나님의 아들의 지상사역을 통해 실질적으로 성취된 것이다.

그러나 구약의 율법은 오늘날 우리시대에도 여전히 유효한 의미를 제공

---

28) 엄밀한 의미에서 생각해 볼 때, 기록된 율법은 죄를 깨닫게 해 주는 측면이 있지만 동시에 직접 죄에 대해 명시적으로 알려주고 있다. 이에 비해 제물을 바치는 제사를 통해서는 죄를 깨달아야 한다.

하고 있다. 우리는 구약에 기록된 율법과 예언을 통해 모든 인간들이 하나님 앞에서 얼마나 큰 죄인인가 하는 점을 분명히 깨닫게 된다. 그리고 성도들은 그것으로 말미암아 하나님의 은혜를 더욱 구체적으로 깨달을 수 있다.

2. 황소와 염소의 피

구약시대에도 하나님께 제물을 통해 제사를 지내는 것 자체를 두고 의미화하려는 자들이 많이 있었다. 그렇게 함으로써 저들에게 맡겨진 모든 사명을 성실하게 감당한 것으로 생각했던 것이다. 그러나 제물을 바치는 제사행위 자체보다 더욱 중요한 것은 그것을 통해 메시아를 소망하는 것이다. 장차 오시게 될 메시아를 간절히 소망하기 위해서는 제사를 통해 죄에 대한 깨달음을 가져야만 한다.

그러므로 제사장을 통해 아무리 값비싼 제물을 바친다고 할지라도 그 가운데 메시아에 대한 진정한 기대가 결여되었다면 그 제사를 올바른 제사라 말할 수 없다. 하나님께서 원하시는 것은 동물의 고기와 피가 아니었으며 곡물 자체가 아니었다. 그가 원하셨던 것은 하나님을 올바르게 아는 지식과 그의 뜻에 순종하는 백성들의 자세였다. 호세아 선지자는 그에 연관된 말을 하고 있다.

> "나는 인애를 원하고 제사를 원치 아니하며 번제보다 하나님을 아는 것을 원하노라" (호 6:6)

이 말씀은 호세아 시대에만 유효했던 것으로 말해서는 안 된다. 당시 배도에 빠진 자들이 겉으로 드러나는 종교적인 행태에는 충실했을지 모르지만, 메시아에 연관된 본질적인 내용에 대해서는 모르거나 등한시했다. 그러므로 하나님께서는 호세아 선지자를 통해 이 예언의 말씀을 주셨던 것이다.

이에 대해서는 오늘날 우리시대 역시 마찬가지다. 종교적인 형식을 단장하며 가꾸는 것은 도리어 위험한 인본적인 발상에 지나지 않는다. 겉보기에 화려한 것은 항상 내면의 본질을 잠식해 들어갈 가능성이 크기 때문이다. 본질에 충실하지 못한 형식은 하나님을 멀리하게 하는 역할만 하게 될 따름이다.

우리는 인간의 열정적인 종교행위 자체가 아니라 하나님의 뜻을 아는 것이 중요하다는 사실을 기억하지 않으면 안 된다. 따라서 오늘날 우리시대에도 목사를 비롯한 모든 성도들은 예배시간에 열정적인 분위기를 조성하는 것으로써 만족해서는 안 된다. 아무리 즐거운 마음으로 정성을 기울인 예배라 할지라도 그 가운데 오신 메시아와 앞으로 오실 메시아에 대한 분명한 소망이 없다면 참된 예배라 말할 수 없다.

3. "하나님께서 친히 예비하신 거룩한 몸"

하나님은 구약시대 제사장들을 통해 드려지는 속죄제와 번제에 사용된 제물 자체를 좋아하신 분이 아니셨다. 구약의 제사를 위해 요구된 동물을 통한 희생 제물은 영원하지 않았으며 영원할 수도 없었기 때문이다. 그것들은 장래 하나님으로부터 허락될 참된 제물을 예표하는 성격을 지니고 있었다. 그에 대해서는 하나님께서 구약시대부터 작정하시고 선포해 오셨던 일이다.

물론 하나님께서는 그에 대한 사실을 구속사 가운데서 조금씩 단계적으로 드러내 보여주셨다. 그러나 구약시대 성도들에게도 역사의 흐름에 따라 그 내용은 점차 풍성해져 갔으며 하나님의 자녀들이 그것을 깨닫기에 충분했다. 사도 바울은 하나님께서 예수 그리스도를 친히 화목 제물로 세우셨음을 기록하고 있다.

> "이 예수를 하나님이 그의 피로 인하여 믿음으로 말미암는 화목 제물로
> 세우셨으니 이는 하나님께서 길이 참으시는 중에 전에 지은 죄를 간과하심
> 으로 자기의 의로우심을 나타내려 하심이니 곧 이 때에 자기의 의로우심을
> 나타내사 자기도 의로우시며 또한 예수 믿는 자를 의롭다 하려 하심이니라"
> (롬 3:25,26)

예수님은 하나님께서 친히 자신을 위해 세우신 거룩한 화목 제물이었
다. 하나님께서 제물이 된 그의 몸을 기쁘게 받으신 까닭은 거룩하신 자신
이 친히 세우셨기 때문이다. 하나님이 예비하시지 않은 제물이라면 하나
님께서 받으시지 않는다.[29] 거룩하신 분이 타락한 인간들이 마련한 것을
받으실 수가 없는 것이다.

이는 우리시대의 예배의 중심에 예수 그리스도가 존재해야 하는 의미를
드러내 보여주고 있다. 지상 교회의 중심에는 인간들의 종교적인 노력이
나 결실이 아니라 하나님께서 친히 예비하신 예수 그리스도의 몸이 존재
한다. 따라서 교회는 매주일 공 예배를 통해 그리스도의 살과 피를 먹고
마시는 성찬을 중심에 두고 있다. 이에서 벗어난 신앙생활을 한다면 그것
은 헛된 종교행위를 하는 것에 지나지 않는다.

4. 두루마리 책을 통한 예언

두루마리로 된 구약 성경은 인간의 몸을 입고 장차 이땅에 오시게 될 메
시아를 예언하는 책이다. 메시아로서 세상에 오시게 될 하나님의 아들에

---

29) 하나님께서 아브라함에게 이삭을 바치라고 요구했을 때도 그 의미가 드러났었
　　다. 하나님께서 독자 이삭을 제물로 원하셨던 까닭은, 그가 전적으로 하나님의
　　약속에 의해 주어진 아들이었기 때문이다.

관한 사실은 여러 선지자들과 특별히 선택된 성도들을 통해 예언되어 왔다. 그에 관련된 모든 예언들은 신구약 성경에 전반적으로 나타나고 있다.

하나님께서는 언약의 자녀들이 성경을 통해 죄인들을 구원할 메시아에 대해 알아가기를 원하셨다. 성경을 읽으면서 그점을 간과한다면 그것을 읽는 의미가 사라지게 된다.[30] 제사와 제물, 나아가 제사장의 직무까지도 메시아를 향하고 있었다. 시편 기자는 기록된 하나님의 말씀 가운데 메시아가 존재한다는 사실을 노래하고 있다.

"주께서 나의 귀를 통하여 들리시기를 제사와 예물을 기뻐 아니하시며 번제와 속죄제를 요구치 아니하신다 하신지라 그 때에 내가 말하기를 내가 왔나이다 나를 가리켜 기록한 것이 두루마리 책에 있나이다 나의 하나님이여 내가 주의 뜻 행하기를 즐기오니 주의 법이 나의 심중에 있나이다 하였나이다"(시 40:6-8)

이 시편의 노래 가운데는 성경이 메시아에 관한 책이라는 사실이 증거되어 있다. 하나님께서는 제사와 예물 자체를 원하시는 분이 아니었다. 그리고 번제와 속죄제를 지내는 제사행위를 좋아하시지도 않았다. 그가 언약의 백성들에게 요구하며 보여주시고자 했던 것은 장차 오실 메시아와 그의 사역이었던 것이다.

예수께서 오실 당시에는 성경이 올바르게 해석되지 않는 경향이 있었다. 이스라엘의 지도자들 가운데는 성경을 가까이 두고 있으면서 굉장한 경외감을 가진 듯 행세하면서도 형식에 빠진 자들이 많이 있었다. 나아가 성경을 열심히 읽고 연구하면서도 메시아를 멀리하고 있는 지도자들도 많

---

30) 우리시대에 가장 위험한 사상과 행동 가운데 하나는 윤리주의자들의 왜곡된 주장이다. 그들은 성경을 통해 이 세상에 기독교 윤리를 활성화 하여 정착시키고자 한다. 그러나 그런 사고에 고착되면 하나님의 진리와 메시아에 대한 진정한 소망을 약화시키게 된다.

았다. 예수님은 구약 성경을 통해 메시아를 찾지 않고 개인의 종교적인 욕망을 추구하던 자들을 책망하시면서 자신의 존재를 드러내셨다.

"너희가 성경에서 영생을 얻는 줄 생각하고 성경을 상고하거니와 이 성경이 곧 내게 대하여 증거하는 것이로다"(요 5:39)

어리석은 자들은 구약 성경에서 이땅에 오시게 될 그리스도를 보지 못하고 단지 연구의 대상으로만 간주했다. 그들은 성경을 연구하는 학자라는 사실을 자랑거리로 생각했다. 나아가 그들 가운데 다수는 잘못된 신학과 교리를 세우기 위해 성경을 자의로 해석하면서 배도의 길을 확고히 하는데 도움을 주기도 했다.

성경에 대한 왜곡된 태도는 종교적인 지식을 얻게 될지라도 하나님 나라를 위해서는 아무런 소용이 없다.

제24장
완벽한 제물로 인해 허락된 결과
(히10:8-18)

10:8 위에 말씀하시기를 제사와 예물과 전체로 번제함과 속죄제는 원치도 아니하고 기뻐하지도 아니하신다 하셨고(이는 다 율법을 따라 드리는 것이라)

10:9 그 후에 말씀하시기를 보시옵소서 내가 하나님의 뜻을 행하러 왔나이다 하셨으니 그 첫 것을 폐하심은 둘째 것을 세우려 하심이니라

10:10 이 뜻을 좇아 예수 그리스도의 몸을 단번에 드리심으로 말미암아 우리가 거룩함을 얻었노라

10:11 제사장마다 매일 서서 섬기며 자주 같은 제사를 드리되 이 제사는 언제든지 죄를 없게 하지 못하거니와

10:12 오직 그리스도는 죄를 위하여 한 영원한 제사를 드리시고 하나님 우편에 앉으사

10:13 그 후에 자기 원수들로 자기 발등상이 되게 하실 때까지 기다리시나니

10:14 저가 한 제물로 거룩하게 된 자들을 영원히 온전케 하셨느니라

10:15 또한 성령이 우리에게 증거하시되

10:16 주께서 가라사대 그 날 후로는 저희와 세울 언약이 이것이라 하시고 내 법을 저희 마음에 두고 저희 생각에 기록하리라 하신 후에

10:17 또 저희 죄와 저희 불법을 내가 다시 기억지 아니하리라 하셨으니

10:18 이것을 사하셨은즉 다시 죄를 위하여 제사 드릴 것이 없느니라

1. 율법과 제사

하나님께서는 제물 자체를 좋아하시는 분이 아니다. 즉 그는 소나 양이나 염소의 고기를 좋아하는 분이 아니며 그 피를 좋아하시지도 않는다. 또한 인간들이 곡물로 만든 다양한 음식을 좋아하시는 것도 아니다. 그러므로 제사장들을 통해 바쳐지는 제물 자체가 하나님을 기쁘시게 할 수는 없었다.

중요한 사실은 하나님께서 제사에 연관된 모든 것들을 이스라엘 백성들에게 율법으로 주셨다는 사실이다. 즉 하나님은 제물을 좋아하기 때문에 그것을 기쁘게 받으시는 것이 아니라 백성들이 그 율법에 순종하기를 원하셨던 것이다.

그렇지만 어리석은 인간들은 여호와 하나님께서 동물의 고기와 피를 좋아하시는 것으로 착각했다. 그리고 곡물과 밀가루로 만든 다양한 형태의 음식을 좋아하시는 것으로 여겼다.[31] 그러다보니 그것들의 외양을 보고 하나님이 기쁘게 받으실 것으로 평가내리기를 좋아했다.

그러나 중요한 점은, 인간들이 하나님께 드리는 다양한 제사와 예물들을 통해 자신의 죄를 기억해야 한다는 사실이었다. 그리고 하나님을 경외하며 그의 율법에 온전히 순종하는 모습을 드러내 보여야 했다. 그 모든 과정들을 통해 장차 오시게 될 메시아를 소망할 수 있었기 때문이다.

인간의 죄를 용서하시기 위해 이땅에 오실 메시아에 대한 신앙이 없는 제사행위는 도리어 하나님을 욕되게 할 따름이다. 설령 형식적인 모든 규례에 맞추었다고 할지라도 메시아에 대한 진정한 기다림이 없다면 올바른 제사라 할 수 없다. 하나님께서 원하셨던 것은 이스라엘 백성들이 율법에 따른

---

31) 죄에 빠진 인간들은 항상 이와 같은 착각에 빠질 우려가 있었다. 오늘날 우리시대에도 예외가 아니다. 어리석은 인간들 가운데는 하나님이 자기처럼 돈과 봉사를 좋아하며 음악이나 춤을 좋아하시는 것으로 오해하는 경우가 많이 있다.

제사를 통해 메시아와 그의 사역에 관한 모든 사실을 깨닫는 것이었다.

2. 예수 그리스도를 통해 첫째 것은 폐하고 둘째 것을 세우심

예수께서 인간의 몸을 입고 이 세상에 오신 것은 하나님의 구원 계획을 이룩하시기 위해서였다. 그것은 구약의 제사에서 보여주신 하나님의 모든 규례를 자신의 몸으로 행하는 것이었다. 그의 십자가 사역은 구약의 제사 장들의 제사를 통해 죄를 속죄했던 것에 대한 완전한 성취였다.

하나님께서는 그것을 통해 자기 백성들을 죄로부터 해방시켜 의롭게 하셨다. 따라서 구원받은 자들은 예수 그리스도를 믿게 된다. 즉 그것은 전적인 하나님의 은혜로 말미암은 것이며 인간의 종교적인 행위나 윤리적인 선행 때문에 구원에 참여할 수 있게 된 것이 아니다. 바울은 갈라디아 교회에 보내는 편지에서 그점을 말하고 있다.

> "사람이 의롭게 되는 것은 율법의 행위에서 난 것이 아니요 오직 예수 그리스도를 믿음으로 말미암는 줄 아는 고로 우리도 그리스도 예수를 믿나니 이는 우리가 율법의 행위에서 아니고 그리스도를 믿음으로서 의롭다 함을 얻으려 함이라 율법의 행위로서는 의롭다 함을 얻을 육체가 없느니라"(갈 2:16)

바울의 말처럼 인간이 죄로부터 벗어나 의롭게 되는 것은 율법의 행위에서 나온 것이 아니다. 그것은 구약의 제사행위와 연관지어 설명될 수 있다. 제사를 비롯한 구약의 모든 율법을 지키기 때문에 죄에 빠진 인간이 의롭게 되는 것이 아니라 도리어 그 율법을 통해 죄를 깨닫고 그리스도의 십자가 사역에 온전히 의존함으로써 의로운 자로 인정받게 된다. 그것이 성도들이 소유해야 할 기본적인 믿음의 자세이다.

그것을 위해 하나님께서는 이스라엘 백성들에게 제사 제도를 비롯한 율법을 주셨다. 이제 예수께서 인간의 몸을 입고 이 세상에 오심으로써 첫 번째 것은 완성되었다. 그 대신 예수님의 십자가 사역이 구약 그림자의 실체로서 두 번째 세워진 언약이 되어 하나님께 드려진 참된 제사가 되었던 것이다.

3. 그리스도를 통한 죄용서와 거룩함

예수께서 자신의 몸을 거룩한 제물로 드리신 것은 인간 초기부터 오랜 구속사 가운데 행해졌던 모든 제사의 종결적인 성격을 지니고 있었다. 구약시대의 제사장들이 날마다 하나님께 예물을 바치며 제사를 지냈지만 그것은 인간의 죄를 완전히 사하지는 못했다. 그러나 예수님의 십자가 사역은 인간의 모든 죄를 도말하게 되었다. 이로써 앞에 드려졌던 모든 믿음의 선배들의 예언과 다양한 형태의 제사들이 그것을 위해 행해져 왔다는 사실이 만천하에 드러났다.

우리는 여기서 매우 중요한 의미를 생각해 보아야 한다. 그것은 구약시대에 행해진 모든 제사 행위들이 예수님의 십자가 사역을 통해 그 효력이 발생하게 되었다는 사실이다.[32] 즉 미래의 일어나게 될 십자가 사건 때문

---

32) 이에 대해서는 구약성경 레위기에 나타나는 교훈을 통해 이해할 수 있다. 특히 레위기19:5-8에서 그와 연관된 내용이 나타나고 있다. 제사장들은 화목 제물을 바친 후 그 음식을 먹을 수 있었는데 셋째 날까지 남겨두고 먹어서는 안 되었다. 그때까지 남은 음식이 있다면 그 음식은 전부 불살라 태워야만 했다. 만일 제사장들이 사흘이 지난 후에 그 음식을 먹게 되면 규례를 어기는 행위가 될 뿐 아니라 앞서 드렸던 모든 제사행위가 무효화된다. 나아가 그것은 하나님에 대한 저항행위가 되며 모독행위가 될 수 있다. 즉 며칠 전에 제사장이 규례에 맞추어 제물을 준비하여 성전에 바침으로써 온전한 제사로 드렸다 할지라도, 규례를 어기고 나중에 먹은 음식으로 인해 앞의 온당했던 제사 행위조차 인정받지 못하게 되는 것이다. 이는 미래에 일어나는 일이 과거에 행해졌던 제사행위를 지배하며 그에 직접 영향을 끼치게 된다는 사실을 보여주고 있다. 이처럼 구약시대의 모든 제사행위도 예수 그리스도의 완벽한 제사를 통해 그 효력이 드러나게 되는 것이다.

에 과거의 제사와 제물들이 온전하게 드려질 수 있었던 것이다. 이는 과거의 제사와 미래에 있게 될 예배가 예수님의 십자가 사역에 직접 연결되어 있음을 말해준다.

다시 말해 하나님으로부터 선택받은 모든 성도들은 그 십자가 사역으로 인해 예수 그리스도와 함께 거룩하게 되었다. 구약시대 언약의 백성들이 죄를 기억하며 제사를 드릴 때 메시아를 소망했던 것이 이제 실체를 통해 온전히 정결하게 된 것이다. 이로써 예수 그리스도는 인간의 죄를 사하기 위해 십자가를 통한 영원한 제사를 드리신 후 부활 승천하여 천상에 계신 하나님 우편에 앉아계시게 되었다.

그러므로 교회에 속한 하나님의 백성들은 십자가 위에서 성취된 하나님의 구원사역을 통해 의로움에 참여하고 있다. 우리는 인간의 역사상 과거에 일어난 십자가 사건을 통해 과거와 더불어 현재적인 구원을 누리게 된 것이다. 사도 바울은 갈라디아 교회에 보내는 편지에서 그점을 밝히고 있다.

> "내가 그리스도와 함께 십자가에 못박혔나니 그런즉 이제는 내가 산 것이 아니요 오직 내 안에 그리스도께서 사신 것이라 이제 내가 육체 가운데 사는 것은 나를 사랑하사 나를 위하여 자기 몸을 버리신 하나님의 아들을 믿는 믿음 안에서 사는 것이라" (갈 2:20)

바울은 여기서 자신의 신앙을 고백적으로 말하고 있다. 오래전 예수께서 십자가에 못박힐 때 자기도 그와 함께 동일한 십자가에 못박혔다는 것이다. 그것은 과거에 일어난 사건이 현재의 사건이기도 하며 현재의 실상이 과거와 분리되지 않고 연결되어 있음을 보여준다.

그러므로 그는 이제 자기 스스로 살아 존재하는 것이 아니라 오직 자기 안에 예수 그리스도께서 살아계신다고 말했다. 이는 단순한 상징적인 표현에 그치는 것이 아니다. 그것은 그의 삶의 본질에 연관된 실상을 말해주고 있다.

따라서 바울은 자신이 타락한 이 세상에서 육체 가운데 살아가고 있지만 자기를 사랑해서 거룩한 몸을 버리신 하나님의 아들을 믿는 믿음 안에서 살아가고 있음을 고백했다. 이에 대해서는 오늘날 우리 역시 마찬가지다. 참된 교회에 속한 모든 성도들은 바울의 이 고백적인 언어가 자기의 것이라는 사실을 기억하지 않으면 안 된다.

4. '원수들을 짓밟을 때'

거룩하신 하나님께서는 자신을 향해 범죄한 사탄과 그의 세력들을 결단코 죄 없다하거나 용서하시지 않는다. 그것은 처음부터 작정된 일이며 그에 대해서는 추호의 양보도 존재할 수 없다. 그러므로 아담이 범죄한 후 '여자의 후손'을 보내 사탄을 심판하시리라는 사실을 선포하셨던 것이다.

그런데 하나님께서는 왜 사탄을 즉시 심판하시지 않으셨을까? 사탄이 아담을 유혹해 죄를 끌어들였을 때 그 자리에서 곧 바로 심판하시지 않고 나중에 그 일을 시행하시겠다고 말씀하신 하나님의 뜻을 올바르게 이해하는 것은 매우 중요하다.

우리가 깨달아야 할 바는, 그것이 자기 백성들에 대한 하나님의 놀라운 사랑 때문이라는 사실이다.[33] 하나님이 만일 사탄을 즉시 심판하셨다면

---

[33] 이에 대한 적절한 예를 하나 들어보자. 만일 사랑하는 자녀들이 포로로 잡혀 원수들의 도시 가운데 있다고 하면 그 부모는 어떻게 할 것인가? 아무리 힘이 강하다고 하더라도 그 자녀들 때문에 즉시 포격을 가해 그 도시를 완전히 패망시키지 못한다. 만일 그렇게 되면 원수들을 멸망시키겠지만 그 안에 있는 사랑하는 자식들마저 죽게 된다. 따라서 자식들을 살리기 위해서는 즉시 포격을 가하는 것이 아니라 작전을 세워 자기 자식들을 그곳에서 빼낸 다음 포격을 가해 원수들을 섬멸하게 된다. 하나님께서 사탄의 세력을 즉시 심판하지 않은 것도 그와 같은 이유 때문이다.

처음 세상은 곧 바로 끝나게 된다. 그렇게 되면 아담의 몸을 통해 출생하게 될 하나님의 자녀들에 대한 언약에 문제가 발생한다. 창세전에 예정하신 하나님의 자녀들은 마땅히 이 세상에 인간으로 출생해야만 한다. 물론 세상의 빛을 보지 못하고 태중에 잉태되었다가 죽는 경우라 할지라도 완벽한 인간으로 볼 수 있다.

하나님께서는 자기가 택한 모든 자녀들을 구원하시기 위해 오래 참고 인내하신다. 사악한 사탄의 행위를 보면서도 자기 백성에 대한 사랑으로 인해 사탄을 즉시 심판하지 않고 그 시기를 연장하셨던 것이다. 그것은 예수께서 이땅에 초림하실 때도 그러했거니와 그의 재림 시기에 관해서도 마찬가지다.

그러므로 하나님은 예수께서 원수를 발아래 짓밟을 때까지 하나님 우편에 앉아 계시도록 했다. 이는 우리로 하여금 마치 폭풍전야와 같은 느낌을 가지게 한다. 하나님의 때가 되면 무서운 진노의 심판이 사탄과 저의 추종자들 위에 내려지게 될 것이기 때문이다. 구약과 신약 성경에는 그에 관한 하나님의 말씀이 기록되어 있다.

> "여호와께서 내 주에게 말씀하시기를 내가 네 원수로 네 발등상 되게 하기까지 너는 내 우편에 앉으라 하셨도다"(시 110:1);
> "내가 네 원수로 네 발등상 되게 하기까지 너는 내 우편에 앉았으라 하셨도다 하였으니 그런즉 이스라엘 온 집이 정녕 알지니 너희가 십자가에 못 박은 이 예수를 하나님이 주와 그리스도가 되게 하셨느니라 하니라"(행 2:35,36)

하나님께서 창조하신 우주만물을 오염시키고 하나님의 형상을 닮은 인간들을 죄에 가둔 사탄은 결코 용서받을 수 없는 존재이다. 그리고 그를 따르며 추종하는 세력도 그와 다르지 않은 형벌을 받게 된다. 어리석은 인간들은 현재와 같은 시간이 언제까지나 지속될 것으로 생각한다. 더욱 어리석기는 이 세상에서의 자기 생명은 다할지라도 인간의 역사는 무한히 지속될 것이라 여기는 것이다.

하나님의 자녀들은 지금도 십자가에서 승리를 이루신 예수 그리스도께서 하나님 우편에 앉아 계신다는 사실을 잘 알고 있다. 그것은 고통의 세상을 살아가는 성도들에게 커다란 위로와 힘이 된다. 우리가 영원한 천국에 궁극적인 소망을 두고 살아갈 수 있는 것은 그의 심판을 바로 눈앞에 두고 있기 때문이다.

5. 죄와 불법을 벗어난 영생

예수님의 십자가 사역 이후에는 창세전에 택하신 그의 백성들과 새 언약이 맺어지게 된다. 그것을 통해 하나님의 법도가 성도들의 마음속에 새겨지게 되며 저들의 생각에 기록되어진다. 그것은 결코 유동적이지 않으며 불변하는 일치된 성격을 지니고 있다. 이는 성도들 가운데 남게 되는 예수 그리스도의 흔적에 연관되는 것으로 이해해야 한다.

그렇게 되면 하나님께서 저들의 모든 죄와 불법을 다시금 기억하지 않으시리라는 말씀을 하셨다. 하나님의 자녀들은 그에 대한 약속을 항상 마음속 깊이 간직하고 있다. 아담이 저지른 죄와 그후에 행해졌던 모든 죄악들은 예수님의 십자가 사역을 통해 말갛게 씻겨 정결한 상태가 된다. 하나님께 속한 백성들은 예수 그리스도의 십자가 사역으로 인해 모든 죄를 완전히 용서받게 된 것이다. 성경은 성도들의 그에 대한 소망과 더불어 명백한 증거를 남기고 있다.

"하나님이여 주의 인자를 좇아 나를 긍휼히 여기시며 주의 많은 자비를 좇아 내 죄과를 도말하소서 나의 죄악을 말갛게 씻기시며 나의 죄를 깨끗이 제하소서 대저 나는 내 죄과를 아오니 내 죄가 항상 내 앞에 있나이다"(시

51:1-3);

"다윗의 말한 바 그 불법을 사하심을 받고 그 죄를 가리우심을 받는 자는 복이 있고 주께서 그 죄를 인정치 아니하실 사람은 복이 있도다 함과 같으니라" (롬 4:6-8)

시편 기자는 타락한 인간으로서 자신의 죄에 관한 심각한 문제를 분명히 깨달아 알고 있었다. 그리고 주님의 은혜로 말미암아 그것이 말갛게 씻기게 되리라는 사실에 대한 믿음과 소망을 가지고 있었다. 하나님께서 인간의 몸을 입고 이 세상에 오셔서 십자가 사역을 감당하심으로써 그 모든 문제가 완전히 해결되었다.

그러므로 하나님의 긍휼에 의해 죄를 용서받은 상태에서는 다시금 죄를 위해 하나님께 제사드릴 필요가 없다. 즉 구약시대와 같이 되풀이 되는 제사가 불필요하게 된 것이다. 이제 거룩한 성도가 된 백성들은 하나님의 말씀에 순종하게 될 따름이다. 그것은 물론 인간들의 능력이 아니라 성령 하나님의 도우심에 따라 그렇게 하게 된다.

제25장
그리스도의 몸을 통과한 거룩한 교회
(히 10:19-25)

10:19 그러므로 형제들아 우리가 예수의 피를 힘입어 성소에 들어갈 담력을 얻었나니

10:20 그 길은 우리를 위하여 휘장 가운데로 열어 놓으신 새롭고 산 길이요 휘장은 곧 저의 육체니라

10:21 또 하나님의 집 다스리는 큰 제사장이 계시매

10:22 우리가 마음에 뿌림을 받아 양심의 악을 깨닫고 몸을 맑은 물로 씻었으니 참 마음과 온전한 믿음으로 하나님께 나아가자

10:23 또 약속하신 이는 미쁘시니 우리가 믿는 도리의 소망을 움직이지 않고 굳게 잡아

10:24 서로 돌아보아 사랑과 선행을 격려하며

10:25 모이기를 폐하는 어떤 사람들의 습관과 같이 하지 말고 오직 권하여 그 날이 가까움을 볼수록 더욱 그리하자

1. 예수님의 피를 통한 담력

죄에 물든 인간이 거룩한 하나님의 성소에 들어가면 반드시 죽게 된다.[34] 하나님께서는 더럽고 타락한 것이 자신의 영역에 들어오는 것을 결

---

34) 이는 마치 인간의 몸이 태양에 닿게 되면 그대로 타버리는 것과 유사하게 설명될 수 있다. 이것은 물론 거룩한 하나님 앞에 나아간 죄인의 소멸을 의미하는 것이 아니라 위력적인 성격이 그와 같다는 사실을 말해준다.

코 용납하시지 않는다. 죄인은 거룩한 하나님을 감히 바라볼 수도 없다. 우리는 모세가 수건으로 그 얼굴을 가린 사건을 기억한다.

그런데 예수 그리스도의 피로 말미암아 거룩하게 된 성도들에게는 참된 성소에 들어가는 것이 허락되었다. 언약의 백성들은 그 영역이 얼마나 거룩한가 하는 점을 잘 알고 있다. 물론 인간들이 상상하는 '거룩성'이란 이성과 경험에 의한 것일 뿐 실질적인 '거룩성'에 스스로 접근할 수 없다. 우리는 그런 형편 가운데 말씀을 통해 그 거룩성에 대한 의미로 나아가게 된다.

따라서 죄 가운데 살아가는 인간들이 하나님의 성소에 들어가는 것이 얼마나 존엄한 것인지 알고 있다면 그곳으로 들어가는 것에 대한 두려움을 느낄 수밖에 없다. 예수님의 십자가 사역은 성도들로부터 그 모든 두려움을 완전히 제거했다. 따라서 하나님의 자녀들은 예수 그리스도의 피를 힘입어 성소에 들어갈 담력을 얻게 된 것이다.

오늘날 우리는 그리스도께서 흘리신 피가 없이는 감히 거룩한 하나님의 영역으로 나아갈 수 없다는 사실을 깨달아야 한다. 이제 교회에 속한 성도들은 매주일 시행되는 공 예배를 통해 천상의 하나님께 나아갈 수 있게 되었다. 그에 참여하는 모든 성도들은 그리스도의 피에 직접 연관되어 있다. 그와 더불어 우리는 예수 그리스도의 이름으로 기도하기를 쉬지 않게 된 것이다.

2. 성소 휘장을 넘어 있는 새로운 살길

하나님의 자녀들은 성소와 휘장을 넘어 지성소로 들어간 자들이다. 예수께서 십자가 위에서 돌아가실 때 성소의 휘장이 찢어짐으로써 그 길을 완전히 열어놓게 되었다. 하나님으로부터 용서를 받아 구원의 은혜를 입게 된 성도들은 그의 피와 더불어 그 안으로 들어가게 된 것이다.

여기서 우리가 알 수 있는 사실은 성소가 곧 하나님께 나아가는 길의 역할을 하고 있다는 점이다. 즉 성소를 통하지 않고는 하나님의 영역인 지성소로 나아갈 수 없다. 또한 지성소로 나아가지 않고는 결코 하나님을 만날 수 없으며 언약궤 위에 있는 속죄소를 거치지도 못한다. 등대와 떡상과 향단이 놓여 있는 성소는 하나님을 만나기 위해 반드시 거쳐야만 할 길이었던 것이다.

예수께서는 자신을 성전이라고 말씀하셨다. 그것은 곧 성소를 가리키는 것으로 이해되어야 한다. 십자가에 달리신 예수님의 몸을 거치지 않고는 하나님께 나아가지 못한다. 그의 몸이 곧 거룩한 하나님께 나아가는 필수적인 길의 역할을 하게 되는 것이다. 그러므로 예수께서는 그에 관한 말씀을 하셨다.

"예수께서 가라사대 내가 곧 길이요 진리요 생명이니 나로 말미암지 않고는 아버지께로 올 자가 없느니라"(요 14:6)

오늘날 교회에 속한 성도들이 하나님께 나아갈 수 있는 것은 전적으로 예수 그리스도의 십자가 사역으로 말미암는다. 우리가 기도할 때나 찬송을 할 때도 항상 십자가에 달리신 그리스도의 몸을 통하게 된다.

교회가 공 예배를 통해 그리스도의 살과 피를 나누는 성찬을 시행하는 것은 그와 밀접하게 연관되어 있다. 그의 몸을 통하지 않는 모든 종교행위는 헛된 것일 뿐더러 하나님 보시기에 가증한 것이 될 수 있다. 하나님과 아무런 상관이 없는 상태에서 하나님의 이름을 끊임없이 되뇌고 있기 때문이다.

3. 큰 대제사장에게 속한 자

큰 대제사장이신 예수 그리스도는 하나님의 집인 지상 교회를 다스리며 통치하시는 왕이다. 그 이외에 어느 누구도 교회의 통치자로 세워진 적이 없다. 따라서 만일 자의로 하나님의 교회를 다스리려는 인간이 있다면 그는 주인의 통치권을 가로채는 악한 자에 지나지 않는다.

하나님께서는 자신의 교회를 다스리기 위해 적절한 은사를 가진 직분자들을 세우셨다. 그들은 성도들 위에 군림하는 통치자가 아니라 봉사하는 자들이다. 그러므로 교회의 직분자는 교회가 맡긴 대로 봉사해야 한다. 비록 직분자가 아니라 할지라도 모든 성도들은 일반적인 일에 있어서 서로 섬기는 자가 되어야 한다.[35]

예수 그리스도의 십자가를 통해 마음에 피 뿌림을 받은 자는 악한 양심으로부터 벗어나지 않으면 안 된다. 그들은 마음뿐 아니라 몸도 맑은 물로 씻음받은 자들이다. 그러므로 참된 마음과 온전한 믿음으로 하나님께 나아가야만 한다. 이는 세상의 모든 잘못된 가치로부터 완전히 벗어나야 함을 의미하고 있다. 사도 바울은 고린도 교회에 편지하면서 그에 관한 교훈을 주었다.

> "주 안에서 부르심을 받은 자는 종이라도 주께 속한 자유자요 또 이와 같이 자유자로 있을 때에 부르심을 받은 자는 그리스도의 종이니라 너희는 값으로 사신 것이니 사람들의 종이 되지 말라" (고전 7:22,23)

하나님의 자녀들은 세상 사람들과 다른 온전한 마음과 참 믿음을 소유한 자들이다. 그들은 세상에 살고 있으되 타락한 세상에 속하지 않았다. 나아가 하나님을 아는 사람들은 개인인 자기 자신에게 속하지도 않았다.

---

35) 우리는 교회의 직분자들 가운데 집사직은 섬김과 봉사를 위해 세워진 것으로 생각한다. 물론 그 것은 옳은 말이다. 하지만 그 섬김과 봉사는 예배를 비롯한 교회적 직분사역에 연관되어 있다. 따라서 일반적으로 이해하는 섬김과 봉사행위는 직분자들에게 맡겨진 것이 아니라 모든 성도들이 감당해야 할 삶의 자세이다.

따라서 진정한 성도들이라면 자신의 욕망에 이끌려 살아가는 어리석음을 범해서는 안 된다.

하나님 안에서 부르심을 받은 자들은 세상에서 종과 같은 형편에 살고 있을지라도 실상은 종이 아니라 주 안에서 진정한 자유인이 되었다. 또한 자유인의 신분으로 있으면서 부르심을 받은 자들은 예수 그리스도의 종이 된 자들이다. 교회에 속한 모든 성도들은 하나님의 피로 값주고 사신 바 되었으므로 더 이상 사람들의 종이 되어서는 안 된다. 이는 저들이 인간들의 일반적인 가치 기준에 따라 움직여서는 안 된다는 사실을 말해주고 있다.

4. 교회적 삶

지상 교회에 속한 성도들에게 모든 것을 약속하신 하나님은 믿고 신뢰하기에 족한 분이시다. 따라서 우리는 약속에 신실하신 하나님에 대한 믿음의 도리를 굳게 잡지 않으면 안 된다. 이는 하나님의 자녀들이라면 자신이 소유한 믿음을 굳건히 해야 하며 항상 그것을 굳게 잡지 않으면 안 된다는 사실을 말해준다.

그렇게 함으로써 성도들간에 서로 돌아보며 사랑과 선을 실천하게 된다. 그것은 교회에 속한 성도들의 선택사항이 아니라 당연히 행해야만 할 의무에 속한다. 사도 바울은 빌립보 교회에 보내는 편지에서 그에 대한 구체적인 교훈을 주고 있다.

"그러므로 그리스도 안에 무슨 권면이나 사랑에 무슨 위로나 성령의 무슨 교제나 긍휼이나 자비가 있거든 마음을 같이 하여 같은 사랑을 가지고 뜻을 합하며 한 마음을 품어 아무 일에든지 다툼이나 허영으로 하지 말고 오직 겸손한 마음으로 각각 자기보다 남을 낫게 여기고 각각 자기 일을 돌아볼 뿐더러 또한 각각 다른 사람들의 일을 돌아보아 나의 기쁨을 충만케 하라"(빌 2:1-4)

하나님의 자녀들은 이땅에서 분리되어 혼자 존재하지 않는다. 모든 성도들은 주님의 몸된 교회에 속해 서로 삶을 나누어야 한다. 때로는 따끔한 권면이 필요하고 때로는 사랑의 위로가 필요하다. 성도들은 모든 면에 있어서 성령 안에서 마음을 같이 하여 참된 사랑의 교제를 나누어야 한다.

성숙한 성도라면 불신자들의 세계에서나 볼 수 있는 다툼이나 허영을 피하지 않으면 안 된다. 하나님을 믿는 백성들은 교만과 자랑을 버리고 겸손한 자세로 남을 자기보다 낮게 여기는 마음을 가져야만 한다. 그것은 겉보기에 드러나는 형식이 아니라 진정한 속마음이 그러해야 하는 것이다.

또한 성도들은 자기에게 맡겨진 일에 성실해야 할 뿐 아니라 어려움을 당하고 있는 이웃의 일을 돌아볼 수 있어야 한다. 그렇게 하는 것이 사도들이 전한 교훈을 삶 가운데 받아들여 실천하는 것이다. 그것은 곧 하나님의 말씀에 온전히 순종함으로써 그를 기쁘시게 하는 진정한 순종행위가 된다.

그리고 히브리서 기자는 모이기를 폐하는 어떤 사람들의 습관을 멀리하도록 경고했다. 그것은 교인들의 일반적인 모임의 횟수를 줄이는 것에 대한 이야기를 하는 것이 아니다. 이는 그리스도의 몸된 교회로 모이는 것을 무시하는 행위를 지적하고 있다. 그런 자들은 교회 공동체를 불필요한 것으로 간주하고 있다.

잘못된 신앙을 가진 자들은 예수를 믿는 것이 중요할 뿐 지상에서 교회 공동체를 형성하는 것은 그다지 중요한 것이 아니라고 주장한다.[36] 그러나 오순절 성령이 강림하셨을 때 사도들을 비롯한 모든 성도들은 교회로 모이기를 힘썼다. 그들은 매주일 함께 모여 하나님을 찬송하며 경배하는

---

36) 우리시대에 기승을 부리고 있는 무교회주의나 대중화된 교회는 경계해야 할 대상이다. 언약 가운데 하나님을 온전히 예배하기 위해서는 주일을 통한 정례적인 모임이 있어야 하며 서로간 형제애를 나눌 만한 관계 안에 놓여 있어야 한다. 매주일 모이는 공 예배를 가볍게 여기는 것과 대중화로 인해 공동체의 속성을 없애버리는 것도 실상은 그와 유사한 양상을 띠게 된다.

것을 매우 소중하게 여겼다.

> "날마다 마음을 같이 하여 성전에 모이기를 힘쓰고 집에서 떡을 떼며 기쁨과 순전한 마음으로 음식을 먹고 하나님을 찬미하며 또 온 백성에게 칭송을 받으니 주께서 구원 받는 사람을 날마다 더하게 하시니라"(행 2:46,47)

하나님의 백성은 항상 참된 교회를 이루어 서로 모이기를 힘써야 한다. 그것은 성경이 교훈하고 있는 바이기 때문이다. 하지만 그것은 단순히 인간적인 친교를 도모하는 교제를 위한 것이 아니라 하나님을 경배하는 예배공동체라는 사실과 연관된다.

성숙한 성도들은 그 교회 가운데서 신앙적인 삶을 나누며 저들이 소유한 진리를 세상에 선포하게 된다. 하나님의 은혜의 범주 안에 속해 있어야 할 사람들은 그것을 듣고 보며 저들을 칭송하여 교회 안으로 이끌려 들어오게 된다. 그렇게 함으로써 타락한 세상에 생명의 복음이 선포되는 것이다.

제26장
심판의 하나님과 그를 경외하는 백성
(히 10:26-39)

10:26 우리가 진리를 아는 지식을 받은 후 짐짓 죄를 범한 즉 다시 속죄하는 제사가 없고

10:27 오직 무서운 마음으로 심판을 기다리는 것과 대적하는 자를 소멸할 맹렬한 불만 있으리라

10:28 모세의 법을 폐한 자도 두세 증인을 인하여 불쌍히 여김을 받지 못하고 죽었거든

10:29 하물며 하나님 아들을 밟고 자기를 거룩하게 한 언약의 피를 부정한 것으로 여기고 은혜의 성령을 욕되게 하는 자의 당연히 받을 형벌이 얼마나 더 중하겠느냐 너희는 생각하라

10:30 원수 갚는 것이 내게 있으니 내가 갚으리라 하시고 또 다시 주께서 그의 백성을 심판하리라 말씀하신 것을 우리가 아노니

10:31 살아계신 하나님의 손에 빠져 들어가는 것이 무서울진저

10:32 전날에 너희가 빛을 받은 후에 고난의 큰 싸움에 참은 것을 생각하라

10:33 혹 비방과 환난으로써 사람에게 구경거리가 되고 혹 이런 형편에 있는 자들로 사귀는 자 되었으니

10:34 너희가 갇힌 자를 동정하고 너희 산업을 빼앗기는 것도 기쁘게 당한 것은 더 낫고 영구한 산업이 있는 줄 앎이라

10:35 그러므로 너희 담대함을 버리지 말라 이것이 큰 상을 얻느니라

10:36 너희에게 인내가 필요함은 너희가 하나님의 뜻을 행한 후에 약속을 받기 위함이라

10:37 잠시 잠깐 후면 오실 이가 오시리니 지체하지 아니하시리라

10:38 오직 나의 의인은 믿음으로 말미암아 살리라 또한 뒤로 물러가면 내 마음이 저를 기뻐하지 아니하리라 하셨느니라

10:39 우리는 뒤로 물러가 침륜에 빠질 자가 아니요 오직 영혼을 구원함에 이르는 믿음을 가진 자니라

1. 하나님의 자녀와 심판

하나님의 진리를 담고 있는 올바른 지식은 타락한 세상의 잘못된 모든 지식을 물리치게 된다. 진리를 안다고 주장하면서 또다시 예수 그리스도를 배반하고 세상에 빠지게 된다면 저에게는 속죄하는 제사가 없다. 이는 그가 진실로 하나님의 진리를 받은 것이 아니라는 사실을 의미하고 있다.

그런 자에게는 하나님으로부터 종말의 무서운 심판이 예비되어 있다. 그들의 앞에는 맹렬한 불이 대기하고 있을 따름이다. 하나님을 믿는다고 하면서 예수 그리스도를 구원자로 받아들이지 않는 것은 참된 신앙이라 말할 수 없다. 세상의 마지막 때가 임하게 되면 반드시 저들에게 최종적인 심판이 임하게 된다. 요한은 복음서에서 저들에게 임할 심판에 관한 말씀을 기록하고 있다.

"나를 저버리고 내 말을 받지 아니하는 자를 심판할 이가 있으니 곧 나의 한 그 말이 마지막 날에 저를 심판하리라"(요 12:48)

하나님께서는 교회에 속해 있다고 선전하면서 예수님을 저버리고 그의 말을 받아들이지 않는 배도자들을 엄중하게 심판하시게 된다. 세상의 종말의 때가 이르면 주님으로부터 선포된 심판이 저들에게 임하게 되는 것이다. 교회는 온 세상을 향해 그점을 지속적으로 선포하지 않으면 안 된다.

구약시대 이스라엘 백성들 가운데 모세의 율법을 어긴 자가 있을 경우 두세 사람의 증인에 의해 형벌을 받아 죽는 경우가 많이 있었다. 하물며 모세와는 비교가 되지 않는 하나님의 아들을 멸시하고 성령을 욕되게 하는 자들의 형벌은 더욱 무거울 수밖에 없다. 그것은 예수 그리스도를 짓밟고 죄인들을 거룩하게 한 언약의 피를 부정하게 여기는 것과 마찬가지이기 때문이다.

2. "세상에서 담대하라"

하나님의 자녀들은 이 세상에 살아가는 동안 억울한 일을 당한다고 해도 그에 대해 달리 보응할 방법이 없다. 그것을 주도한 자를 원수로 여기고 보응하려고 해도 그런 식으로 위해를 가하지 못한다. 그야말로 속수무책束手無策일 수밖에 없다. 교회에 속한 성도들은 악을 악으로 갚을 수 없기 때문이다.

그렇지만 우리에게 소망이 되는 것은 하나님께서 장차 그 원수를 갚아 주실 것이며, 예수 그리스도가 저들을 심판하실 것이기 때문이다. 살아계신 하나님의 심판의 대상이 된다는 것은 실로 두려운 일이 아닐 수 없다. 그러므로 하나님의 자녀들은 세상에서 어떤 경우를 당한다 할지라도 예수 그리스도 안에서 진정한 위로를 받게 된다. 요한은 복음서에서 그에 대한 교훈을 주고 있다.

> "이것을 너희에게 이름은 너희로 내 안에서 평안을 누리게 하려함이라 세상에서는 너희가 환난을 당하나 담대하라 내가 세상을 이기었노라 하시니라"(요 16:33)

하나님의 자녀들은 세상에서 수많은 원수들에 의해 에워싸임을 당한다

할지라도 세상의 것과는 다른 진정한 평안을 누릴 수 있다. 그것은 보통 사람들이 누리는 평안과는 근본적인 성질이 다르다. 즉 안온한 가운데 오는 평안이 아니라 심한 어려움과 고통중에 얻게 되는 진정한 평안이다.

히브리서 기자는 사도교회 시대의 성도들이 지난 날 예수 그리스도를 영접한 후 고난의 큰 싸움을 싸웠던 일을 상기시켰다. 그들은 적대적인 사람들에 의해 비방과 환난을 당함으로써 구경거리가 되기도 했다. 설령 직접 물리적인 고통을 당하지 않았다 하더라도 그런 어려운 형편에 처한 성도들과 교제하며 사귀는 가운데 그 힘든 사정을 공유하지 않으면 안 되었다. 이처럼 사도교회 시대의 성도들은 영원한 천상의 나라를 바라보며 그 모든 환난을 인내함으로써 견뎌낼 수 있었다.

하나님을 믿는 성도들은 이 세상에서 성공하고 유능한 사람들이나 부유하고 명예로운 사람들의 친구가 되었던 것이 아니다. 그들은 도리어 그리스도로 말미암아 세상 가운데서 능욕당하는 자들의 이웃이 되어야 했다. 그러므로 예수 그리스도 때문에 갇힌 자들을 위로해야 했으며, 참된 신앙을 가졌다는 이유로 저들의 모든 소유를 빼앗기는 것조차도 기쁘게 당해야만 했다.

하나님의 백성들이 그렇게 할 수 있었던 것은 저들에게 영구한 상속이 약속되어 있기 때문이다. 그들이 장차 받아 누리게 될 소유는 이 세상의 것들과 비교가 되지 않는다. 따라서 성도들은 세상에서 당하는 환난 때문에 위축될 필요 없이 담대하게 그에 대처할 수 있다. 이처럼 성도들은 그것으로 말미암아 이 세상에서 이미 가장 큰 보상을 받고 있는 것이다.

3. "끝까지 인내하라"

타락한 세상에서 나그네로 살아가는 성도들에게는 인내가 필요하다. 그것은 형편에 따라 맛보기로 잠시 시도해보는 성질이 것이 아니라 주님이 재림하실 때까지 인내해야 한다. 이는 이 세상은 희망찬 영역이 아니라 성도들이 살아가기에 힘들고 고통스러운 영역이라는 사실을 말해주고 있다. 즉 세상의 값어치에 따라 세상의 방법으로 살아간다면 모르거니와 그렇지 않다면 힘들 수밖에 없다.

그러므로 예수께서는 십자가에 달려 돌아가셨다가 부활하신 후 승천하시기 전 제자들에게 자기가 준 교훈을 교회 가운데 지속적으로 상속해 갈 것을 명령하셨다. 그때 그는 세상 끝 날까지 저들과 항상 함께 계시리라는 약속을 하셨다. 그것은 지상 교회를 위한 커다란 위로가 되는 말씀이었다.

"내가 너희에게 분부한 모든 것을 가르쳐 지키게 하라 볼지어다 내가 세상 끝날까지 너희와 항상 함께 있으리라" (마 28:20)

이 말씀 가운데는 예수 그리스도를 십자가에 못박아 죽인 세상이, 그의 백성들이 모인 교회를 결코 가만히 두지 않을 것이라는 점을 시사하고 있다. 즉 교회가 세상으로부터 상당한 고통을 감내해야 한다는 것이다. 성도들은 그와 같은 형편 가운데서 서로 위로하며 붙들어주면서 세상을 능히 이겨나가야 한다. 데살로니가전서에는 그에 관련된 교훈이 기록되어 있다.

"또 형제들아 너희를 권면하노니 규모 없는 자들을 권계하며 마음이 약한 자들을 안위하고 힘이 없는 자들을 붙들어 주며 모든 사람을 대하여 오래 참으라 삼가 누가 누구에게든지 악으로 악을 갚지 말게 하고 오직 피차 대하든지 모든 사람을 대하든지 항상 선을 좇으라" (살전 5:14,15)

성도들은 규모 없이 살아가는 자들을 권계하면서 마음이 연약한 자들과 힘이 없는 자들을 위로하며 붙들어 주어야 한다. 그런 중에 악한 대적자들이 나타난다 해도 저들에게 악으로 갚지 않도록 해야 하며 항상 선을 추구하는 삶을 살아가지 않으면 안 된다. 이것이 영원한 천상의 나라에 소망을 둔 성도들의 근본적인 신앙자세이다.

4. "주님의 재림을 기다리라"

하나님의 아들로서 인간의 몸을 입고 이 세상에 오셔서 대제사장 직분을 감당하신 예수께서는 부활한 후 많은 사람들이 지켜보는 가운데 승천하셨다. 그는 지금 천상의 나라에서 하나님 우편에 앉아계신다. 그곳에서도 자기 백성들을 위한 그의 직분 사역은 여전히 지속되고 있다.

예수께서 승천하실 때 하나님의 천사는 그의 재림 사실을 선포했다. 승천하는 모습 그대로 다시 오시는 것을 사람들이 목격하게 되리라는 것이었다. 종말의 때가 이르면 이 세상에 살고 있는 모든 인간들이 그 놀라운 광경을 보게 된다. 승천할 때 천사가 증언했을 뿐 아니라 예수께서 친히 그 사실을 선포하셨다.

> "가로되 갈릴리 사람들아 어찌하여 서서 하늘을 쳐다보느냐 너희 가운데서 하늘로 올리우신 이 예수는 하늘로 가심을 본 그대로 오시리라 하였느니라"(행 1:11);
>
> "볼지어다 구름을 타고 오시리라 각인의 눈이 그를 보겠고 그를 찌른 자들도 볼터이요 땅에 있는 모든 족속이 그를 인하여 애곡하리니 그러하리라 아멘"(계 1:7);
>
> "보라 내가 속히 오리니 이 책의 예언의 말씀을 지키는 자가 복이 있으리라 하더라"(계 22:7)

세상의 어리석은 인간들은 예수님의 몸이 재림한다는 사실을 부인한다. 나아가 교회당에 출입하지만 신앙이 어린 자들은 예수님이 오시기는 하겠지만 언제 오실지는 모른다고 여긴다. 즉 그의 재림은 마치 자기와는 직접적인 상관이 없는 듯 한없이 멀었다고 생각하는 것이다. 그러나 히브리서 기자는 서신에서 그가 지체하지 않고 잠시 후면 오게 되리라는 사실을 언급하고 있다(히 10:37).

그가 심판주로서 이 세상에 다시 오시게 되면 하나님을 믿는 의인들에게는 완전한 소망이 성취된다. 그에 반해 불신자들에게는 그 날이 형언할 수 없는 통곡의 날이 된다. 하나님의 아들을 모욕하고 창으로 찌르며 십자가에 못박은 세력에 가담한 자들은 당황하지 않을 수 없을 것이다. 그럼에도 불구하고 이땅에서 살아가는 많은 인간들은 그 사실을 받아들이려 하지 않는다.

하지만 예수님의 제자들은 그의 재림을 간절히 기다리고 있다. 미래에 도래할 그 역사적 사실을 깨달아 알고 소망하는 자들이 진정으로 복된 자들이다. 이 세상의 모든 것을 얻고 최대 최상의 행복과 만족을 누린다 할지라도 예수 그리스도께 속한 자가 아니라면 그의 마지막 심판대 앞에서 이를 갈며 통곡할 수밖에 없게 된다.

각박한 현 시대를 살아가는 우리가 각별히 유의해야 할 바는, 형식적인 기독교인들이 예수님의 재림을 상징화하거나 관념화시켜두고 있다는 사실이다. 상징적인 재림관을 가진 자들은 예수님의 몸이 이땅에 재림하게 되리라는 사실을 인정하지 않는다. 그들은 그것이 단순한 상징적인 의미일 뿐 많은 사람들이 보는 가운데 실제로 그가 재림하는 것은 아니라고 주장한다.

또한 관념적인 재림사상을 가진 자들은 예수님의 재림이 있기는 하겠지만 당장 임하는 것은 아니라 믿는다. 즉 오늘 밤이나 이번 주 혹은 이번 달 혹은 금년에는 오지 않는 것이 확실하다고 생각한다. 그런 사고를 가지고 있으면 예수님의 재림은 항상 미래의 시간으로 멀리 밀려나기 때문에 실제로는 예수님의 재림이 자기와는 상관이 없게 된다.

그와 같은 재림사상은 올바른 신앙인이 가질 사고가 아니다. 예수께서는 당장 오늘 밤에 오실지 아니면 내일 오시게 될지 알 수 없다. 성숙한 신앙인들은 그의 재림을 늘 가까이 두고 소망하며 살아간다. 초대교회 성도들처럼 오직 천상의 나라에만 소망을 두고 살아간다면 예수님의 재림을 간절히 기다리지 않을 수 없다. 그런 소망을 가지고 있을 때 세상에 아무런 미련을 두지 않게 되는 것이다.

5. "의인은 믿음으로 살리라" (합 2:4)

하나님을 알지 못하는 자들에게는 영원한 참된 소망이 존재하지 않는다. 따라서 그런 자들은 한시적인 이 세상의 것들에 강하게 집착한다. 타락한 세상에서의 삶을 위해 모든 노력을 아끼지 않고 천상의 것을 멀리한다면 그것만큼 어리석은 행위가 없다.

그러므로 하나님의 자녀들은 영원한 천국에 진정한 소망을 두고 살아간다. 그것은 하나님의 은혜로 말미암아 주어진 믿음에 근거한다. 따라서 성경은 '의인은 오직 믿음으로 살리라' 는 선포를 했던 것이다. 구약시대의 선지자들이나 신약시대의 사도들을 비롯한 모든 성도들은 공히 그와 같은 신앙을 소유하고 있었다.

> "복음에는 하나님의 의가 나타나서 믿음으로 믿음에 이르게 하나니 기록된바 오직 의인은 믿음으로 말미암아 살리라 함과 같으니라" (롬 1:7; 합 2:4)

오늘날 주의 몸된 교회에 속한 우리도 이와 동일한 소망을 굳게 잡고 있어야 한다. 히브리서 기자는 이에 관한 언급을 하면서 믿음에서 뒤로 물러서지 말아야 한다는 사실을 강조해 언급하고 있다. 그와 같은 삶은 하나님을 의지하지 않는 행위로서 하나님은 결코 그런 자들을 기뻐하시지 않는다는 것이었다.

예수 그리스도께 온전히 의지하지 않음으로써 멸망에 빠지게 될 자들은 믿음을 저버리고 뒤로 물러서게 된다. 이는 저들이 참된 믿음을 포기하게 된다는 사실을 의미하고 있다. 그러나 하나님께 자신의 영혼을 맡긴 성도들은 저들에게 허락된 믿음으로 말미암아 영원한 생명을 얻게 된다. 우리는 이땅에 살아가는 성도들에게 그것이 유일한 소망이 된다는 사실을 기억해야 한다.

제7부

믿음을 소유한 성도들

제27장
믿음의 본질적 성격과 아벨, 에녹, 노아의 믿음
(히 11:1-7)

11:1 믿음은 바라는 것들의 실상이요 보지 못하는 것들의 증거니

11:2 선진들이 이로써 증거를 얻었으니라

11:3 믿음으로 모든 세계가 하나님의 말씀으로 지어진 줄을 우리가 아나니 보이는 것은 나타난 것으로 말미암아 된 것이 아니니라

11:4 믿음으로 아벨은 가인보다 더 나은 제사를 하나님께 드림으로 의로운 자라 하시는 증거를 얻었으니 하나님이 그 예물에 대하여 증거하심이라 저가 죽었으나 그 믿음으로써 오히려 말하느니라

11:5 믿음으로 에녹은 죽음을 보지 않고 옮기웠으니 하나님이 저를 옮기심으로 다시 보이지 아니하니라 저는 옮기우기 전에 하나님을 기쁘시게 하는 자라 하는 증거를 받았느니라

11:6 믿음이 없이는 기쁘시게 못하나니 하나님께 나아가는 자는 반드시 그가 계신 것과 또한 그가 자기를 찾는 자들에게 상 주시는 이심을 믿어야 할지니라

11:7 믿음으로 노아는 아직 보지 못하는 일에 경고하심을 받아 경외함으로 방주를 예비하여 그 집을 구원하였으니 이로 말미암아 세상을 정죄하고 믿음을 좇는 의의 후사가 되었느니라

1. 믿음이란 무엇인가?

하나님의 자녀들에게 있어서 믿음은 본질에 해당된다. 우리는 믿음에 대한 언급을 할 때 두 가지 상이한 개념을 동시에 이해해야 한다. 하나는 인간의 내면적인 주관에 따른 보이지 않는 심중의 결단을 의미한다. 그리고 다른 하나는 하나님께서 자기 자녀들에게 선물로 주시는 실재적인 것

을 말하고 있다. 그 둘 모두가 중요하지만, 하나님의 선물로 소유하는 믿음이 정신작용으로서의 신앙에 대한 근간을 이루게 된다.

아담의 범죄로 인해 타락한 원래의 자연적인 인간들에게는 성경이 말하는 '믿음'이 존재하지 않는다. 그것은 예수 그리스도의 십자가 사역과 더불어 그의 자녀들에게 선물로 제공되었다. 그 믿음은 무형의 상태나 현상이 아니라 성도들의 영혼 가운데 실질적으로 존재하고 있다. 그것으로써 하나님을 알게 하며 그를 올바르게 찬양하도록 한다. 그 믿음은 하나님에 대한 확신을 주며 인간과 자신에 대한 철저한 불신을 불러일으킨다.

하나님의 은혜로써 받아 소유하는 믿음은 인간의 인식과는 상관이 없는 것으로 보아야 한다. 설령 그에 대한 인식을 명확하게 하지 못한다고 해도 그 믿음을 소유한 자들이 많이 있을 수 있다. 아직 판단력을 갖추지 못해 일반적인 인식을 할 수 없는 태중에 있는 아이나 갓 태어난 영아들도 그 믿음을 소유할 수 있다. 또한 정신지체를 가진 성도들 역시 마찬가지다.

때로는 그 믿음을 분명히 소유하고 있으면서도 없다고 생각할 수도 있다. 반대로 그것이 없음에도 불구하고 마치 있는 듯이 착각하기도 한다. 예를 들어 어떤 사람의 호주머니에 보배구슬이 하나 들어있다고 생각해 보자. 호주머니 속에 그 구슬이 분명히 들어 있지만 어떤 경우에는 잊어버릴 수 있는가 하면 자기 호주머니 속에 그것이 없다고 착각할 수도 있다. 하지만 사람들의 생각과 판단과는 아무런 상관없이 그것은 그의 주머니 속에 존재해 있다.

이와는 반대로 주머니에 그 보배구슬이 없는데도 있는 것으로 착각할 수 있다.[37] 누군가로부터 받아 주머니에 넣었다고 생각하지만 그것은 진

---

37) 이는 마치 상상임신(想像姙娠)과도 유사할 수 있다. 어떤 여성이 실제로는 아기를 임신하지 않았음에도 불구하고 자기가 임신한 것으로 믿고 태중아기의 움직임을 느끼기도 하고 입덧을 하는 경우가 있다. 그렇게 되면 본인뿐 아니라 주변의 많은 사람들도 그렇게 받아들이게 된다. 그러나 실제로는 그 여인의 태중에는 아기가 없다.

짜 보배구슬이 아니라 가짜인 경우도 있다. 또한 그것을 중간에 흘려버리거나 잃어버렸다면 그의 주머니에는 그것이 존재하지 않는다. 자기에게 그 보배구슬이 있다고 확신하며 주장해 봐야 호주머니에 들어있지 않은 것은 그에게 없는 것이다. 하나님께서 우리에게 허락하신 믿음도 그와 같은 맥락에서 이해할 수 있다.

그 실재하는 믿음 위에 우리가 일반적으로 생각하는 믿는 행위 곧 정신 작용으로서의 믿음이 주어진다. 그것은 물론 성령 하나님의 전적인 도우심으로 말미암아 생겨나게 된다. 그 믿음은 하나님께 순종하고자 하는 마음을 동반한다. 그것을 통해 하나님의 형상이 회복되어 하나님을 찬양하며 그에게 영광을 돌리게 되는 것이다.

그와 같은 믿음은 개인의 판단에만 의존하는 것이 아니라 교회를 통한 공적인 의미를 지니며, 교회에 속한 모든 성도들이 그것을 공유하게 된다. 즉 그 믿음은 개별적인 동시에 공적인 의미를 지니고 있다. 그것으로 말미암아 교회는 타락한 세상을 이기는 힘을 소유하게 되며, 그 믿음으로써 지상 교회를 통해 하나님을 믿는 의가 역사 가운데 지속적인 상속을 이루어 가게 된다.

2. 믿음으로 장래를 바라보는 구약시대 선배들의 믿음

우리의 믿음은 갑자기 생성된 것이 아닐 뿐더러 당 시대를 배경으로 하지도 않는다. 참된 신앙은 구약시대부터 점진적으로 성취되어 온 언약을 기초로 하고 있다. 구약의 배경이 없는 온전한 믿음은 존재할 수 없다. 히브리서 11장에서는 구약에 나타나는 믿음의 선배들을 통해 믿음에 관한 중요한 교훈들을 주고 있다.

히브리서 기자는 믿음을 바라는 것들의 실상이라고 말했다. 이는 구약시대의 성도들이 바라며 소망해왔던 장차 오시게 될 메시아를 지칭하고 있는 것으로 이해해야 한다. 또한 믿음이 보이지 않는 것들의 증거라고 하는 것은 약속하신 메시아가 오시기 전에도 그가 벌써 존재하고 있었다는 것이다.

신약시대의 성도들은 모든 세계가 오랜 과거에 하나님의 말씀으로 지어진 줄 믿음으로 깨달아 알게 된다. 그리고 장차 임하게 될 영원한 세상에 대해서도 분명히 알게 된다. 즉 직접 손으로 만지지 않고 두 눈으로 목격하지 않았지만 믿음을 통해 그 실상을 알게 되는 것이다.[38]

이는 참된 실체는, 그것이 눈앞에 나타나 보이기 때문이 아니라 하나님의 말씀을 통해 그 실상을 알게 된다는 사실을 말해 준다. 구약시대의 성도들이 장차 오실 메시아의 실체를 알고 신약시대의 성도들이 과거에 있었던 하나님의 모든 구속사역과 장차 일어날 사실에 대해 알게 된 것은 인간들의 지혜가 아니라 전적으로 믿음의 결과이다.

3. 아벨의 제사

하나님을 올바르게 섬겼던 아벨은 믿음의 조상이다. 그는 믿음으로 하나님께 참된 제사를 지냈다. 이는 그가 일반적인 의미의 믿는 마음으로 제물을 바쳤다는 사실을 의미하는 것이 아니라 하나님께서 선물로 허락하신 '믿음'으로써 제사를 지냈음을 말해 준다.

---

38) 우리는 실존하는 모든 것들을 직접적인 목격과 경험으로 인해 알게 되지 않는다. 그 가운데 많은 부분은 다른 사람들의 증거에 의존한다. 예를 하나 들어보자. 많은 사람들은 미국이라는 나라가 살기 좋고 문명화되어 모든 것이 풍족하다고 생각한다. 현재의 시점에서 본다면 그것이 사실이라 말할 수 있다. 그러나 직접 미국에 가서 그 사회를 목격하고 경험한 사람들만 그렇게 알고 있는 것이 아니다. 미국에 한 번도 가 본적이 없는 사람들도 그렇게 알고 믿는다. 그들이 그렇게 믿게 된 것은 여러 증인들의 말을 통해서이다. 이처럼 우리는 보이지 않는 하나님의 사역과 장차 도래하게 될 영원한 세계를 직접 눈으로 목격한 바는 없지만 여러 증인들을 통해 분명히 알고 있다. 물론 이것들뿐 아니라 성경에 기록된 모든 교훈들이 그렇다.

우리는 이에 대한 분명한 이해를 하지 않으면 안 된다. 자칫 잘못하면 그 믿음이 아벨의 공로처럼 될 우려가 있기 때문이다. 그러나 그가 하나님을 올바르게 제사할 수 있었던 것은 그의 훌륭한 판단 때문이 아니라 하나님의 전적인 은혜로 말미암는 것이었다. 아벨은 하나님께서 이땅에 메시아를 보내실 것을 깨달아 알고 있었다. 즉 창세기 3장 15절에서 말하는 '그 여자의 후손' 이 참된 생명의 근원이 된다는 사실을 깨달아 알고 있었던 것이다.

우리가 기억해야 할 바는 아벨이 가인보다 우월한 제물을 선택했던 것으로 간주해서는 안 된다는 사실이다. 즉 가인이 곡물제사를 선택한데 반해 아벨은 동물제사를 드림으로써 제물 선택을 잘 했다고 말할 수만은 없다. 구약성경 레위기에 보면 하나님께서 동물뿐 아니라 곡물을 제물로 기쁘게 받으시기도 했다.

그럼에도 불구하고 아벨이 양을 제물로 바친 것은 참된 제물로 오신 메시아 사역과 밀접하게 연관되어 있다. 그것이 하나님의 어린 양으로서 영원한 제물이 되신 메시아 사역을 예표하게 된 것은 하나님의 경륜에 따른 것으로 이해해야 한다. 즉 하나님께서 아벨의 제사를 기쁘게 받으신 것은 아벨 자신이 하나님의 선택된 자녀였기 때문이다. 이는 가인의 제물이 받아들여지지 않은 것은 단순히 제물의 종류 때문이 아니라 가인이 원래부터 하나님과 상관없었던 것과 관련된다.

다시 말해 아벨이 의로운 자라는 증거를 받았던 것은 그의 종교적인 행위 때문이 아니었다. 하나님께서는 택하신 아벨과 더불어 그의 예물을 기쁘게 받으셨던 것이다. 가인도 나름대로는 하나님께 정성으로 제사를 지냈을 것이 틀림없다. 그러나 하나님께서는 그것을 받으시지 않았다. 그러므로 가인은 화를 냈으며 아벨은 화가 난 형 가인의 손에 죽임을 당했다. 하지만 믿음으로 말미암은 아벨의 제사는 우리시대에도 여전히 중요한 메시지를 선포하고 있다.

4. 에녹의 승천

　믿음의 조상 에녹은 구약성경에서 매우 특이한 인물로 나타나고 있다. 그는 일반적인 죽음을 맛보지 않고 천상의 나라로 들려 올라갔다. 하나님께서 그를 살아있는 몸 그대로 천상으로 이끌어 올리셨기 때문이다. 히브리서 기자는 에녹이 '믿음으로' 죽음을 맛보지 않게 된 것으로 말하고 있다(히 11:5).

　그렇다면 에녹은, 자기가 죽지 않고 천상의 나라로 올라가게 된 것을 믿고 있었기 때문에 그렇게 된 것이란 말인가? 우리는 그렇게 말할 수 없다. 그가 죽지 않을 줄 굳게 믿고 있었다는 것은 말이 되지 않는다. 만일 에녹이 그런 식으로 믿음이 좋아서 산 몸으로 승천했다면 땅에서 죽은 모든 믿음의 선배들은 그보다 못한 믿음을 소유한 것이 된다. 즉 구약시대의 믿음의 조상들이 살아있는 몸으로 천상으로 올라가지 못한 것은 저들의 믿음이 부족했기 때문인 것처럼 되어 버린다.

　노아, 아브라함, 모세를 에녹에 비해 열등한 믿음을 가진 자로 말할 수 있는가? 우리는 단순히 그렇게 말할 수 없다. 에녹은 우리가 일반적으로 생각하는 식의 믿음이 좋았던 것이 아니었다. 그가 지상에 살아있는 동안 하나님을 기쁘시게 했던 것은 그가 메시아에 대한 분명한 깨달음과 소망을 가지고 있었기 때문이다.

　어리석은 사람들은 자기도 에녹처럼 되기를 원한다. 죽고 싶지 않은 것이다. 그러나 그것은 전형적인 불신앙으로 말미암는 생각이라 말할 수밖에 없다. 하나님께서 에녹을 산 채로 천상으로 이끌어 올리신 것은 에녹 자신보다 지상에 살고 있던 하나님의 자녀들을 위해서였다. 하나님께서는 에녹이 소유한 믿음으로 그를 하늘로 이끌어 가심으로써 지상에 있는 백성들에게 영원한 나라의 존재를 확증해 보여주셨다.

　믿음으로 말미암는 에녹 사건은 세상의 유혹 가운데 살아가면서 믿음을 소유한 하나님의 자녀들에게 진정한 소망이 되었다. 그와 같은 믿음이 없이는 결코 하나님을 기쁘시게 할 수 없다. 따라서 하나님께 나아가는 자들은 반드시 하나님을 믿고 의지하게 된다. 그리고 모든 성도들은 하나님께서 자기를 찾는 자들에게 보상해 주시는 분임을 믿어야 한다.

5. 노아의 믿음

믿음의 조상 노아는 당대에 의인이었음이 성경에 증거되고 있다. 그러나 이는 윤리적인 관점에서 말하는 것으로 생각해서는 안 된다. 그 당시에도 도덕적으로 원만한 사람들이 많이 있었을 것이 틀림없다. 적어도 태중에 있던 아기나 갓 태어난 영아들은 범죄에 대한 아무런 인식과 행위가 없었다. 그리고 병중에 있는 사람들 가운데는 범죄 능력이 없어서 죽음을 앞두고 매우 윤리적인 삶을 유지하는 자들이 있었을 것이다.

노아도 여전히 다른 인간들과 다르지 않은 죄인이었지만 하나님을 의지하는 가운데 그가 보내실 메시아를 소망하고 있었으므로 의인으로 인정받을 수 있었다. 많은 사람들이 자기 자신의 삶에 집착할 때 그는 오직 천상에 계시는 하나님을 바라보았다. 그가 의인이었던 것은 전적으로 하나님의 인정에 근거한다. 당시 모든 백성들이 이땅에 소망을 두고 세상의 만족을 추구할 때 노아는 그렇지 않았던 것이다. 예수께서는 노아시대 일반적인 인간들의 삶의 자세에 관해 말씀하셨다.

> "홍수전에 노아가 방주에 들어가던 날까지 사람들이 먹고 마시고 장가들고 시집가고 있으면서 홍수가 나서 저희를 다 멸하기까지 깨닫지 못하였으니 인자의 임함도 이와 같으리라" (마 24:38,39)

노아 홍수 이전 시대의 사람들은 오로지 지상에서의 행복과 만족을 추구하기에 급급했다. 저들에게는 세상에서 성공하여 잘 먹고 잘 사는 것이

최대의 목표가 되어 있었다. 하나님과 천상의 나라를 생각지 않던 그들에게는 결혼해서 자식을 낳고 행복한 가정을 이루어 사는 것이 궁극적인 도달점이었던 것이다.

그러나 하나님을 경외하는 노아는 전혀 그렇지 않았다. 하나님으로 말미암은 믿음으로 인해 그런 것에 절대적인 가치와 의미를 두지 않았다. 그는 하나님의 명령에 따라 믿음으로 방주를 예비하여 자기 집을 무서운 홍수로부터 피하게 했다. 그것으로 인해 하나님을 외면했던 세상은 정죄를 받게 되었으며, 그를 통해 하나님의 의가 후대의 성도들에게 상속되었다. 그것은 장차 오시게 될 메시아에 대한 소망에 직접 연관되어 있었다.

제28장
아브라함. 이삭, 야곱, 요셉의 믿음
(히 11:8-22)

11:8 믿음으로 아브라함은 부르심을 받았을 때에 순종하여 장래 기업으로 받을 땅에 나갈새 갈 바를 알지 못하고 나갔으며

11:9 믿음으로 저가 외방에 있는 것같이 약속하신 땅에 우거하여 동일한 약속을 유업으로 함께 받은 이삭과 야곱으로 더불어 장막에 거하였으니

11:10 이는 하나님의 경영하시고 지으실 터가 있는 성을 바랐음이니라

11:11 믿음으로 사라 자신도 나이 늙어 단산하였으나 잉태하는 힘을 얻었으니 이는 약속하신 이를 미쁘신 줄 앎이라

11:12 이러므로 죽은 자와 방불한 한 사람으로 말미암아 하늘에 허다한 별과 또 해변의 무수한 모래와 같이 많이 생육하였느니라

11:13 이 사람들은 다 믿음을 따라 죽었으며 약속을 받지 못하였으되 그것들을 멀리서 보고 환영하며 또 땅에서는 외국인과 나그네로라 증거하였으니

11:14 이같이 말하는 자들은 본향 찾는 것을 나타냄이라

11:15 저희가 나온 바 본향을 생각하였더면 돌아갈 기회가 있었으려니와

11:16 저희가 이제는 더 나은 본향을 사모하니 곧 하늘에 있는 것이라 그러므로 하나님이 저희 하나님이라 일컬음 받으심을 부끄러워 아니하시고 저희를 위하여 한 성을 예비하셨느니라

11:17 아브라함은 시험을 받을 때에 믿음으로 이삭을 드렸으니 저는 약속을 받은 자로되 그 독생자를 드렸느니라

11:18 저에게 이미 말씀하시기를 네 자손이라 칭할 자는 이삭으로 말미암으리라 하셨으니

11:19 저가 하나님이 능히 죽은 자 가운데서 다시 살리실 줄로 생각한지라 비유컨대 죽은 자 가운데서 도로 받은 것이니라

11:20 믿음으로 이삭은 장차 오는 일에 대하여 야곱과 에서에게 축복하였으며

11:21 믿음으로 야곱은 죽을 때에 요셉의 각 아들에게 축복하고 그 지팡이 머리에 의지하여 경배하였으며

11:22 믿음으로 요셉은 임종 시에 이스라엘 자손들의 떠날 것을 말하고 또 자기 해골을 위하여 명하였으며

1. 아브라함의 믿음

하나님께서는 자신의 언약을 구체적으로 실행하시기 위해 갈대아 우르에 살고 있던 아브라함을 친히 불러내셨다. 그는 아직 자기를 위해 존재하지도 않는 땅과 자손을 주시겠다는 하나님의 말씀을 믿었다. 그는 하나님의 부르심을 받았기에 아무런 의심 없이 말씀에 순종하여 장래 유업으로 받게 될 가나안 땅을 향해 떠났다.

그에게는 조상 때부터 살아온 본토, 친척, 아비의 집을 떠난다는 것이 쉽지 않은 일이었을 것이 틀림없다. 그러나 그는 믿음으로 알지 못하는 생소한 땅을 향해 나아갔다. 하란(Haran)을 거쳐 가나안 땅에 도착한 아브라함은 약속으로 얻은 이삭과 그의 아들 야곱과 더불어 이방인들의 틈서리에서 믿음으로 거해야만 했다. 그가 그렇게 할 수 있었던 까닭은 하나님께서 계획하시는 거룩한 성전이 서게 될 성을 바라보았기 때문이다(히 11:10).

아브라함의 아내 사라도 믿음을 소유한 여인이었다. 사라는 나이가 많아 단산했지만 믿음으로 말미암아 잉태할 수 있는 힘을 얻었다. 그것은 오래전에 약속하신 하나님의 뜻을 믿음으로 받아들였기 때문이다. 그러므로 자식을 생산할 수 없는 죽은 자 같은 여인를 통해 하늘의 허다한 별들과 해

변의 모래같이 많은 자손들이 태어나게 되었다.

아브라함과 사라는 믿음을 따라 죽음을 맞이했다. 따라서 비록 약속을 직접 받지는 못했지만 그것을 멀리서 바라보며 마음으로 환영할 수 있었다. 그리고 그들이 머문 땅은 영원한 정착을 위한 것이 아니라 잠시 지나가는 외국인과 나그네로서 살게 될 영역이라는 사실을 증언했다. 그들이 그와 같은 자세를 유지함으로써 본향을 찾는 자라는 점을 나타내 보여주었다.

아브라함과 그의 가족은 육신의 본향으로 돌아가고자 생각한 것이 아니었다. 만일 그럴 요량이었다면 되돌아갈 기회를 얼마든지 만들 수도 있었다. 그러나 그들이 사모했던 진정한 본향은 이땅이 아니라 천상에 있는 영원한 본향이었다. 따라서 천상에 계신 하나님께서는 저들로부터 하나님이라 일컬음 받기를 용납하셨으며 저들을 위해 특별한 성을 예비하셨던 것이다.

또한 아브라함은 하나님으로부터 시험을 받을 때 믿음으로 이삭을 그에게 드렸다. 그는 하나님의 약속을 받은 자로서 자신의 독생자를 기꺼이 제물로 바쳤다. 그전에 이미 하나님께서는 그의 독자 이삭의 몸을 통해 메시아를 보내시겠다는 약속을 주신 바였다.

그러므로 아브라함은 이삭이 하나님을 위해 제물로 바쳐진다 할지라도 하나님께서 그를 다시 살려주실 줄 믿고 있었다. 따라서 그는 독자 이삭을 하나님께 제물로 바침으로써 죽은 이삭을 다시 받은 것과 마찬가지였다. 그는 하나님의 약속이 가지는 메시아에 연관된 의미를 알고 있었던 것이다.

2. 이삭의 믿음

아브라함의 독자 이삭은 장차 오실 메시아를 예표하는 인물이었다. 혈

기왕성한 힘을 가진 이삭이었지만 아버지 아브라함이 내미는 칼에 순순히 자신의 몸을 내맡겼다. 그는 자기의 죽음이 무엇을 의미하는지 잘 알고 있었던 것으로 보인다. 그가 모리아산에서 생명을 내어놓았던 것은 언약적인 의미를 지니고 있다.

이삭의 몸이 제물로 바쳐졌던 모리아산은 멜기세덱이 통치했던 살렘(Salem)에 위치한 곳이다. 나중에는 그 위에 예루살렘 성전이 세워지게 된다. 또한 예수께서 이 세상에 오신 후에는 십자가에 달린 그의 보혈이 그 성전의 지성소에 뿌려졌다.

이삭은 그가 낳은 야곱과 에서에게 장차 있게 될 일을 염두에 두고 축복하게 되었다. 물론 그 축복의 내용과 질은 전혀 달랐다. 야곱에게는 하나님께서 계획하시는 구속사적 일에 직접 참여하게 되는 축복을 했지만 에서에게는 그렇지 않았다.

우리는 여기서 믿음에 관한 매우 중요한 교훈과 더불어 그 의미를 확인할 수 있다. 즉 이삭은 원래 야곱을 축복하고자 하는 마음이 없었다. 그는 오히려 장자인 에서에게 축복하고자 했다. 그러나 이삭은 야곱과 자기의 아내 리브가의 계략으로 말미암아 장남인 에서가 아닌 차남인 야곱에게 축복하게 되었다.

즉 이삭은 우리가 일반적으로 생각하는 적극적으로 믿는 마음으로 야곱을 축복한 것이 아니었다. 도리어 그의 생각과는 전혀 다른 방향으로 축복이 시행되어 야곱에게 언약의 계보가 상속되어 갔다. 이는 그것이 하나님의 뜻에 따른 경륜으로 말미암았다는 사실을 말해주고 있다.

히브리서 기자는 그런 식으로 이삭이 야곱을 축복한 것을 두고 믿음으로 된 것이라는 사실을 증거하고 있다. 그것은 곧 이삭이 믿고 있는 사실에 대한 인간적인 결단이라 말할 수 없다. 야곱에 대해서는 하나님께서 섭리하신 축복이었으므로 그것을 믿음으로 축복한 것이라 말하고 있다.

3. 야곱의 믿음

야곱은 형 에서로부터 장자권을 획득함으로써 아브라함과 이삭을 잇는 하나님의 언약을 상속받게 되었다. 그는 장자권이 무엇을 의미하는지 분명히 알았을 것으로 보인다. 그는 단순히 형 노릇해 보려는 것이 목적이 아니었다. 실제로 그는 에서로부터 형이라는 소리를 들어본 적이 없으며 에서를 동생으로 취급한 적도 없었다.

야곱은 혈통적 형인 에서를 대신해 아브라함과 이삭이 소유하고 있던 언약을 상속받았다. 따라서 그는 혈통적으로 백부가 되는 이스마엘과 그의 자녀들인 사촌들에게 삶을 의존하지 않았으며 친형인 에서와 조카들에게 삶을 의존하지 않았다. 야곱과 그의 가손이 양식을 얻기 위해 애굽으로 내려간 것은 바로 그점을 말해주고 있다.

야곱은 애굽에 내려가서도 그곳이 영원히 정착해 살 지역이 아니라는 사실을 분명히 알았다. 하나님께서 거기서 이스라엘 자손을 큰 민족으로 키워주시면 그곳을 나와 약속의 땅 가나안으로 들어가야 했다.

가나안 땅은 하나님께서 약속하신 땅이며, 특히 헤브론에는 조부모 아브라함과 사라의 묘와 부모 이삭과 리브가의 묘가 있었다. 또한 자기 아내 레아가 그 조상들과 함께 묻혀 있었다.[39] 그러므로 야곱은 죽을 때 자기의 시신은 조상들과 아내가 묻혀있는 헤브론의 막벨라 굴에 장사지내 주도록 유언을 남겼다.

"그가 그들에게 명하여 가로되 내가 내 열조에게로 돌아가리니 나를 헷 사람 에브론의 밭에 있는 굴에 우리 부여조와 함께 장사하라 이 굴은 가나안 땅 마므레 앞 막벨라 밭에 있는 것이라 아브라함이 헷 사람 에브론에게서 밭

---

39) 우리는 여기서 레아가 야곱의 본처라는 사실을 알 수 있다. 야곱은 레아를 조상들의 묘실에 함께 묻음으로써 그에 대한 증거를 보여주었다. 따라서 라헬과 다른 두 여인들은 그의 첩이었을 따름이다.

과 함께 사서 그 소유 매장지를 삼았으므로 아브라함과 그 아내 사라가 거기 장사되었고 이삭과 그 아내 리브가도 거기 장사되었으며 나도 레아를 그곳에 장사하였노라"(창 49:29-31);

야곱의 아들들이 부명을 좇아 행하여 그를 가나안 땅으로 메어다가 마므레 앞 막벨라 밭 굴에 장사하였으니 이는 아브라함이 헷 족속 에브론에게 밭과 함께 사서 소유 매장지를 삼은 곳이더라"(창 50:12,13)

야곱은 그 유언과 함께 믿음으로 요셉의 두 아들인 에브라임과 므낫세에게 축복했다(창 48장). 그리고 지팡이를 의지하고 여호와 하나님께 경배했다. 히브리서 기자는 이에 대해 특별히 언급하고 있다. 그런데 야곱이 친손자들인 요셉의 두 아들들에게 믿음으로 축복한 사실이 왜 히브리서 본문에 기록되어야 했을까?

이는 아마도 그들이 혈통적으로 애굽인의 피가 섞였기 때문이 아니었을까 생각해 볼 수 있다. 그들은 친 할아버지인 야곱의 마음을 잘 알고 있었을 것이 분명하다. 하지만 어떻게 보면 저들에게는 어머니 쪽의 나라 애굽도 상당히 중요했을지 모른다.

그러나 야곱의 입장에서는 때가 되면 저들도 다른 자손들과 마찬가지로 약속의 땅 가나안에 들어가야 할 자손들이었다. 더군다나 그들은 이스라엘 지파의 조상들이 되어야 할 인물들이었다.

야곱이 죽기 전에 손자들인 요셉의 아들들에게 믿음으로 축복했다는 것은 이와 연관되는 것으로 이해할 수 있다. 나아가 히브리서 기자는 그 사실을 상기시킴으로써 당시 민족주의적 경향성을 버리지 못하고 있던 이스라엘 백성들에게 믿음의 참 의미를 일깨우려 했을 것으로 보인다.

4. 요셉의 믿음

요셉은 야곱의 자식들 가운데 말째에 가까우면서도 나중 장자의 명분을 얻게 된다. 그러나 그것은 요셉이 자기의 계획에 따라 스스로 쟁취한 것이 아니었다. 야곱이, 아버지인 자신의 침상을 더럽힌 르우벤을 장자의 자리에서 물러 앉히고 대신 요셉을 장자로 세웠다. 이에 대해서는 역대상에 기록되어 있다.

> "이스라엘의 장자 르우벤의 아들들은 이러하니라 르우벤은 장자라도 그 아비의 침상을 더럽게 하였으므로 장자의 명분이 이스라엘의 아들 요셉의 자손에게로 돌아갔으나 족보에는 장자의 명분대로 기록할 것이 아니니라 유다는 형제보다 뛰어나고 주권자가 유다로 말미암아 났을지라도 장자의 명분은 요셉에게 있으니라" (대상 5:12)

요셉이 장자가 된 것은 야곱의 개인 집안뿐 아니라 이스라엘 민족 전체의 장자가 됨을 의미한다. 요셉은 애굽의 최고 권력자의 자리에 앉아 있으면서도 그곳은 이스라엘 민족이 영원토록 터 잡고 살 지역이 아니라는 사실을 분명히 알고 있었다. 그들이 궁극적으로 돌아가야 할 곳은 하나님께서 저들의 조상에게 약속했던 가나안 땅이었다.

그러므로 요셉은 죽기 전 자기의 시신에 연관하여 매우 중요한 유언을 남겼다. 죽기 전 자기의 시신을 애굽 땅에 완전히 매장할 것이 아니라 임시로 가매장해 두도록 요구했던 것이다. 그리고 하나님께서 이스라엘 민족을 가나안 땅으로 인도해 내실 때 자기의 해골을 무덤에서 파내 저들과 같이 옮겨가겠다는 맹세를 하도록 요구했다. 그것은 믿음으로 말미암는 것이었다.

> "요셉이 또 이스라엘 자손에게 맹세시켜 이르기를 하나님이 정녕 너희를 권고하시리니 너희는 여기서 내 해골을 메고 올라가겠다 하라 하였더라" (창 50:25)

애굽에 살았던 이스라엘 민족의 조상들 가운데 요셉의 무덤 이외는 알려진 것이 없다. 즉 야곱의 다른 아들들이 어디에 묻혀있는지 모른다. 사실 이스라엘 민족의 장자가 된 요셉의 무덤만 중요할 뿐 다른 사람들의 무덤은 별다른 의미가 없었다.

그렇지만 장자의 지위를 상속받은 요셉의 무덤은 모든 이스라엘 백성들에게 잘 알려져 있었다. 이스라엘 백성은 애굽에 살아가고 있는 동안 가매장된 요셉의 유골을 보고 되돌아가야 할 본향을 기억했었다. 즉 그들은 요셉의 무덤을 보면서 본향인 가나안 땅으로 들어가기를 소망했던 것이다.

이처럼 헤브론에 묻힌 아브라함과 이삭과 야곱의 무덤과 더불어 요셉의 시신이 가지게 되는 특별한 역할은 매우 중요한 의미를 지니고 있었다. 애굽과 가나안 땅은 조상들의 시체와 무덤으로 서로 연결되어 있었던 것이다. 그러므로 나중 이스라엘 민족이 출애굽할 때 모세는 요셉의 유언에 따라 그의 유골을 앞세웠다.

> "그러므로 하나님이 홍해의 광야 길로 돌려 백성을 인도하시매 이스라엘 자손이 애굽 땅에서 항오를 지어 나올 때에 모세가 요셉의 해골을 취하였으니 이는 요셉이 이스라엘 자손으로 단단히 맹세케 하여 이르기를 하나님이 필연 너희를 권고하시리니 너희는 나의 해골을 여기서 가지고 나가라 하였음이었더라"(출 13:18,19)

이스라엘 민족이 출애굽하면서 요셉의 유언에 따라 그의 유골을 가지고 나옴으로써 이스라엘의 모든 것이 완전히 나온 의미를 지니게 되었다. 이는 의미상 살아서 출애굽한 자들뿐 아니라 거기서 죽은 모든 이스라엘 백성을 전체적으로 포함하는 의미를 지니고 있다. 이처럼 요셉의 유언은 믿음으로 행해지게 되었던 것이다.

제29장
모세의 부모와 모세 그리고
이스라엘 백성의 믿음
(히 11:23-30)

11:23 믿음으로 모세가 났을 때에 그 부모가 아름다운 아이임을 보고 석 달 동안 숨겨 임금의 명령을 무서워 아니하였으며

11:24 믿음으로 모세는 장성하여 바로의 공주의 아들이라 칭함을 거절하고

11:25 도리어 하나님의 백성과 함께 고난받기를 잠시 죄악의 낙을 누리는 것보다 더 좋아하고

11:26 그리스도를 위하여 받는 능욕을 애굽의 모든 보화보다 더 큰 재물로 여겼으니 이는 상 주심을 바라봄이라

11:27 믿음으로 애굽을 떠나 임금의 노함을 무서워 아니하고 곧 보이지 아니하는 자를 보는 것같이 하여 참았으며

11:28 믿음으로 유월절과 피 뿌리는 예를 정하였으니 이는 장자를 멸하는 자로 저희를 건드리지 않게 하려 한 것이며

11:29 믿음으로 저희가 홍해를 육지같이 건넜으나 애굽 사람들은 이것을 시험하다가 빠져 죽었으며

11:30 믿음으로 칠 일 동안 여리고를 두루 다니매 성이 무너졌으며

1. 모세 부모의 믿음

모세가 애굽 땅에서 출생할 당시 히브리인들의 가정에서 태어난 아들은

살해하는 것이 애굽의 국법이었다.[40] 그런 형편 가운데 아들을 살려서 숨겨 키운다는 것은 여간 큰 모험이 아니었다. 갓 태어난 아기가 울지 않을 수 없다. 그 아기의 우는 소리로 인해 발각이 되면 그 아기뿐 아니라 온 가족의 생명이 위태롭게 된다.

그런데 모세의 부모는 아기의 준수하게 생긴 외모를 보고 그를 죽이지 않고 집안에서 몰래 석 달간을 키웠다. 모세는 출생 당시 비범한 모습을 지녔던 것으로 보인다. 그렇다고 해서 그를 살리는 것은 국법을 어기는 것으로서 여간 위험하지 않았다.

하지만 그 부모는 아기의 생명을 구하기 위해 왕명을 두려워하지 않았다. 그것은 저들이 소유하고 있는 믿음 때문이었다. 그러나 거기에는 분명한 한계가 있었다. 갓 태어난 그 아기를 직접 죽이지는 않았지만 결국 밖에 내다버리지 않을 수 없었다. 결국 모세의 부모는 그를 석 달 동안 숨겨서 키우다가 갈대 상자에 담아 나일강물에 띄워 보냈다.

> "레위 족속 중 한 사람이 가서 레위 여자에게 장가들었더니 그 여자가 잉태하여 아들을 낳아 그 준수함을 보고 그를 석 달을 숨겼더니 … 바로의 딸이 … 불쌍히 여겨 가로되 이는 히브리 사람의 아이로다 … 그 아이가 자라매 바로의 딸에게로 데려가니 그의 아들이 되니라 그가 그 이름을 모세라 하여 가로되 이는 내가 그를 물에서 건져 내었음이라 하였더라" (출 2:1-10)

나일강물에 버려진 모세는 때마침 산책을 나온 애굽 왕 딸의 눈에 발견되었다. 애굽의 공주는 그 아기가 히브리인의 아들이라는 사실을 알고도

---

40) 모세가 출생할 당시 애굽 정부의 남아 살해정책은 매우 짧은 기간 시행되었다. 모세의 형 아론이 태어날 때는 그런 정책이 있지 않았으며, 모세 출생 후 오래 가지 않아 그것이 중단되었다. 이는 우리에게 매우 중요한 사실을 시사하고 있다. 하나님께서 그 잔인한 정책들 허용하신 것은 히브리인의 자손 모세를 애굽의 왕궁으로 들여보내시기 위한 하나님의 놀라운 섭리와 경륜에 따른 것으로 이해해야 한다.

왕궁으로 데려가 키웠다. 그리고 그 아기를 물에서 건져내었으므로 '모세'라는 이름을 붙여주었다. 그것은 국법을 어기는 행위였지만 왕궁의 공주에게는 적용되지 않았다. 그것은 전적으로 하나님의 섭리에 의한 것이었다.

그 모든 일들 가운데는 인간들이 알 수 없는 하나님과 놀라운 경륜이 개입되어 있었다. 히브리서 기자는 모세의 부모가 갓 태어난 자식의 준수함을 보고 하나님께서 그를 살려 주실 것이라는 믿음을 소유하고 있었던 것으로 말하고 있다. 그러나 그것은 우리가 일반적으로 생각하는 막연한 믿음과는 달랐을 것이 틀림없다.

우리는 여기서 반드시 생각하고 지나가야 할 문제를 만나게 된다. 그것은 만일 다른 어떤 히브리 사람이 남자 아기를 출산한 후 그 준수한 외모를 보고 모세의 부모처럼 아기를 숨기면서 하나님이 살려 줄 것으로 믿었다면 그것을 어떻게 이해해야 할까 하는 점이다. 그것을 과연 진정한 믿음이라 말할 수 있을까? 분명한 사실은 인간들의 종교성에서 나오는 그와 같은 믿음을 사람들이 가질 수 있다는 점이다.

따라서 모세가 태어났을 때 그 부모가 그를 죽이지 않고 믿음으로 숨겼을 때 소유한 믿음은 그런 것이 아니었다. 그 믿음은 하나님께서 모세의 부모에게 선물로 주셨던 것이다. 즉 사람들의 마음에서 생성된 믿는 행위가 아니라 하나님께서 특별히 선물로 주신 그 믿음이 구체적으로 작용했던 것이다. 우리는 이에 대한 올바른 이해를 하지 않으면 안 된다.

2. 모세의 믿음

하나님께서 특별히 선택하신 모세는 처음부터 믿음의 사람이었다. 이는 그가 종교적인 신앙심이 두터운 인물이었다는 것을 직접적으로 의미하지 않는다. 그것은 도리어 그에게는 하나님께서 허락하신 믿음이 존재했다는 사실을 말해준다.

그러므로 모세는 자신의 개인적인 인생을 꾸리기에 치중했던 것이 아니라 하나님의 뜻과 경륜에 온전히 참여하는 데 관심을 두었다. 바로왕의 공주가 그의 어머니였다는 것은 바로왕의 왕위를 계승하는 지위에 놓일 수 있었음을 말해주고 있다. 적어도 그의 이름은 매우 높은 서열에 놓여 있었을 것이 틀림없다.

그런데 모세는 애굽의 편이 아니라 자기 종족인 히브리인들의 편에 섰다. 그것은 그의 모든 영화를 상실하게 됨을 의미한다. 그럼에도 불구하고 그는 자기에게 닥칠 고난을 충분히 감지하고 있으면서도 이스라엘 민족을 위해 부당한 행동을 하는 애굽인을 죽이게 되었다. 그와 같은 결단과 행동은 바로왕의 공주의 아들이라는 막강한 권력의 자리를 차버린 것과 마찬가지였다.

믿음으로 말미암는 그와 같은 모세의 행동은 그리스도를 위해 받는 능욕이었다. 왕궁생활을 하며 궁전교육을 받은 모세는 그것 때문에 자신의 종족인 이스라엘 민족을 위해 고난을 당하는 처지에 놓이게 되었다. 애굽에 저항한 모세는 결국 왕궁을 뛰쳐나와 사람들의 눈이 미치지 않는 삭막한 시내광야로 도망하게 되었다. 거기에서의 삶은 왕궁생활에 익숙했던 그에게 매우 힘들었을 것이 틀림없다.

광야에서 양을 치며 사십년을 보낸 모세는 하나님의 명령에 따라 다시금 애굽의 왕궁에 들어가야 했다. 하나님께서는 그에게 바로왕과 백성을 향해 허락하신 모든 이적들을 베풀도록 요구하셨다. 이는 이스라엘 민족을 가나안 땅으로 불러내시고자 하는 하나님의 섭리와 경륜에 따른 것이었다.

당시 정치적인 모든 상황을 고려할 때, 노예생활을 하던 이스라엘 백성을 애굽에서 탈출시킨다는 것은 불가능한 일이었다. 그러나 모세는 하나님의 명령에 힘입어 믿음으로 모든 것을 시행했다. 그것은 그에게 엄청나게 큰 고난을 동반할 수밖에 없었다. 그가 힘든 고난을 받으며 능히 이겨낼 수 있었던 것은 그에게 그리스도에 대한 믿음과 소망이 있었기 때문이었다.

> "믿음으로 모세는 그리스도를 위하여 받는 능욕을 애굽의 모든 보화보다 더 큰 재물로 여겼으니 이는 상 주심을 바라봄이라" (히 11:26)

모세는 하나님으로 말미암아 그리스도를 위해 당하는 고난을 기쁨으로 받아들였다. 이는 그가 애굽의 모든 보화와는 도저히 비교될 수 없는 천상의 큰 영광에 대해 잘 알고 있었기 때문이다. 그러므로 세상에서의 모든 영화를 버리고 천상에서 주어지게 될 상을 바라보게 되었다.

구약시대의 모든 믿음의 선배들은 그와 같은 신앙자세를 소유하고 있었다. 저들에게는 세상에서 당하는 일시적인 능욕 정도는 아무 것도 아니었다. 따라서 신약시대의 모든 성도들도 그와 동일한 신앙 자세를 가져야만 한다. 예수께서는 제자들에게 구약시대 선지자들이 당했던 핍박과 저들이 당하게 될 능욕과 고난에 관해 말씀하시며 장차 천상에서 주어질 상을 약속하셨다.

> "나를 인하여 너희를 욕하고 핍박하고 거짓으로 너희를 거스려 모든 악한 말을 할 때에는 너희에게 복이 있나니 기뻐하고 즐거워하라 하늘에서 너희의 상이 큼이라 너희 전에 있던 선지자들을 이같이 핍박하였느니라" (마 5:11,12)

오늘날 우리도 이와 동일한 신앙 자세를 유지하지 않으면 안 된다. 천상에서 큰 상이 기다리고 있다는 사실은 우리로 하여금 모든 것을 능히 이길 수 있는 힘을 제공한다. 하나님의 백성들이 이땅에서 당하는 환난과 고통중에도 항상 기뻐할 수 있는 것은 영원한 천국에 대한 소망이 있기 때문이다.

그리고 모세는 믿음으로 유월절 양을 잡고 그 피를 뿌리는 예식을 정했다. 그것은 인간들뿐 아니라 모든 생축들의 초태생을 멸하기 위해 하나님께서 제정하신 특별한 제도였다. 상상을 초월한 무서운 재앙을 당하게 된 애굽인들은 더 이상 언약의 자손들을 건드리지 못했다. 그렇게 해서 이스라엘 백성들은 애굽으로부터 탈출해 나올 수 있었다. 이는 신약시대에도 세상으로부터 탈출한 모든 성도들에게 예수 그리스도의 사역과 더불어 매우 중요한 교훈을 주고 있다.

3. 이스라엘 백성의 믿음

모세와 이스라엘 자손들은 육지 위를 걸어가듯이 믿음으로 홍해를 건넜다. 그러나 애굽 군인들은 그 물 속으로 들어와 저들의 뒤를 추격하다가 바다에 수장水葬되었다. 하지만 여기서 말하는 언약 백성들의 믿음은 앞에서와 마찬가지로 그들이 마음으로 믿었기 때문에 홍해가 갈라지고 애굽을 탈출해 나올 수 있었다는 의미가 아니다.

그들은 오히려 그것을 믿고 있기는커녕 그에 대한 구체적인 기대를 하지 않았다. 오히려 무장한 애굽 군인들이 뒤에서 공격해 옴으로써 사면초가四面楚歌의 위기에 빠져 불안에 떨어야 했다. 그와 같은 형편에 놓인 이스라엘 백성들에게 하나님께서 특별한 긍휼을 베푸셨다. 그것은 홍해의 바닷물을 가르고 마른 땅을 드러내는 기적이었으며 사람들은 상상도 할 수 없는 일이었다.

그로 말미암아 이스라엘 자손들은 바다 사이에 난 마른 땅의 길을 밟고 건너 맞은 편 시내광야에 도달했다. 그러나 무장한 애굽의 군인들은 저들의 병기와 함께 물에 빠져 수장 당했다. 이로써 홍해바다가 이스라엘 백성과 애굽 사이를 완전히 갈라놓아 더 이상 상통하지 못하도록 했다. 하나님의 자녀들은 믿음으로 시내산에서 하나님의 때를 기다렸으며 모세는 믿음으로 하나님의 모든 명령에 순종하게 되었다.

제30장
이스라엘 민족과 기생 라합, 사사들의 믿음
(히 11:31-34)

11:31 믿음으로 기생 라합은 정탐꾼을 평안히 영접하였으므로 순종치 아니한 자와 함께 멸망치 아니하였도다

11:32 내가 무슨 말을 더 하리요 기드온, 바락, 삼손, 입다와 다윗과 사무엘과 및 선지자들의 일을 말하려면 내게 시간이 부족하리로다

11:33 저희가 믿음으로 나라들을 이기기도 하며 의를 행하기도 하며 약속을 받기도 하며 사자들의 입을 막기도 하며

11:34 불의 세력을 멸하기도 하며 칼날을 피하기도 하며 연약한 가운데서 강하게 되기도 하며 전쟁에 용맹되어 이방 사람들의 진을 물리치기도 하며

1. 가나안 땅을 향한 이스라엘 민족의 믿음

출애굽 후 사십 년간의 시내광야 생활을 마친 이스라엘 백성은 믿음으로 요단강을 건넜다. 그들이 가나안 땅으로 진입한 것은 전적인 믿음으로 말미암은 것이었다. 그것은 인간들의 지략이나 전투력에 의존한 판단이 아니었다.

그리고 이스라엘 백성은 하나님의 명령에 따라 믿음으로 하루에 일곱 번씩 칠 일 동안 여리고성을 돌았다. 그와 같은 행동은 결코 승리를 위한 작전으로서는 일반적이지 않다. 그럼에도 불구하고 그 성은 맥없이 무너

졌다. 시내산에서 나온 백성들은 여리고성 싸움에서 칼과 창을 전혀 사용하지 않고 승리했던 것이다.

원래 여리고성은 난공불락難攻不落의 성이라고 자랑할 만한 견고한 성읍이었지만 그 성을 함락하기 위해서는 무기 하나 사용할 필요가 없었다. 그것은 군사적인 훈련이나 능력이 아니라 전적으로 하나님께서 허락하신 믿음으로 말미암은 결과였다. 이는 하나님께서 저들을 위해 직접 싸우신다는 사실을 실제적으로 보여주신 사건이었다.

2. 기생 라합의 믿음

가나안 땅을 정복하기 위해 시내광야를 출발한 이스라엘 백성은 요단강 건너 첫 성읍이었던 여리고를 먼저 점령하지 않으면 안 되었다. 그것을 위해 여호수아는 두 명의 정탐군을 그 성으로 들여보냈다. 그 정탐군들은 나그네가 드나드는 숙소를 찾았다. 결국 그들은 기생 라합의 집으로 들어갔는데 그곳은 불량한 사람들이 많이 출입했으므로 적들에게 발각되지 않고 몸을 숨기기에 적절했다.

이스라엘 민족이 가나안 땅으로 들어갈 무렵 여리고성은 이미 초비상에 걸려 있었다. 출애굽한 후 사십 년간 시내광야에 머물고 있던 한 유목 민족이 그곳을 정복하기 위해 침입해오고 있다는 정보가 있었기 때문이다. 그들은 이스라엘과 맞서 싸우기도 전에 벌써 사기가 극도로 저하되어 있었다. 그것은 이스라엘 민족의 전투력 때문이 아니라 저들을 애굽으로부터 인도해낸 여호와 하나님에 관한 소문을 익히 들어왔기 때문이다.

그러므로 여리고성의 주민들은 외부 사람들에 대해 민감한 반응을 보이며 감시했다. 그러던 중 어떤 사람이 이스라엘 민족의 정탐군이 라합의 집에 들어간 사실을 여리고의 왕에게 신고했다. 그 사실을 알게 된 왕은 라합에게 통보하여 그 정탐군을 밖으로 끌어내라는 명령을 내렸다.

그런데 당시 라합은 자기가 속한 나라의 여리고성을 버리고 이스라엘 민족의 편으로 돌아섰다. 따라서 그녀는 왕에게 이스라엘 사람들이 자기 집에 들어왔던 것은 사실이지만, 성문을 닫을 시간 즈음 되돌아갔다고 거짓말을 했다. 그러면서 열심히 추격하면 그들을 뒤따라 잡을 수 있을지도 모른다고 말했다. 그러나 실상은 라합이 자신의 집 지붕위에 벌여놓은 삼대에 저들을 숨겨놓은 상태였다.

라합은 윤리적인 관점에서 본다면 건전하지 못한 여성이었다. 그런 부도덕한 사람이라면 이스라엘 민족을 위해서 아무런 쓸모없는 인물이었다. 이방여인이란 자체가 벌써 부정한 상태였다. 나아가 여리고성의 입장에서 본다면 그 여인은 조국을 팔아먹은 매국노에 지나지 않았다.

그렇지만 라합은 이스라엘 민족을 위해 매우 중요한 역할을 했다. 성경은 그것을 두고 라합이 믿음으로 한 행동이었다는 사실을 증언하고 있다(히 11:31). 이는 그녀가 여호와 하나님의 능력을 알고 그를 진심으로 의지한 사람이었다는 점을 증거해 주고 있다. 우리는 이를 통해 여호와 하나님께서 이방인에게 특별히 허락하신 믿음의 성격을 생각해 보게 된다.

3. 기드온, 바락, 삼손, 입다 및 사사들

가나안 땅에 언약의 나라인 다윗 왕국이 건립되기 전 이스라엘 민족 가운데서 삼백여 년 동안 활약했던 사사들은 믿음의 사람들이었다. 경우에 따라서는 저들의 외적인 생활을 이해하기 어려운 부분이 없지 않다. 그럼에도 불구하고 성경은 저들이 믿음으로 활동했다는 사실을 증거하고 있다.

사사들이 활동한 시기에는 이스라엘 백성들 가운데 왕이라는 직책을 가진 자가 존재하지 않았다. 하나님이 직접 저들을 통치하는 왕이 되셨기 때문이다. 따라서 당시 백성들은 인간을 왕으로 세워 전략적으로 원수들을 무찌른 것이 아니었다. 하나님께서는 이스라엘 민족을 향해 대적하는 이 방족속을 물리치실 때, 그때그때 필요한 자들을 불러 사사로 세워 싸우게 했던 것이다.

히브리서에는 기드온, 바락, 삼손, 입다의 이름이 기록되어 있다. 이는 여러 사사들 가운데서 그들만 특출하게 믿음으로 행했다는 의미가 아니다. 그들은 모든 사사들을 대표하여 이름이 올려지게 되었다. 즉 그들 이 외에 다른 모든 사사들도 저들과 동일한 믿음의 사람들이었던 것이 분명하다.

사사들에게 주어진 임무는 이스라엘 민족을 위해 이방의 적들과 전쟁하는 일이었다. 그리고 저들 가운데서 옳고 그름을 분별하는 재판관의 역할을 감당했다. 그들은 상시적으로 존재하는 특별한 기관에 속한 자들이 아니라 하나님의 필요에 따라 불림을 받아 사용되었다. 따라서 사사들은 개인적으로 연마한 능력이 아니라 하나님께서 주시는 능력으로써 원수들과 싸워 승리를 쟁취했다.

4. 다윗과 사무엘을 비롯한 선지자들

사무엘과 다윗은 사사시대가 끝나가던 말기부터 활동했던 인물들이다. 그리고 다윗 왕 이후부터는 사사들에게 맡겨진 직책 대신 이스라엘 민족을 위한 선지자들의 활동이 시작되었다. 히브리서 기자는 그 모든 선지자들이 하나님으로 말미암아 주어진 믿음으로 사역했다는 사실을 기록하고 있다.

구약시대 선지자들의 삶은 결코 평탄하지 않았다. 그들은 어렵고 힘든 여건 가운데서도 하나님의 의를 행하며 약속을 받아 그에 순종했다. 또한 그 믿음의 선배들 가운데는 이방족속과 전쟁을 치루며 많은 피를 흘리기도 했다. 다윗은 예루살렘을 정복하는 과정에서 많은 사람들을 죽이지 않을 수 없었다.

선지자들 중에는 믿음으로 사나운 사자들의 입을 막은 자가 있었던가 하면 불의 세력을 멸하는 능력을 행하는 자도 있었다. 그리고 믿음으로 원수들의 무서운 칼날을 피하기도 했다. 또한 연약한 가운데서 강한 힘을 보여주는 자들도 많이 있었으며, 열악한 환경 가운데 전쟁을 하면서도 용맹을 떨쳐 이방인들의 진지를 물리치기도 했다.

선지자들이 행했던 모든 활동상을 여기서 다 말할 수는 없다. 분명한 사실은 그들이 다양한 형태의 삶을 살면서 이스라엘 백성에게 하나님의 말씀을 전달했다는 점이다. 그리고 백성들을 하나님의 진리 가운데로 인도하기 위해 최선을 다했다. 그들은 개인적인 야망이나 욕망을 완전히 포기한 채 하나님께서 맡기신 모든 사명을 오직 믿음으로 감당하기를 게을리 하지 않았다.

제31장
믿음으로 세상의 환난과 고통을 당한 성도들
(히 11:35-40)

11:35 여자들은 자기의 죽은 자를 부활로 받기도 하며 또 어떤 이들은 더 좋은 부활을 얻고자 하여 악형을 받되 구차히 면하지 아니하였으며

11:36 또 어떤 이들은 희롱과 채쩍질뿐 아니라 결박과 옥에 갇히는 시험도 받았으며

11:37 돌로 치는 것과 톱으로 켜는 것과 시험과 칼에 죽는 것을 당하고 양과 염소의 가죽을 입고 유리하여 궁핍과 환난과 학대를 받았으니

11:38 (이런 사람은 세상이 감당치 못하도다) 저희가 광야와 산중과 암혈과 토굴에 유리하였느니라

11:39 이 사람들이 다 믿음으로 말미암아 증거를 받았으나 약속을 받지 못하였으니

11:40 이는 하나님이 우리를 위하여 더 좋은 것을 예비하셨은즉 우리가 아니면 저희로 온전함을 이루지 못하게 하려 하심이니라

1. 믿음으로 부활을 받아들인 여자들

말씀을 통해 참된 신앙을 상속받은 성도들은 영원한 부활을 믿게 된다. 그것은 사탄의 유혹을 받은 아담으로 인해 들어온 사망을 누르고 쟁취한 승리를 받아들이는 신앙이다. 사망을 이기게 된다는 사실에 대한 깨달음

은 이 세상에 미련을 두는 삶을 거부하도록 한다. 그와 같은 일은 예수 그리스도의 십자가 사역과 그에 뒤따른 역사적 부활을 통해 일어나게 된다.

그러나 부활신앙은 인간의 의지로 받아들일 수 있는 성격이 아니다. 그것은 전적인 하나님의 은혜로 인해 소유할 수 있는 신앙이다. 예수께서 십자가에 달려 돌아가신 후 무덤에 장사되었을 때 그에 연관된 일들이 발생했다. 히브리서 본문에 나타나는 여자들 가운데는 그들이 포함되었을 것은 지극히 당연하다.

예수께서 십자가에 달려 돌아가시자 사람들은 그를 장사지냈다. 그가 무덤에 묻히고 나서 사흘째 되는 안식일 후 첫날 몇 명의 여자들이 그 무덤을 찾아갔다. 그들이 무덤에 갔던 것은 예수님의 부활을 믿었기 때문이 아니라 도리어 그 부활을 믿지 않았기 때문이었다. 신약성경은 그에 대한 분명한 증거를 하고 있다.

> "안식일이 지나매 막달라 마리아와 야고보의 어머니 마리아와 또 살로메가 가서 예수께 바르기 위하여 향품을 사다 두었다가 안식 후 첫날 매우 일찌기 해 돋은 때에 그 무덤으로 가며 서로 말하되 누가 우리를 위하여 무덤 문에서 돌을 굴려 주리요 하더니 … 청년이 이르되 놀라지 말라 너희가 십자가에 못 박히신 나사렛 예수를 찾는구나 그가 살아나셨고 여기 계시지 아니하니라 보라 그를 두었던 곳이니라 … 여자들이 심히 놀라 떨며 나와 무덤에서 도망하고 무서워하여 아무에게 아무 말도 하지 못하더라"(막 16:1-8)

복음서는 안식 후 첫날 무덤을 방문했던 여인들이 예수님의 부활을 믿었던 것이 아니었음을 말해주고 있다. 그들은 죽은 예수님의 시신에 마지막으로 향유를 발라주기 위해 그 무덤을 찾았다. 갈릴리에서부터 예수님을 따라 예루살렘에 왔던 그 여인들은 안타까운 죽음을 당한 그의 시신에 대한 모든 의례를 마무리하고 고향으로 돌아가려고 했을 것이다.

그런데 성경은 그 여자들이 믿음으로 부활을 받아들인 것으로 설명하고 있다. 이는 그 믿음이 우리가 일반적으로 생각하는 정신적인 판단에 따른 신앙행위가 아니라는 사실을 말해준다. 참된 믿음은 하나님의 선물이며 그 믿음으로써 부활을 받아들이게 된 것이다. 따라서 어떤 사람들은 심한 고문을 받았으나 부활에 대한 분명한 소망을 소유하고 있었으므로 구차하게 풀려나기를 원하지 않았던 것이다.

2. 채찍과 고문을 당한 자

하나님의 자녀들 가운데는 견디기 어려운 모진 고통을 감당해야 할 경우가 많이 있었다. 하나님의 아들이 세상으로부터 고난을 당한 터에 그의 자녀들이 그와 같은 고난을 당한다고 해서 새로울 것이 없다. 구약과 신약 시대 전체에 걸쳐 하나님의 자녀들은 항상 고난을 당할 위험에 직면해 있었다.

믿음의 선배들 가운데는 원수들로부터 조롱과 채찍질을 당했을 뿐 아니라 결박과 감옥에 갇히는 시련을 당한 이들도 많이 있었다. 나아가 배도에 빠진 악한 인간들은 믿음을 가진 성도들을 돌로 쳐 죽이기도 했으며, 톱으로 신체를 자르거나 칼로 죽이는 잔인한 악행을 저지르기도 했다.

하나님을 따르는 자들은 세상에서 좋은 옷을 입고 호의호식好衣好食하기는커녕 양과 염소의 가죽을 걸치고 이곳저곳을 유리하기도 했다. 그들 가운데는 안전하고 평온한 집이 아니라 산과 동굴과 토굴에 숨어 지내기도 했다. 그리고 궁핍한 생활을 하며 견디기 어려운 환난과 학대를 받기도 했다.

그들이 이와 같이 모진 고통을 당해야했던 유일한 이유는 하나님을 믿고 예수 그리스도를 선포한다는 이유 때문이었다. 타락한 세상에 속한 자들은 예수님의 이름으로 말하는 것을 허용하지 않았다. 이는 세상과 교회가 서로 반대편에 서 있다는 사실을 보여준다. 누가는 사도행전에서 그에 관한 기록을 남기고 있다.

> "저희가 옳게 여겨 사도들을 불러들여 채찍질하며 예수의 이름으로 말하
> 는 것을 금하고 놓으니 사도들은 그 이름을 위하여 능욕 받는 일에 합당한
> 자로 여기심을 기뻐하면서 공회 앞을 떠나니라"(행 5:40,41)

이땅에 살아가는 하나님의 백성들은 항상 이와 같은 고난을 받을 준비
를 갖추고 있어야만 한다. 설령 지금 당장 그렇지 않다 할지라도 언제 그
런 상황이 닥치게 될지 아무도 알 수 없기 때문이다. 만일 그리스도로 말
미암아 육체적인 고통이 임하게 된다면 그것을 견디기 쉽지 않을 것이 분
명하다. 하지만 이땅에서 당하는 어떤 심한 고통이라 할지라도 부활을 통
해 약속된 영원한 삶과는 비교가 될 수 없다.

그러므로 지상에 살아가는 하나님의 자녀들은 앞서 살았던 성도들처럼
믿음으로 말미암는 증거를 소유해야만 한다. 구약시대 믿음의 선배들은
믿음으로 장차 임하게 될 분명한 소망을 바라보았다. 저들은 아직 약속된
영원한 세계를 온전히 상속받은 것이 아니었다. 그것은 역사상의 교회와
더불어 점차적으로 온전함을 이루어 간다. 즉 예수 그리스도께서 피로 값
주고 사신 교회를 통한 구원과 심판사역으로 말미암아 하나님의 모든 약
속이 이루어져 가게 되는 것이다.

3. 사도의 고백과 성도들의 삶

예수님 당시 믿음의 선배들은 엄청난 고통을 당해야만 했다. 세례 요한
은 감옥에 갇혔다가 형언할 수 없는 처참한 죽임을 당했다. 베드로와 바울
은 감옥에 갇히기를 여러 번 되풀이했다. 야고보는 칼에 맞아 순교했으며
스데반은 돌에 맞아 죽었다.

비록 그렇지는 않았다 할지라도 사도들은 엄청난 고통 가운데 살아갔다. 그들은 일반적인 관점에서 보아 결코 안온하고 즐거운 생활을 영위했던 것이 아니다. 사도 바울은 고린도 교회에 보내는 편지에서 자신의 고통스런 형편에 대해 기록하고 있다.

> "바로 이 시간까지 우리가 주리고 목마르며 헐벗고 매 맞으며 정처가 없고 또 수고하여 친히 손으로 일을 하며 후욕을 당한즉 축복하고 핍박을 당한즉 참고 비방을 당한즉 권면하니 우리가 지금까지 세상의 더러운 것과 만물의 찌끼 같이 되었도다"(고전 4:11-13)

사도 바울은 고린도 교회를 향해 편지를 쓰는 그 순간에도 먹고 입는 문제로 인해 궁핍함에 처해있으며 그동안 매를 맞기도 하고 안전하게 살 만한 집이 없어 떠돌아 다녔노라고 말했다. 그는 다른 사람들보다 더 많은 수고와 더불어 노동하며 살아가지 않으면 안 되었다. 그것은 풍요로움을 추구하는 것이 아니라 최소한의 생존을 위한 몸부림이었다.

나아가 바울은 악한 자들로부터 부당하게 욕을 당해도 저들을 원망하지 않았으며 핍박을 당하면서도 참아냈다. 그리고 심한 비방을 당할 때 저들을 권면하는 가운데 최선을 다하는 삶을 살았다. 사도는, 그런 삶을 살다보니 자기들이 마치 세상의 더러운 것들과 만물의 쓰레기처럼 되었다고 말했다. 하지만 그들은 믿음으로 영원한 천국에 소망을 두고 있었으므로 천상의 기쁨 가운데 살아갈 수 있었다.

4. 믿음의 증거를 소유한 성도들

하나님의 부르심을 입은 자녀들은 진정한 믿음을 소유하게 된다. 그 믿음은 인간들의 두뇌에서 생겨난 판단이나 종교적인 노력에 근거한 것이 아니라 전적으로 하나님께서 허락하신 선물이다. 모든 믿음의 선배들은 그와 같은 신앙을 소유하고 있었다. 하나님의 자녀들이 타락한 세상에서 능히 승리할 수 있었던 것은 바로 그 믿음 때문이었다. 사도 바울은 에베소 교회에 편지를 보내면서 그점을 설명하고 있다.

"믿음으로 말미암아 그리스도께서 너희 마음에 계시게 하옵시고 너희가 사랑 가운데서 뿌리가 박히고 터가 굳어져서 능히 모든 성도와 함께 지식에 넘치는 그리스도의 사랑을 알아 그 넓이와 길이와 높이와 깊이가 어떠함을 깨달아 하나님의 모든 충만하신 것으로 너희에게 충만하게 하시기를 구하노라"(엡 3:17-19)

지상 교회에 속한 참된 성도들의 모든 삶은 오직 하나님께서 허락하신 믿음에 근거한다. 그 믿음이 아니라면 어떤 의로운 일도 행할 수 없다. 그것으로 말미암아 예수 그리스도께서 성도들 안에 거하시게 되며 그의 사랑 가운데 뿌리가 박히고 터가 굳건해져 가게 된다. 하나님의 자녀들은 그것을 통해 무한한 사랑을 깨달아 하나님의 진리가 우리에게 충만하게 되는 것이다. 이 모든 것은 하나님께서 허락하시는 믿음이 없이는 결코 이루어질 수 없는 삶이다.

제8부

교회와 영원한 하나님 나라

제32장
예수 그리스도의 증인들과 전투하는 교회
(히 12:1-8)

12:1 이러므로 우리에게 구름같이 둘러싼 허다한 증인들이 있으니 모든 무거운 것과 얽매이기 쉬운 죄를 벗어 버리고 인내로써 우리 앞에 당한 경주를 경주하며

12:2 믿음의 주요 또 온전케 하시는 이인 예수를 바라보자 저는 그 앞에 있는 즐거움을 위하여 십자가를 참으사 부끄러움을 개의치 아니하시더니 하나님 보좌 우편에 앉으셨느니라

12:3 너희가 피곤하여 낙심치 않기 위하여 죄인들의 이같이 자기에게 거역한 일을 참으신 자를 생각하라

12:4 너희가 죄와 싸우되 아직 피흘리기까지는 대항치 아니하고

12:5 또 아들들에게 권하는 것같이 너희에게 권면하신 말씀을 잊었도다 일렀으되 내 아들아 주의 징계하심을 경히 여기지 말며 그에게 꾸지람을 받을 때에 낙심하지 말라

12:6 주께서 그 사랑하시는 자를 징계 하시고 그의 받으시는 이들마다 채쩍질 하심이니라 하였으니

12:7 너희가 참음은 징계를 받기 위함이라 하나님이 아들과 같이 너희를 대우하시나니 어찌 아비가 징계하지 않는 아들이 있으리요

12:8 징계는 다 받는 것이거늘 너희에게 없으면 사생자요 참 아들이 아니니라

1. 허다한 증인들

하나님의 자녀들에게는 그 믿음을 보증하는 많은 증인들이 있다. 구약 시대와 신약시대의 모든 믿음의 선배들이 곧 중요한 증인 역할을 하게 된다. 나아가 세상에 존재하는 모든 하나님의 자녀들은 상호간에 증인의 역할을 감당하고 있다.

그러므로 우리는 자신이 믿는 바를 알지 못해서는 안 되며, 개인적인 취향에 따라 자기 마음대로 적절한 신앙을 만들어 소유하고 있는 것이 아니다. 지상의 성도들에게 많은 신앙의 증인들이 있다는 사실은 어지러운 세상에 살아가는 동안 많은 위로를 받게 한다. 즉 홀로 외롭게 하나님을 믿으며 신앙생활을 하는 것이 아니라 동질의 신앙을 소유한 형제들이 많이 있다는 사실을 잘 알고 있기 때문이다.

예수께서는 성령이 임하시게 되면 모든 제자들이 그를 위한 증인이 되리라는 사실을 말씀하셨다. 그것은 성도들이 선택을 통해 그렇게 되는 것이 아니라 당연히 그렇게 될 수밖에 없었다. 또한 사도 바울은 디모데에게 편지하며 많은 증인들 앞에서 하나님의 말씀을 전하고 가르치라는 당부를 하고 있다.

> "오직 성령이 너희에게 임하시면 너희가 권능을 받고 예루살렘과 온 유대와 사마리아와 땅 끝까지 이르러 내 증인이 되리라 하시니라" (행 1:8);
> "또 네가 많은 증인 앞에서 내게 들은 바를 충성된 사람들에게 부탁하라 저희가 또 다른 사람들을 가르칠 수 있으리라" (딤후 2:2)

하나님의 자녀들은 이 세상 가운데서 예수 그리스도에 대한 증인이 된다. 하나님을 알지 못하는 사람들이 그와 그의 모든 사역을 거부할 때 성도들은 그 목격자로서 그에 대한 증인의 역할을 하게 되는 것이다. 이로써 교회에 속한 모든 성도들의 신분과 소속이 명확하게 드러난다.

예수 그리스도를 알고 있는 증인이자 자기를 위해 많은 증인을 두고 있는 하나님의 백성들은 세상으로부터 얽매이기 쉬운 모든 악한 것들을 벗어버려야 한다. 비록 타락한 세상에 살아가면서 견디기 어려운 환난이 닥친다 할지라도 끝까지 인내하지 않으면 안 된다. 교회에 속한 성도들은 신약시대의 사도들 곧 사도들의 가르침과 더불어 최선의 경주를 해야만 하는 것이다.

2. "믿음의 주인 예수를 바라보자"

하나님의 자녀들은 이 세상에 살아가고 있지만 천상에 계신 예수 그리스도께 초점을 맞추고 살아야만 한다. 그는 자기 자녀들에게 천상의 기쁨을 제공하시기 위해 지상에서 모진 십자가 고난을 참고 견디셔야 했다. 피조물인 더러운 인간들이 가하는 악행이었음에도 불구하고 예수께서는 끝까지 그 창피를 견디며 인내하셨다. 그 결과 그는 영광의 하나님 보좌 우편에 앉으시게 되었다.

그러므로 하나님으로부터 천상의 은혜를 입은 성도들은 이 세상의 것을 추구해서는 안 된다. 그것은 인간의 사사로운 욕망을 따르는 것에 지나지 않는다. 세상의 것들을 탐하면서 주변을 두리번거리며 살아가는 것은 온전한 성도의 신앙자세가 아니다. 그것은 일시적인 즐거움을 제공할지 모르지만 패망의 길을 재촉하게 된다. 그러므로 바울은 골로새 교회에 편지하면서 땅엣 것을 생각지 말고 위엣 것을 찾으라고 당부했다.

> "그러므로 너희가 그리스도와 함께 다시 살리심을 받았으면 위엣 것을 찾으라 거기는 그리스도께서 하나님 우편에 앉아 계시느니라 위엣 것을 생각하고 땅엣 것을 생각지 말라 이는 너희가 죽었고 너희 생명이 그리스도와 함께 하나님 안에 감취었음이니라"(골 3:1-3)

예수 그리스도가 계시는 천상의 나라를 바라보며 영원한 세계를 추구하는 사람들이 진정으로 복된 자들이다. 하나님의 자녀들은 이 세상에 대해서는 이미 그리스도와 함께 죽었다. 예수님이 십자가를 지고 돌아가실 때 그에게 속한 백성들도 그와 더불어 십자가에 못박혔기 때문이다.

그와 같은 성도들은 이 세상이 아니라 자기를 구원하신 예수 그리스도께 속해 있다. 따라서 그 사람들의 생명은 그리스도와 함께 하나님 안에 신비롭게 감추어져 있다. 하지만 어리석은 인간들은 그 비밀을 모르기 때문에 하나님의 백성들이 소유한 진정한 생명의 의미를 알지 못한다. 그들은 이 세상에서 현상적으로 보이는 일시적인 생명이 전부라 생각하는 것이다.

타락한 세상에 속해 있으면서 그와 같은 사고를 하는 악한 자들은 도리어 영원한 생명을 소유한 성도들을 멸시하며 박해를 가한다. 자기들의 일반적인 판단에 조화되지 않는다는 이유 때문이다. 따라서 세상에서 하나님의 자녀로 살아가는 성도들은 저들에게 시달려 피곤한 삶을 살지 않을 수 없다(마 24:9). 신앙이 어린 교인들은 그런 과정을 거치면서 낙심에 빠질 우려가 없지 않다.

그러므로 모든 성도들은 항상 자기를 거역한 세상에 대해 오래 참으신 천상의 예수 그리스도를 생각해야만 한다. 예수께서는 우리가 겪는 어려움과는 도저히 비교가 되지 않는 큰 고통을 당하셨기 때문이다. 그에 대한 올바른 지식과 믿음을 소유함으로써 성도들은 악한 세상 가운데서 힘을 얻고 위로를 받게 되는 것이다.

3. "죄에 대항해 피 흘리기까지 싸우라"

하나님의 백성은 타락한 이 세상에서 전투하는 영적인 군인과도 같다. 하나님을 알지 못하는 자들은 사탄의 세력이 통치하는 죄의 편에 선 자들이다. 그러나 교회에 속한 성도들은 거룩한 하나님의 편에 서 있다. 영적인 측면에서 본다면 하나님의 백성과 세상에 속한 백성은 영적인 적대관계에 놓여 있다.

전장에 나가 전투하는 군인이 마치 운동경기를 하듯 행동해서는 안 된다. 그것은 게임을 즐기는 것이 아니라 생명을 담보로 한 처절한 싸움이기 때문이다. 즉 그것은 죽느냐 사느냐 하는 생사와 직접 연결된 문제이다. 이는 물론 성도들 개인을 넘어 전체 교회 공동체에 연관되어 있다.

신앙이 어린 교인들은 신앙생활을 마치 낭만적인 것인 양 여긴다. 그렇게 되면 적절하게 대치하는 가운데 살아가면 된다고 생각하는 것이다. 하지만 그것은 결코 그렇지 않다. 하나님의 자녀들은 성령을 힘입어 사탄의 목을 조여 놓아야 하며 그의 졸개들도 함부로 다가오지 못하도록 대처해야 한다. 조금만 틈을 보이게 되면 도리어 사탄과 그의 세력이 하나님의 자녀들을 유린하려고 덤벼들 것이기 때문이다.

사도 요한은 그의 계시록에서 사탄과 하나님의 백성 사이에 발생할 일에 관한 언급을 하고 있다. 서머나 교회를 염두에 둔 메시지 가운데 그점을 분명히 밝혔다. 사탄은 지상에 있는 교회를 박해하여 성도들을 감옥에 가두고 교회는 일시 동안 심한 환난을 당하게 된다는 것이었다.

> "네가 장차 받을 고난을 두려워 말라 볼지어다 마귀가 장차 너희 가운데서 몇 사람을 옥에 던져 시험을 받게 하리니 너희가 십일 동안 환난을 받으리라 네가 죽도록 충성하라 그리하면 내가 생명의 면류관을 네게 주리라"(계 2:10)

이 말씀은 일차적으로 서머나 교회를 염두에 둔 것이지만 지상의 모든 교회들이 마음에 새겨야 할 내용이다. 마지막 때가 가까워오면 사탄은 더욱 발악하며 날뛰게 될 것이 틀림없다. 사탄의 세력은 교회에 속한 성도들을 심하게 박해할 것이며 그 가운데 상당수를 죽이기까지 한다.

신앙이 어린 교인들은 그와 같은 상황을 직면하면서 쉽게 겁을 집어먹게 된다. 하지만 모든 성도들이 분명히 알고 있어야 할 사실은 그 환난이 일시적인 것에 지나지 않는다는 사실이다. 따라서 성도들은 신앙에서 뒤로 물러설 것이 아니라 도리어 용기를 가지고 적을 향해 진격함으로써 하나님께 더욱 충성해야 한다. 하나님께서는 그와 같이 하는 성도들에게 영원한 생명의 면류관을 약속하셨다.

그럼에도 불구하고 신앙이 어리거나 어리석은 자들은 죄에 맞서 싸우기를 싫어한다. 세상의 것들을 소유하기 원하며 그것을 놓치기 아까워하기 때문이다. 그런 안일한 태도를 가지고 있다면 죄에 대항해 피를 흘리며 싸우려 하기는커녕 도리어 죄를 자신의 욕망을 위한 우군으로 만들고자 한다.

만일 교인들 가운데 그런 자가 있다면 교회는 그를 강하게 책망해야 한다. 그렇게 하지 않으면 그와 같은 잘못된 사고가 마치 누룩처럼 되어 엄청난 전력손실을 발생시킬 것이기 때문이다. 따라서 성숙한 신앙인들은 항상 하나님의 말씀으로 무장해야 할 뿐 아니라 어린 교인들이 사탄의 세력과 맞서 싸울 수 있는 능력을 갖추도록 강인한 훈련을 시키지 않으면 안된다.

4. "주님의 징계를 가볍게 여기지 말라"

하나님과 아무런 상관이 없는 자들에게는 하나님으로부터 별다른 징계가 존재하지 않는다. 남의 자식을 굳이 징계할 이유가 없기 때문이다. 그들에게는 아담의 범죄로 말미암아 이미 저주가 내려진 상태이다. 그런 자들은 타락한 세상에서 권력을 쟁취하고 부귀영화를 추구하며 제 맘대로 살아간다고 할지라도 하나님께서 징계의 방식으로 저들을 간섭하시지 않는다. 그와 같은 풍요로운 삶이 도리어 하나님의 저주에 해당될 수 있지만 그들은 그것을 전혀 인식하지 못한다.

그렇지만 교회에 속한 성도라 하면서 계시된 말씀을 멀리하고 세상을 가까이 하는 자들에게는 훈계와 더불어 하나님의 무서운 징계가 임하게 된다. 그 징계는 인간들이 다 알 수 없을 정도로 다양한 형태를 띠고 있다. 따라서 교회와 성도들은 항상 그에 대해 민감한 주의를 기울이지 않으면 안 된다. 잠언서 기자는 하나님의 징계를 올바르게 깨달아 받아들여야 한다는 사실을 기록하고 있다.

"훈계를 지키는 자는 생명 길로 행하여도 징계를 버리는 자는 그릇 가느니라"(잠 10:17);
"훈계를 좋아하는 자는 지식을 좋아하나니 징계를 싫어하는 자는 짐승과 같으니라"(잠 12:1)

하나님 앞에서 신실한 자세로 살아가는 성도들이라면 항상 하나님의 훈계를 귀담아 들어야 한다. 그것은 곧 저들을 영원한 생명의 길로 인도하게 된다. 하나님을 믿는 성도라 할지라도 항상 올바른 길만 걸어갈 수는 없다. 하나님의 은혜를 잊고 쓰러져 넘어지기 일쑤이기 때문이다. 그런 경우에는 자신을 돌아보며 끊임없는 회개와 더불어 올바른 길로 돌이키게 된다.

그런데 문제는 어리석은 사람들이 세상의 가치에 따라 잘못된 악행을 저지르면서도 그에 대한 아무런 인식이 없을 경우이다. 그런 자들은 죄에 빠져 있으면서도 그것이 죄라는 사실을 모른다. 나아가 잘못된 길을 걸어가면서도 전혀 뉘우치지 않고 계속해서 자기의 욕망을 추구하는 경우이다. 교회에 속한 성도로서 하나님이 원하시지 않는 배도의 길에 빠져 있는 것은 그의 징계를 강력하게 재촉하는 것과 다를 바 없다.

그럴 경우에는 하나님의 엄중한 징계가 임하게 된다. 그것은 하나님의 사랑 표현이지만 징계를 당하는 자에게는 견디기 어려운 고통이 따를 수도 있다. 또한 그것이 무형적인 것으로 나타날 수도 있지만 유형적인 형태를 띠게 될지도 모른다. 그러나 분명한 점은 어떤 형태이든 하나님으로부터 징계가 있다고 판단되면 즉시 회개와 더불어 잘못된 자세를 돌이켜야 한다는 사실이다.

나아가 성숙한 성도들은 징계를 받으면서 진심으로 감사하는 마음을 가질 수 있어야 한다. 그것은 자기 자녀들에 대한 하나님의 징계는 증오나 저주가 아니라 특별한 사랑의 방편이기 때문이다. 따라서 모든 성도들은 하나님의 징계를 원망 없이 달게 받을 준비를 하고 있어야만 한다.

5. "징계에서 제외된 성도는 없다"

이 세상에서 살아가는 모든 성도들은 하나님의 징계를 받지 않을 수 없다. 하나님께서 자기 자녀들을 징계하는 것은 순전한 사랑 때문이며 악한 세상으로부터 지켜내는 소중한 방편이 된다. 그것을 통해 우리는 하나님의 자녀로서 진정한 유익을 얻을 수 있다. 잠언서 기자는 언약의 백성들에게 그에 관한 교훈을 주고 있다.

"내 아들아 여호와의 징계를 경히 여기지 말라 그 꾸지람을 싫어하지 말라 대저 여호와께서 그 사랑하시는 자를 징계하시기를 마치 아비가 그 기뻐하는 아들을 징계함 같이 하시느니라"(잠 3:11,12)

오늘날 우리는 이 잠언의 말씀을 마음속 깊이 새기지 않으면 안 된다. 징계가 없다면 좋은 것이 아니라 도리어 마땅히 있어야 한다. 그것은 마치 육신의 아버지가 사랑하는 자녀들을 엄하게 교육하는 것과도 같다. 이처럼 하나님께서는 자기 자녀가 잘못된 길로 빠져 죄를 짓는 것을 보며 무관심하게 방치하시지는 않는다.

설령 그 징계가 현실적인 삶에 엄청난 고통을 안겨준다고 할지라도 마냥 실의에 빠져 있어서는 안 된다. 도리어 그것을 통해 자신이 하나님의 사랑받는 아들이라는 사실을 분명히 깨달을 수 있기 때문이다.

따라서 히브리서 기자는 하나님의 징계가 없다면 사생자요 친 아들이 아니라는 단정적인 말을 하고 있다. 모든 성도는 죄에 빠진 삶에도 불구하고 징계를 통해 자신이 하나님의 아들로 인정받는다는 것을 진정한 기쁨으로 삼는 지혜를 소유해야만 한다.

제33장
교회에 속한 성도의 자세
(히 12:9-17)

12:9 또 우리 육체의 아버지가 우리를 징계하여도 공경하였거늘 하물며 모든 영의 아버지께 더욱 복종하여 살려 하지 않겠느냐

12:10 저희는 잠시 자기의 뜻대로 우리를 징계하였거니와 오직 하나님은 우리의 유익을 위하여 그의 거룩하심에 참예케 하시느니라

12:11 무릇 징계가 당시에는 즐거워 보이지 않고 슬퍼 보이나 후에 그로 말미암아 연단한 자에게는 의의 평강한 열매를 맺나니

12:12 그러므로 피곤한 손과 연약한 무릎을 일으켜 세우고

12:13 너희 발을 위하여 곧은 길을 만들어 저는 다리로 하여금 어그러지지 않고 고침을 받게 하라

12:14 모든 사람으로 더불어 화평함과 거룩함을 좇으라 이것이 없이는 아무도 주를 보지 못하리라

12:15 너희는 돌아보아 하나님 은혜에 이르지 못하는 자가 있는가 두려워 하고 또 쓴 뿌리가 나서 괴롭게 하고 많은 사람이 이로 말미암아 더러움을 입을까 두려워하고

12:16 음행하는 자와 혹 한 그릇 식물을 위하여 장자의 명분을 판 에서와 같이 망령된 자가 있을까 두려워 하라

12:17 너희의 아는 바와 같이 저가 그 후에 축복을 기업으로 받으려고 눈물을 흘리며 구하되 버린 바가 되어 회개할 기회를 얻지 못하였느니라

1. 징계의 유익

교회에 속한 성도가 하나님의 징계를 받는 것은 당사자에게 커다란 유익이 된다. 그 징계는 개별적인 징계일 수도 있지만 집단적인 의미로 주어질 수도 있다. 만일 징계를 받지 않는 상태가 지속된다면 악한 길에서 돌이키지 않고 더러운 범죄에 장기간 빠져 있을 수 있다. 그러나 하나님의 백성들은 그가 행하시는 사랑의 징계로 인해 본연의 모습을 다시금 되돌아보게 된다.

그러므로 하나님의 징계를 받고 하나님에 대해 원망하거나 그것을 가볍게 여겨서는 안 된다. 육신의 아버지가 자기의 잘못을 징계한다고 해도 그를 공경하는 것이 옳다. 하물며 하나님 아버지께서 징계하시는 것을 온전히 받아들이지 않으면 안 된다. 육신의 아버지는 인간적인 판단이나 감정에 따라 징계하지만 하나님께서는 자기 자녀의 온전한 유익을 위해 징계하시며 그것으로써 자신의 거룩함에 참여하게 하신다.

하나님의 자녀들은 그에 대한 분명한 이해를 하지 않으면 안 된다. 징계를 당할 당시에는 결코 즐겁지 않으며 괴롭고 힘들게 여겨질 수 있지만 그것은 성도들을 강인하게 연단하는 역할을 한다. 나중에는 그로 말미암아 더 크고 좋은 결과를 가져와 의와 평강의 열매를 맺게 되는 것이다. 그러므로 잠언서 기자는 성도들이 징계를 받는 자세에 관한 교훈을 남기고 있다.

"내 아들아 여호와의 징계를 경히 여기지 말라 그 꾸지람을 싫어하지 말라 대저 여호와께서 그 사랑하시는 자를 징계하시기를 마치 아비가 그 기뻐하는 아들을 징계함 같이 하시느니라" (잠 3:11,12);

"미련한 자는 자기 행위를 바른 줄로 여기나 지혜로운 자는 권고를 듣느니라" (잠 12:15)

이처럼 교회에 속한 성도로서 징계의 의미와 그로 인한 유익을 알고 있다면 하나님의 징계를 가볍게 여기지 말아야 한다. 하나님께서는 아버지가 사랑하는 자식을 징계하듯이 사랑으로 징계하시기 때문에 그의 징계를 싫어하거나 배척해서는 안 된다.

어리석고 미련한 자들은 자기의 잘못된 행위를 바른 것으로 착각하며 살아간다. 그러나 지혜로운 자들은 하나님의 징계를 달게 받으며, 나아가 선한 이웃의 권고를 귀담아 듣는다. 오늘날 우리도 그와 같은 성숙한 신앙 자세를 유지하는 것이 중요하다.

2. "바르게 서서 곧은 길을 가라"

하나님의 자녀들은 흐트러짐이 없는 곧은 자세로 정도正道를 걸어가야 한다. 하나님을 믿는다고 주장하면서 어그러진 채 잘못된 길을 행한다면 올바른 신앙인이라 말할 수 없다. 그러므로 히브리서 기자는, 성도들이 피곤한 손과 연약한 무릎을 일으켜 세우고 자신의 발걸음을 위하여 곧은 길을 만들어야 한다는 사실을 강조하고 있다. 나아가 저는 다리로 인해 곧게 가지 못한다면 더 이상 어그러진 길을 가지 않도록 고침을 받으라고 요구하고 있다(히 12:12,13).

교회에 속한 성도들이 곧고 올바른 길로 행하는 것은 하나님의 뜻이자 명령이다. 또한 성도들은 그렇게 함으로써 이 세상에서 진정으로 평안한 삶을 살게 된다. 어그러지고 그릇된 길을 가는 자는 그것이 자기에게 유익이 될 것이라 판단하지만 전혀 그렇지 않다. 그것은 금방 사라지게 되는 일시적인 것에 지나지 않는다. 구약과 신약성경에서는 공히 그에 대한 교훈이 나타나고 있다.

"바른 길로 행하는 자는 걸음이 평안하려니와 굽은 길로 행하는 자는 드

러나리라"(잠 10:9);

"미쁜 말씀의 가르침을 그대로 지켜야 하리니 이는 능히 바른 교훈으로 권면하고 거스려 말하는 자들을 책망하게 하려 함이라"(딛 1:9)

사도 바울이 디도에게 말하고 있는 것처럼 모든 성도들은 하나님의 말씀이 교훈하는 바를 그대로 지키려는 자세를 가지고 있어야 한다. 그것이 성도들간에 올바른 권면을 할 수 있도록 하며 하나님의 뜻을 거스려 말하는 자들을 책망하게 한다. 성숙한 성도들이 그렇게 함으로써 지상의 교회가 든든히 서 가게 된다. 우리는 그것이 이땅에 하나님의 교회를 올바르게 세워가게 하는 중요한 방편이 된다는 사실을 반드시 기억해야만 한다.

3. "모든 사람과 화평하고 거룩함을 따르라"

하나님의 자녀들은 자기 고집을 내세운 불필요한 분쟁을 삼가야 한다. 히브리서 기자는 성도들에게 모든 사람과 더불어 화평함과 거룩함을 따르라고 명령하고 있다. 이는 개인적인 목적만을 위한 이기심을 버리고 하나님의 거룩한 뜻 가운데 행하라는 의미와 연관된다.

따라서 사도는 그렇게 하지 않는 자라면 어느 누구도 거룩하신 주님을 볼 수 없으리란 말을 하고 있다. 자기를 위한 개인적인 이기심으로 인해 다른 사람과 다투며 화평을 파괴하게 된다면 천상의 나라에 소망을 두고 살아가는 자라 말하기 어렵기 때문이다. 신약성경에는 이와 연관된 교훈들이 많이 나타나고 있다.

"화평케 하는 자는 복이 있나니 저희가 하나님의 아들이라 일컬음을 받을 것임이요"(마 5:9);

"화평케 하는 자들은 화평으로 심어 의의 열매를 거두느니라"(약 3:18);

"악에서 떠나 선을 행하고 화평을 구하여 이를 좇으라"(벧전 3:11)

여러 사도들이 계시 받은 이 말씀들 가운데는, 예수 그리스도로 말미암아 새로운 삶을 소유하게 된 성도들이라면 이기심을 버리고 이웃을 위해 살아가야 한다는 의미를 담고 있다. 그렇게 함으로써 교회에 속한 모든 성도들이 하나님의 사랑을 기억하게 된다. 이와 동시에 그것을 통해 하나님을 알지 못하는 사람들에게 성도들의 삶을 보여줌으로써 하나님의 복음을 선포하는 역사가 일어나게 된다.

4. "쓴 뿌리를 경계하라"

참된 교회에 속한 모든 성도들은 하나님의 은혜를 누리며 살아가야 한다. 사도는 교회 가운데 그 은혜에 이르지 못하는 자가 없도록 하라는 간절한 당부를 하고 있다. 그것을 위해서는 교회가 순결과 더불어 겸손한 자세를 유지하도록 해야 한다.

그러나 세상 가운데는 하나님의 교회를 해치기 위해 술수를 쓰는 자들이 항상 넘쳐나고 있다. 그들은 순진한 성도들을 미혹하여 혼란에 빠뜨리기 위해 온갖 수단과 방법을 다 쓴다. 악한 사탄이 배도에 빠진 자들을 동원해 그와 같이 행하도록 유도하며 지시하고 있기 때문이다.

사탄에게 속한 자들은 처음부터 하나님과 상관없는 거짓을 뿌리기에 급급하다. 그들은 달콤한 것들로 하나님의 교회를 어지럽히며 흔들어대는 일을 쉬지 않는다. 그러나 저들의 입에서 나오는 거짓말은 달콤한 것 같으나 실상은 독사의 독과 같이 위험하다.

> "악인은 모태에서부터 멀어졌음이여 나면서부터 곁길로 나아가 거짓을 말하는도다 저희의 독은 뱀의 독 같으며 저희는 귀를 막은 귀머거리 독사 같으니 곧 술사가 아무리 공교한 방술을 행할지라도 그 소리를 듣지 아니하는 독사로다"(시 58:35)

시편 기자가 노래하듯이 사탄에게 속한 자들은 귀를 막은 귀머거리 독사 같이 행동한다. 그 독사는 마술사가 아무리 공교한 술수를 행할지라도 그 소리를 듣지 않고 제멋대로 행동하는 것과 같다. 이처럼 사탄에게 속한 자들은 주변의 상황을 아랑곳하지 않고 끊임없이 무서운 독을 뿜어낸다. 그들로부터 나오는 하나님을 훼방하는 거짓말들이 쓴 뿌리가 되어 하나님의 백성들을 괴롭히는 것이다.

성숙한 성도들은 교회 가운데 쓴 뿌리가 생성되지 않도록 해야 한다. 어느새 쓴 뿌리가 심어져 있다면 속히 그것을 제거해야만 한다. 그 뿌리를 그냥 두거나 방치하게 되면 그것이 연약한 성도들을 괴롭히게 된다. 또한 그로 인해 순결한 성도들이 더럽혀지게 될 우려가 있다. 이는 단순히 개인적인 문제에 머무는 것이 아니라 전체 교회에 누룩이 되어 퍼져나간다. 그러므로 그것을 주의 깊게 살피고 철저히 제거하지 않으면 안 되는 것이다.

5. "망령된 자가 없는지 살피라"

하나님의 자녀들은 교회 가운데 망령된 자들이 없는지 눈을 부릅뜨고 살펴야 한다. 사도는 이에 대한 명령을 하면서 음행한 자를 언급하는 동시에 특히 팥죽 한 그릇으로 장자의 명분을 판 야곱의 형 에서를 부정적인 예로 들고 있다. 그가 하나님 보시기에 전형적으로 망령된 자라는 것이다.

에서는 구체적으로 어떤 망령된 행동을 했는가? 윤리적인 관점에서 본다면 에서가 차라리 야곱보다 나은 것 같은 인상을 주고 있다. 그럼에도 불구하고 성경은 에서가 망령된 행동을 한 것으로 묘사하고 있다.

에서가 망령된 행동을 한 것은 언약의 상속자인 야곱을 괴롭힌 것을 두고 한 말로 여겨진다. 하나님께서는 태중에서부터 야곱을 기뻐하셨으며 에서는 미워하셨다. 야곱은 창세전에 택하신 언약의 자녀였던 데 반해, 에서는 처음부터 하나님의 은혜와 상관없는 인물이었다. 야곱이 형에게서 장자의 명분을 산 것이 그로 하여금 언약의 상속자가 되게 한 것이 아니라 원래부터 그는 아브라함과 야곱의 상속을 이어받을 자로 지목되어 있었다. 그것은 전적인 하나님의 뜻에 의한 것이었다.

그럼에도 불구하고 에서는 태중에서부터 야곱을 괴롭혔다. 에서의 그런 행동은 야곱에 대한 악한 행동이었을 뿐 아니라 하나님께 저항하는 무례한 행동이었다. 히브리서 기자는 그점을 염두에 두고 에서와 같이 망령된 자가 없는지 살피라고 말했다. 잠언서 기자는 무례한 자들은 하나님 앞에서 교만하기 이를 데 없다는 사실을 말하고 있다.

> "무례하고 교만한 자를 이름하여 망령된 자라 하나니 이는 넘치는 교만으로 행함이니라"(잠 21:24)

지상교회에는 하나님의 은혜와 상관이 없는 악한 자들이 들어와 하나님의 자녀들을 괴롭히는 경우가 허다하게 발생한다. 음행을 일삼으면서도 그것을 대수롭지 않게 여기며 교회를 어지럽히는 자들을 경계하지 않으면 안 된다. 성숙한 성도들은 하나님과 아무런 상관이 없는 에서가 자기의 판단으로 하나님의 언약의 상속자인 야곱을 괴롭히듯이 교회 내부에 잠입해 들어온 불신자들이 하나님의 참된 성도들을 괴롭히지 않는지 살펴야만 하는 것이다.

제34장
구약의 교훈과 영원한 나라의 상속자
(히 12:18-29)

12:18 너희의 이른 곳은 만질 만한 불 붙는 산과 흑운과 흑암과 폭풍과

12:19 나팔소리와 말하는 소리가 아니라 그 소리를 듣는 자들은 더 말씀하지 아니하시기를 구하였으니

12:20 이는 짐승이라도 산에 이르거든 돌로 침을 당하리라 하신 명을 저희가 견디지 못함이라

12:21 그 보이는 바가 이렇듯이 무섭기로 모세도 이르되 내가 심히 두렵고 떨린다 하였으나

12:22 그러나 너희가 이른 곳은 시온산과 살아계신 하나님의 도성인 하늘의 예루살렘과 천만 천사와

12:23 하늘에 기록한 장자들의 총회와 교회와 만민의 심판자이신 하나님과 및 온전케 된 의인의 영들과

12:24 새 언약의 중보이신 예수와 및 아벨의 피보다 더 낫게 말하는 뿌린 피니라

12:25 너희는 삼가 말하신 자를 거역하지 말라 땅에서 경고하신 자를 거역한 저희가 피하지 못하였거든 하물며 하늘로 좇아 경고하신 자를 배반하는 우리일까 보냐

12:26 그 때에는 그 소리가 땅을 진동하였거니와 이제는 약속하여 가라사대 내가 또 한 번 땅만 아니라 하늘도 진동하리라 하셨느니라

12:27 이 또 한 번이라 하심은 진동치 아니하는 것을 영존케 하기 위하여 진

동할 것들 곧 만든 것들의 변동될 것을 나타내심이니라

12:28 그러므로 우리가 진동치 못할 나라를 받았은즉 은혜를 받자 이로 말미암아 경건함과 두려움으로 하나님을 기쁘시게 섬길지니

12:29 우리 하나님은 소멸하는 불이심이니라

1. '시내산 접근 금지'를 통한 교훈

하나님께서는 아무나 함부로 자신의 고유한 영역에 접근하는 것을 허락하시지 않는다. 인간들은 하나님의 거룩한 영역에 함부로 접근하려고 해서는 안 된다. 만일 그렇게 하는 자가 있다면 하나님의 무서운 심판을 피할 수 없다.

하나님께서는 시내산에서 모세와 이스라엘 민족을 통해 그에 대한 본보기를 보여주셨다. 이스라엘 백성들은 손으로 만질 수 있듯이 실체적인 불붙는 산과 흑암과 폭풍과 나팔 소리와 하나님의 음성이 있는 곳에 접근하지 말아야 했다. 사람이 아니라 짐승이라 할지라도 그 산에 들어가면 죽음을 면하지 못한다.

이스라엘 백성은 시내산에서 일어나는 모든 일들과 하나님의 음성을 듣고 두려움에 빠지지 않을 수 없었다. 그것은 비록 일반 백성들만 두려워했던 것이 아니다. 하나님의 사람 모세도 그 엄위한 광경 앞에서는 두렵고 떨리지 않을 수 없었다(히 12:21). 그러므로 이스라엘 백성은 하나님이 계시는 시내산에 접근하는 것이 엄격하게 금지되었다.

"너는 백성을 위하여 사면으로 지경을 정하고 이르기를 너희는 삼가 산에 오르거나 그 지경을 범하지 말찌니 산을 범하는 자는 정녕 죽임을 당할 것이라" (출 19:1,2)

하나님께서 그에 대해 경고를 하신 것은 저들의 생명을 보호해 주시기 위해서였다. 만일 그렇게 알려주지 않으셨다면 제멋대로 접근한 사람들이 다 죽게 되었을 것이 틀림없다. 하나님은 그것을 통해 거룩한 하나님과 타락한 인간들 사이에는 엄연한 구분이 있다는 사실을 선포하셨던 것이다.

이에 대해서는 오늘날 우리도 동일한 교훈을 받아야만 한다. 창조주이신 하나님은 피조물인 인간과 확연히 구별되는 분이다. 그러므로 인간이 감히 하나님의 영역을 침범할 수 없으며, 하나님을 인간들의 상식과 판단에 따라 접근하거나 해석하려 해서는 안 된다. 만일 어리석은 생각으로 그렇게 하는 자가 있다면 그것은 하나님을 욕되게 하는 행동이며 하나님의 진노를 불러일으키게 될 따름이다.

2. 하늘의 예루살렘

이땅에 존재한 예루살렘은 하나님의 언약을 위해 일시적으로 예비되어 사용되었다. 물론 구약시대와 사도교회 시대 때 성전과 더불어 도성이 사용될 당시는 매우 구체적이며 실질적인 의미를 지니고 있었다. 그러나 그것은 어디까지나 율법 아래서 그림자적인 성격을 지니고 있었다.

그렇지만 예루살렘의 실체는 이땅에 국한되어 있지 않았다. 성도들이 궁극적으로 이르게 될 영역은 이 세상에 존재하지 않는다. 본체인 진정한 예루살렘은 하나님의 도성인 하늘에 존재하고 있다. 그곳에는 천만 천사들과 하늘에 기록된 모든 장자들의 모임과 하나님의 거룩한 교회가 있다.

또한 그곳에는 만민을 심판하실 하나님과 그로 말미암아 온전하게 된 의인의 영들이 있다. 그리고 새 언약의 중보자이신 예수 그리스도와, 아벨의 피와는 비교가 되지 않는 하나님의 성소에 뿌려진 거룩한 그리스도의 피가 존재한다. 사도 요한은 그의 계시록에서 그 천상의 나라에 대한 선명한 묘사를 하고 있다.

> "하늘에 보좌를 베풀었고 그 보좌 위에 앉으신 이가 있는데 앉으신 이의 모양이 벽옥과 홍보석 같고 또 무지개가 있어 보좌에 둘렸는데 그 모양이 녹보석 같더라 … 내가 또 보고 들으매 보좌와 생물들과 장로들을 둘러 선 많은 천사의 음성이 있으니 그 수가 만만이요 천천이라"(계 4:2,3;5:11)

이땅에서 살아가고 있는 모든 성도들은 영원한 천상의 나라에 소망을 두고 살아간다. 이는 아직 없는 미상의 영역을 기대하는 것이 아니라 이미 존재하고 있는 실제적인 영역을 바라보는 것이다. 그러므로 지상에 있는 모든 참된 교회들은 천상의 나라와 직접 연결되어 있어서 항상 서로 교통하고 있다.

3. "하나님의 말씀을 거역하지 말라"

하나님의 백성들은 하나님의 말씀을 거역해서는 안 된다. 이 말씀은 하나님을 알지 못하는 불신자들에게 주어진 교훈이 아니다. 그들은 원래 하나님을 알지 못하는 자들이므로 또다시 그의 말씀을 거역할 것이 없으며 이미 하나님을 떠나 범죄의 자리에 상주하고 있기 때문이다.

하나님께서는 시내산에서 모세를 통해 이스라엘 백성에게 말씀하시면서 자신의 명령을 거역하면 죽게 된다는 사실을 분명히 경고하셨다. 하물며 지금은 시내산이 아니라 천상의 나라에서 그에 대한 경고를 하고 계신다. 따라서 그것은 이전보다 훨씬 더 강력한 의미를 지니고 있는 것으로 이해할 수 있다.

어리석고 미련한 자들은 하나님의 경고를 무시한다. 지혜로운 자들은 그것을 거울삼아 하나님의 모든 훈계를 두려운 마음으로 귀담아 들어야 한다. 그것은 잠시 지나가는 환경에 연관된 것이 아니라 자신의 영혼에 관련된 문제이기 때문이다. 잠언서 기자는 하나님의 훈계와 견책을 달게 받아야 한다는 교훈을 주고 있다.

> "훈계 받기를 싫어하는 자는 자기의 영혼을 경히 여김이라 견책을 달게 받는 자는 지식을 얻느니라"(잠 15:32)

하나님께서 주시는 훈계와 견책 가운데는 강력한 경고의 내용이 들어있다. 그것을 주신 것은 저들의 영혼을 사랑하시기 때문이다. 만일 하나님의 백성이라 하면서 그의 훈계를 싫어하거나 무시한다면 진정한 성도라 할 수 없다. 나아가 그와 같은 행동은 자신의 영혼을 가볍게 여기는 것이다.

하나님의 백성은 그의 견책을 달게 받을 수 있어야 한다. 그것은 참된 지식을 소유하는 방편이 될 수 있다. 따라서 우리는 하나님께서 자신의 은혜를 거역한 자들에게 주는 경고의 메시지를 귀담아 듣지 않으면 안 된다. 즉 그것을 거울과 타산지석他山之石으로 삼아 우리 자신이 유익을 얻을 수 있어야 한다.

히브리서 기자는 신약시대의 성도들에게 강한 경고의 말씀을 전했다. 시내산을 진동케 하신 하나님께서 이제 '또 한 번' 하늘을 진동케 하시리라고 했다. 여기서 '또 한 번'이라고 특별히 언급한 것은 진동하지 않는 것을 영존하게 하기 위해서, 진동할 것들 곧 창조한 모든 것들이 변동될 것을 나타내고 있다는 것이다(히 12:27). 이는 처음 지으신 우주만물을 멸하시고 새 하늘과 새 땅을 창조하실 것을 두고 한 말이다.

4. 견고한 나라의 상속자

하나님의 백성들은 이땅의 모든 것들을 버리고 영원한 하나님 나라를 상속받을 자들이다. 하나님께서는 구약시대 여러 믿음의 선배들에게 언약의 왕국을 약속하시고 특별히 다윗 왕국을 세우셨다. 그는 언약의 조상들을 통해 말씀하신 모든 내용들을 실행하셨다.

하지만 그 왕국은 나중에 임하게 될 영원한 왕국에 대한 그림자로서 사명을 마친 후 막을 내렸다. 그로 말미암아 지상에 천상의 세력을 지닌 신령한 왕국이 세워지게 되었다. 그것은 하나님의 교회로서 타락하고 악한 세상을 향해 구원과 심판을 선포하는 기능을 감당해야 하는 주체로서 역할하게 된다.

따라서 하나님께서는 언약 가운데 새로운 왕국을 세우리라는 약속을 하셨다. 그것은 이 세상에 존재하는 여러 나라들과는 근본적으로 다르다. 이에 대해서는 신약시대뿐 아니라 구약시대부터 끊임없이 예언되어 왔었다. 이사야 선지자는 그 나라와 백성에 관한 예언을 하고 있다.

> "여호와께서 또 가라사대 은혜의 때에 내가 네게 응답하였고 구원의 날에 내가 너를 도왔도다 내가 장차 너를 보호하여 너로 백성의 언약을 삼으며 나라를 일으켜 그들로 그 황무하였던 땅을 기업으로 상속케 하리라" (사 49:8)

이사야가 예언했던 이 말씀은 이 세상에 속한 왕국에 관련된 것이 아님이 분명하다. 왜냐하면 그는 이미 다윗 왕국의 백성으로 살아가고 있었기 때문이다. 이스라엘 백성들에게 은혜를 베푸신 하나님께서 그들을 언약 백성으로 삼아 진정한 나라를 일으켜 세우시겠다는 것이었다.

이는 신약시대의 교회와 더불어 그 이후에 따라올 영원한 나라를 동시에 염두에 두고 한 예언으로 받아들여야 한다. 그것은 세상에 존재하는 나라와는 달리 흔들리지 않는 견고한 나라가 된다. 그에 관한 약속으로 말미암아 하나님의 자녀들은 그를 경외하는 마음과 더불어 경건한 자세로 기쁘고 감사한 자세를 가지고 그를 섬겨야 한다.

5. 하나님은 '소멸하는 불'

하나님은 거룩한 존재로서 모든 악한 것들을 심판하시는 분이다. 그는 어떠한 불의도 용납하시지 않는다. 나아가 죄에 물든 상태에서 자신의 고유한 영역을 침범하는 자들에 대해서는 소멸하는 불처럼 무서운 심판을 내리신다.

하나님께서는 시내산에서 자신이 어떤 분인가 하는 것을 이스라엘 백성들에게 보여주셨다. 즉 거룩한 존재인 그는 어떤 악한 것도 가까이 할 수 없다는 사실을 말씀하셨던 것이다. 하나님은 자신의 존재를 무시하거나 감히 자기와 비슷한 자리에 두는 것을 결단코 용납하시지 않는다는 사실을 분명히 하셨다. 모세는 이스라엘 백성이 약속의 땅 가나안에 들어가기 전에 그점을 선포했다.

> "너희는 스스로 삼가서 너희 하나님 여호와께서 너희와 세우신 언약을 잊어버려서 네 하나님 여호와께서 금하신 아무 형상의 우상이든지 조각하지 말라 네 하나님 여호와는 소멸하는 불이시요 질투하는 하나님이시니라" (신 4:23,24)

모세는 본문 가운데서 여호와 하나님이 소멸하는 불이자 질투하시는 분이라는 사실을 선포하고 있다. 누구든지 하나님께서 세우신 언약을 잊어버리고 그의 심기를 상하게 하면 무서운 심판을 피할 수 없다. 악한 인간들이 하나님을 잊어버리게 되면 그를 상상해 조각하여 우상을 만들어 섬기려 하게 된다.

하나님의 구별된 백성이 된 자들은 결코 그렇게 해서는 안 된다. 따라서 그들은 경건함과 두려운 마음으로 여호와 하나님을 섬겨야 한다. 이에 대해서는 오늘날 우리 역시 마찬가지다. 우리는 오직 예수 그리스도를 통해 하나님 앞으로 나아갈 뿐 그 어떤 것도 하나님을 향해 나아가는 방편으로 삼지 않는다. 하나님은 스스로 정하신 거룩한 요구를 벗어난 행위를 절대로 용납지 않는다는 사실을 항상 기억하고 있어야 한다.

제35장
형제 사랑과 자족하는 삶
(히 13:1-6)

13:1 형제 사랑하기를 계속하고

13:2 손님 대접하기를 잊지 말라 이로써 부지중에 천사들을 대접한 이들이 있었느니라

13:3 자기도 함께 갇힌 것같이 갇힌 자를 생각하고 자기도 몸을 가졌은즉 학대 받는 자를 생각하라

13:4 모든 사람은 혼인을 귀히 여기고 침소를 더럽히지 않게 하라 음행하는 자들과 간음하는 자들을 하나님이 심판하시리라

13:5 돈을 사랑치 말고 있는 바를 족한 줄로 알라 그가 친히 말씀하시기를 내가 과연 너희를 버리지 아니하고 과연 너희를 떠나지 아니하리라 하셨느니라

13:6 그러므로 우리가 담대히 가로되 주는 나를 돕는 자시니 내가 무서워 아니하겠노라 사람이 내게 어찌하리요 하노라

1. "형제를 사랑하라"

하나님의 자녀들은 형제에 대한 사랑이 지속되어야 한다. 여기서는 주로 예수 그리스도께서 피로 값주고 사신 교회 공동체에 속한 형제들에 대한 사랑을 의미한다. 형제들간에 서로 사랑하는 것은 지극히 당연한 일이다. 이것은 물론 입술을 통한 언어적인 표현이나 마음의 감정을 의미하지 않는다. 예수 그리스도로 말미암은 진정한 사랑은 삶에서 드러나는 실질

적인 것이어야 한다.

그렇지만 이 말이 어떤 경우라 할지라도 무조건 형제들을 사랑하라는 의미로 받아들여서는 안 된다. 외형상 기독교에 속한 자라 할지라도 배도에 빠진 사람이라면 그와 더불어 진정한 사랑을 나눌 수 없다. 나아가 형제라 하면서 하나님의 뜻을 멀리하고 잘못된 삶을 살아가는 자들에 대해서는 교육을 동반한 권징이 필요하다.

교회에 속한 성도들간에 서로 미워해서는 안 된다. 모든 성도들은 서로 격려하는 가운데 참된 사랑을 나눌 수 있어야 한다. 만일 그렇게 하지 않는다면 하나님께 범죄하는 것이 된다. 요한은 자신의 서신에서 형제를 미워하는 것은 살인을 저지르는 것과 마찬가지라는 사실을 언급하고 있다.

"그 형제를 미워하는 자마다 살인하는 자니 살인하는 자마다 영생이 그 속에 거하지 아니하는 것을 너희가 아는 바라"(요일 3:15)

요한은 형제를 미워하는 자는 곧 살인자와 마찬가지라는 직접적인 표현을 하고 있다. 그런 자의 심령 가운데는 하나님의 영생이 존재하지 않는다. 형제를 미워하는 것은 물론 육체적인 살인이 아니라 영적인 살인행위와 연관되어 있다.

교회에 속한 다른 형제를 미워한다는 것은 그 사람을 생명의 공동체로부터 분리해 내려는 태도를 가지는 것과 같다. 즉 누군가를 미워한다면 그의 얼굴을 보기 싫을 것이며, 그가 교회에서 나가주기를 바란다면 그의 영적인 생명이 죽기를 바라는 것과 동일한 의미를 지닌다. 따라서 하나님의 자녀들은 모든 형제들을 사랑하지 않으면 안 된다.

그런데 성경에는 그와 정반대되는 교훈을 주는 것처럼 보이는 구절이 있다. 예수께서는 형제를 사랑하라고 말씀하신 것이 아니라 도리어 미워하라는 말씀을 하신 적이 있기 때문이다. 우리는 물론 그와 같은 성경말씀이 서로 상충되는 요구를 하는 것이 아니라 전체적으로 조화되는 것으로 이해해야 한다.

예수님의 제자가 되어 그를 따르기 위해서는 중요한 조건들이 있다. 즉 무작정 예수님을 뒤따르면 되는 것이 아니라 사전에 예비되어야 할 중요한 내용이 있다. 그것들 가운데 하나는 자신의 가족을 버려야 한다는 사실이다.

"무릇 내게 오는 자가 자기 부모와 처자와 형제와 자매와 및 자기 목숨까지 미워하지 아니하면 능히 나의 제자가 되지 못하고 누구든지 자기 십자가를 지고 나를 좇지 않는 자도 능히 나의 제자가 되지 못하리라"(눅 14:26,27)

예수께서는 자기를 따르려면 형제뿐 아니라 부모와 처자까지 미워해야 한다고 하셨다. 나아가 자기 자신까지 미워하지 않으면 안 된다. 그래야만 오직 그만 따르는 제자가 될 수 있다는 것이다.

또한 예수님을 따르는 자들은 반드시 자기 십자가를 져야만 한다. 이는 성도들의 고행이나 힘겨운 삶을 요구하는 것이 아니다. 도리어 예수 그리스도가 못박혀 돌아가신 그 십자가를 지고 자신을 죽인 다음 그를 따라야 한다는 것이다.

이에 대해서는 오늘날 우리 역시 그러해야 한다. 죄성을 가진 자신이 그리스도와 더불어 십자가에 못박혀 죽어야만 비로소 주님의 몸된 교회에 속한 성도들을 진정으로 사랑할 수 있게 되는 것이다. 모든 성도들은 그와 같은 온전한 신앙 자세를 지속적으로 유지하지 않으면 안 된다.

2. "손님 접대를 소홀히 하지 말라"

하나님의 자녀들은 손님 접대하기를 소홀히 하지 말아야 한다. 접대한다는 것은 자신의 소유를 가지고 손님이나 나그네에게 베푼다는 의미를 지니고 있다. 우리가 가지고 있는 모든 것들은 하나님께서 자신의 목적을 위해 우리에게 맡겨두신 것들이다. 하나님께서 성도들에게 재물을 주신 것은 그것을 가지고 개인의 인생을 누리라는 것이 아니라 잘 관리하도록 맡기신 것이다.

그러던 중 하나님께서 원하시는 경우가 생기면 그것을 적절하게 사용해야 한다. 따라서 이웃을 접대한다는 말은 원리적인 차원에서 볼 때 자기의 것을 손님에게 접대하는 것이 아니라 하나님께서 맡기신 것으로 손님을 접대하게 된다. 따라서 그것은 개인적인 공로가 되지 않는다. 도리어 만일 그렇게 하지 않을 경우 하나님의 것을 임의로 착복하는 것이 될 수도 있다.

여기서 말하는 손님이란 일반적인 경우를 포함할 수 있지만 지나가는 나그네에 더욱 밀접하게 연관되어 있다. 즉 평상시에 잘 아는 친근한 이웃이라기보다 잘 알지 못하는 사람들이 이에 더욱 가깝다. 여기에는 물론 생활이 가난한 많은 사람들을 포함하고 있는 것으로 이해해야 한다.

성경은 마지막 심판날에 드러나게 될 상황과 호의와 영접에 관한 내용을 기록하고 있다. 예수께서는 자기가 배고프고 목마를 때 음식과 마실 것을 준 사람들에 대한 언급을 하셨다. 그리고 그가 정처 없는 나그네가 되었을 때 받아준 사람들과 헐벗고 병들었을 때나 감옥에 갇혔을 때 자기를 돌봐준 자들에 대해 말씀하셨다.

> "내가 주릴 때에 너희가 먹을 것을 주었고 목마를 때에 마시게 하였고 나그네 되었을 때에 영접하였고 벗었을 때에 옷을 입혔고 병들었을 때에 돌아보았고 옥에 갇혔을 때에 와서 보았느니라" (마 25:35,36)

예수님으로부터 이 말씀을 들은 신자들은 결코 그런 적이 없다고 말했다. 하지만 이와 반대로 악한 자들은 예수님이 자기 앞에 나타났다면 잘 대접했겠지만 그런 적이 없었기 때문에 달리 대접하지 않았다고 변명했다. 이는 선한 사람들이 남을 대접하는 것을 가리켜 자신의 의를 염두에 두지 않고 겸손한 자세로 그렇게 했음을 말해준다. 만일 어떤 사람이 공로를 위한 행실로 생각하고 남을 접대한다면 그것은 올바른 자세라 말할 수 없다. 어떤 계산에 의해 그렇게 한다는 것은 이기심의 표출에 지나지 않는다.

히브리서 기자는 이와 동일한 관점에서 남을 손님으로 대접하는 중 부지중에 천사들을 접대한 경우가 있음을 언급하고 있다. 그런 자들은 천사를 만나려고 의도했던 결과가 아니라 부지중에 그렇게 하게 되었다. 즉 자기는 전혀 그런 생각을 하지 못하는 상태에서 그런 일이 발생했다는 것이다.

그렇다면 실제로 천사가 그 대접하는 사람 앞에 인간의 모습을 하고 나타났다는 말인가? 물론 이 말씀은 그런 의미가 아닌 것이 분명하다. 여기서 말하는 바는, 어떤 손님이 그 집에 들어가 여러 가지 대화를 하며 교제하는 중 하나님의 뜻을 저에게 전달할 수 있다는 사실과 연관되어 있다. 물론 그 손님도 자기가 천사가 되어 그 집에 찾아갔다는 생각을 전혀 하지 못할 것이다.

하나님께서는 자신의 경륜 가운데 각 사람들에게 그렇게 역사하시게 된다. 이에 대해서는 오늘날 우리도 주의 깊게 받아들여야 한다. 우리가 어떤 어려운 문제나 특별한 상황에 직면해 있을 때 하나님은 예기치 않은 어떤 사람을 보내 그의 입술을 통해 자신의 뜻을 깨닫게 해 줄 수 있기 때문이다.

3. "약자를 기억하라"

하나님의 자녀들은 항상 자기보다 연약한 자들을 기억해야 한다. 이는 단순히 기독교인으로서 긍휼을 베풀어야 한다는 의미와는 다소 차이가 난다. 약한 자들을 기억해야 하는 데는 그 이상의 중요한 이유가 있기 때문이다.

히브리서 기자는 하나님의 자녀들이 타락한 세상에서 약자일 수밖에 없기 때문에 그렇게 해야 한다는 사실을 말하고 있다(히 13:3 참조). 하나님의 자녀들은 세상에서 힘겨운 인생을 살아가면서 감옥에 갇히기도 하고 심한 학대를 받기도 한다. 성도들이 이땅에서 환난과 고통을 받는 것은 전혀 이상하지 않다.

우리의 믿음의 선배들이 과거에 그런 삶을 살았다. 하나님의 편에 서서 영원한 진리를 사모한다는 이유만으로 악한 자들로부터 모진 박해를 받아야만 했다. 배도자들과 불신자들에 의해 감옥에 갇히기도 하고 매를 맞는 고통을 당하기도 했다. 심지어는 목숨을 내놓고 불의한 세력과 싸우다가 죽기도 했다.

이처럼 견디기 어려운 부당한 박해를 당하고도 그들은 아무런 물리적인 대응을 하지 않았다. 하나님의 나라에 속한 사람들은 세상의 방식으로 맞서 싸우지 않기 때문이다. 따라서 하나님의 자녀들은 항상 약자가 되어 피해를 입을 수밖에 없었다.

따라서 성경은 언약의 백성들에게 약한 자를 괴롭히지 말 것을 명령하고 있다. 즉 성도들에게 힘이 있다면 그것으로써 약자를 도와주어야 한다. 잠언서 기자는 그것이 하나님의 뜻이라는 사실을 밝히고 있다. 나아가 만일 약자를 해칠 경우 하나님께서 저들의 원성을 들으실 것이며 저들을 괴롭게 하는 자들을 심판하시리라고 했다.

> "약한 자를 약하다고 탈취하지 말며 곤고한 자를 성문에서 압제하지 말라 대저 여호와께서 신원하여 주시고 또 그를 노략하는 자의 생명을 빼앗으시리라" (잠 22:22,23)

이처럼 하나님은 약한 자들의 편에 서 계신다. 만일 우리가 힘이 있다고 해서 약자를 멸시하고 괴롭힌다면 하나님의 반대편에서 그를 대적하는 것과 동일하다. 하나님을 안다고 하면서 어떻게 하나님과 반대편에 설 수 있겠는가?

우리가 명심해야 할 바는 하나님의 자녀로서 직접 약한 자들을 괴롭히지 않는다 할지라도 스스로 자신의 힘과 부를 자랑한다면 그것은 이웃을 멸시하는 것과 다르지 않다는 사실이다. 그와 같은 태도는 어려운 자들을 부끄럽게 만들거나 위축시키는 것과 같다. 나아가 갇힌 자와 학대받는 자처럼 어려운 형편에 놓인 자들을 보면서 그들을 외면한 채 그런 고통의 자리에 놓이지 않은 자신을 다행스럽게 생각한다면 그것도 문제가 된다.

4. "혼인을 귀히 여기라"

교회에 속한 성도들은 혼인을 소중하게 여겨야 한다. 그것이 소중하고 귀한 것은 인간이 아니라 하나님 때문이다. 올바른 신앙을 가진 성도들은 이에 대한 분명한 이해를 해야 한다. 성경은 인간을 창조하신 하나님께서 처음부터 남자와 여자의 혼인을 통해 가정을 이루고자 하셨다. 복음서에는 그에 관한 구체적인 내용이 기록되어 있다.

> "창조 시로부터 저희를 남자와 여자로 만드셨으니 이러므로 사람이 그 부모를 떠나서 그 둘이 한 몸이 될지니라 이러한즉 이제 둘이 아니요 한 몸이니 그러므로 하나님이 짝지어 주신 것을 사람이 나누지 못할지니라"(막 10:6-9)

남자와 여자가 혼인을 하는 것은 인간들로 말미암은 전통과 제도 때문이 아니다.[41] 나아가 하나님의 백성들에게 있어서 혼인은 어떤 유형이라 할지라도 개인이 가지는 사랑의 욕망에 기초하지 않는다. 그것은 전적으로 하나님께서 제정하신 창조원리에 기초하고 있다. 혼인은 인간들에게 있어서 큰 일이 아니라 하나님의 계획된 경륜이다.

우리는 혼인이 하나님으로부터 허락된 창조사역에 연관되어 있다는 사실을 기억해야 한다. 그러므로 하나님께서 짝지워 주신 부부 사이가 아니라면 어떤 경우에도 자신의 침상을 더럽혀서는 안 된다. 그것은 하나님께 저항하는 악행이므로 음행하는 자들과 간음하는 자들은 하나님의 심판을 면할 수 없다.

5. "돈을 사랑하지 말고 있는 바를 족한 줄로 알라"

이 세상을 살아가는 인간들은 결코 혼자서 살아갈 수 없다. 이는 개인의 힘만으로 모든 것을 마련할 수 없다는 사실을 의미하고 있다. 이성과 경험적인 존재로서 인간은 그에 대한 사실을 쉽게 간파하게 된다. 따라서 남으로부터 도움을 받을 수 있게 하는 조건을 손에 넣고자 한다.

그것을 할 수 있는 것이 가치교환을 가능케 하는 매개적인 수단이다. 현대적인 관점에서 볼 때 돈은 다른 사람의 것을 자기의 소유로 만들 수 있는 기능을 한다. 따라서 인간들은 가능한 한 그것을 더 많이 소유하고자 하는 욕망을 가지게 된다. 하지만 정제되지 않은 그와 같은 행동은 위험천만한 태도이다. 사도 바울은 디모데에게 보내는 편지에서 그에 관해 엄격한 교훈을 하고 있다.

---

41) 인간의 결혼을 역사 가운데 생성된 전통에 따른 것이라 여기는 자들은 새로운 제도가 성립될 수 있다는 어처구니없는 생각을 한다. 예를 들어 우리시대 전 세계를 휩쓸고 있는 '동성결혼'이 곧 그 한 예이다.

> "부하려 하는 자들은 시험과 올무와 여러 가지 어리석고 해로운 정욕에 떨어지나니 곧 사람으로 침륜과 멸망에 빠지게 하는 것이라 돈을 사랑함이 일만 악의 뿌리가 되나니 이것을 사모하는 자들이 미혹을 받아 믿음에서 떠나 많은 근심으로써 자기를 찔렀도다"(딤전 6:9,10)

바울은 디모데에게 부자가 되기 위해 애쓰지 말도록 권면하고 있다. 돈을 축적해 부유한 삶을 추구하고자 하는 자들은 많은 유혹과 올무에 노출되어 있으며 더러운 욕망에 쉽게 빠져들게 된다. 그것은 자신이 원하는 의도와는 달리 패망에 이르게 한다.

그러므로 하나님의 자녀들은 돈을 사랑하는 것이 일만 악의 뿌리라는 사실을 기억하지 않으면 안 된다. 과거에나 현재나 그것을 탐하던 자들 가운데 세상의 유혹을 받아 믿음을 버린 자들이 많이 있었다. 그런 사람들은 그것 때문에 생겨나는 근심으로써 자기 인생을 허물어 버렸던 것이다.

그럼에도 불구하고 어리석은 자들은 부자가 되어 잘 사는 것을 삶의 목적으로 삼는 경우가 많다. 하지만 성숙한 성도들은 자기 자녀들을 보호하시며 지켜주시리라고 약속하신 하나님을 전적으로 신뢰해야 한다. 따라서 교회는 사도가 말한 "주는 나를 돕는 이시니 내가 무서워하지 아니하겠노라 사람이 내게 어찌하리요"(히 13:6)라는 고백을 삶 가운데 온전히 받아들여야 한다.

하나님의 자녀들은 자신이 소유한 바를 만족하게 여기며 도리어 자기보다 어려운 이웃을 돌아볼 수 있어야 한다. 이웃을 위해 살아보려고 노력하지만 그렇게 할 만큼 가진 것이 없다는 말을 해도 좋을 사람은 아무도 없다. 살아있는 인간이라면 어떤 방식으로든 이웃을 나눌 만한 것들을 소유하고 있다. 물질이 없다면 정신이 있을 것이며 그것마저 없다면 이웃에게 남길 만한 어떤 교훈이라도 있을 것이기 때문이다.

제36장
신앙의 선배들로부터 상속받은 삶의 유지
(히 13:7-12)

13:7 하나님의 말씀을 너희에게 이르고 너희를 인도하던 자들을 생각하며 저희 행실의 종말을 주의하여 보고 저희 믿음을 본받으라

13:8 예수 그리스도는 어제나 오늘이나 영원토록 동일하시니라

13:9 여러 가지 다른 교훈에 끌리지 말라 마음은 은혜로써 굳게 함이 아름답고 식물로써 할 것이 아니니 식물로 말미암아 행한 자는 유익을 얻지 못하였느니라

13:10 우리에게 제단이 있는데 그 위에 있는 제물은 장막에서 섬기는 자들이 이 제단에서 먹을 권이 없나니

13:11 이는 죄를 위한 짐승의 피는 대제사장이 가지고 성소에 들어가고 그 육체는 영문 밖에서 불사름이니라

13:12 그러므로 예수도 자기 피로써 백성을 거룩케 하려고 성문 밖에서 고난을 받느니라

1. "선배들의 믿음을 본받으라"

하나님의 백성들이 소유한 신앙은 인간적인 필요에 의해 스스로 창출한 것이 아니다. 나아가 주변 사람들의 종교적인 행위를 모방하는 것을 두고 진정한 신앙이라 말하지도 않는다. 참된 신앙은 오직 하나님으로부터 주

어질 따름이며 성경에 나타난 믿음의 선배들로부터 상속받은 것이다.

그러므로 오늘날 우리는 항상 믿음의 선배들의 본을 살펴보게 된다. 그들이 소유한 믿음의 본질뿐 아니라 드러나는 행실까지도 관심 있게 볼 수 있어야 한다. 후대의 성도들은 항상 앞선 시대 성도들의 인도를 받아 뒤따라가기 때문이다.

따라서 교회에 속한 성도들의 신앙은 항상 아브라함과 이삭과 야곱, 그리고 여러 선지자들 및 사도들의 믿음과 조화되어야 한다. 개인이 자신의 신앙을 스스로 보증하려는 것은 아무런 의미가 없다. 나아가 종교적인 단체가 집단적으로 저들이 마치 훌륭한 신앙을 가진 것처럼 행세한다고 해도 그것 자체로서 효력을 발생하는 것이 아니다.[42]

구약성경과 신약성경에 나타나는 믿음의 선배들이 가졌던 신앙으로부터 우리의 신앙이 분리되지 않는다. 하나님을 경외하는 참된 성도들은 과거 선배들과 상관없는 독창적인 믿음을 가지려해서는 안 된다. 그러므로 우리는 하나님을 진정으로 섬겼던 선배들의 신앙을 살피며 저들의 믿음을 본받아야 한다.

2. 어제나 오늘이나 내일이나 영원히 동일하신 예수 그리스도

인간의 몸을 입고 이 세상에 오신 예수님은 영원 전부터 선재先在하시던 분이다. 즉 그는 여인의 몸에 잉태되고 이 세상에 출생함으로써 존재하게 된 것이 아니라 원래부터 존재하시던 분이 인간의 몸을 입고 세상에 오셨다. 예수께서는 우주만물이 창조되기 전부터 삼위일체 하나님의 한 위격으로 존재하셨던 것이다.

---

[42] 이단자들의 특성은 자기들끼리 서로의 신앙을 보증하는 듯이 착각하는 것이다. 그러나 아무리 스스로의 신앙에 대한 정당성을 내세우며 옳다는 주장을 한다고 할지라도 그것은 아무런 효력이 없다.

아담이 사탄의 유혹에 빠져 범죄한 후부터 우주만물은 인간과 더불어 가변적인 존재가 되어버렸다. 그것은 좋은 방향으로가 아니라 좋지 않은 방향으로 그렇게 되어 갔다. 그 상태는 마치 패망을 향해 달려가는 것과도 같다. 그럼에도 불구하고 모든 피조물은 하나님의 심판에 연관된 그 사실을 인식하지 못하고 있다.

그렇지만 하나님이자 하나님의 아들이신 예수 그리스도는 변하지 않는 분이다. 그의 존재에 대해서 뿐 아니라 그의 성품과 언약에 따른 작정에 있어서도 불변의 하나님이시다. 이는 하나님의 거룩한 이름에 밀접하게 연관되어 있다. 그는 자기 자녀들에 대해 스스로 맺으신 언약을 끝까지 지키신다.

그러므로 오늘날 하나님으로부터 구원의 은혜를 입은 자들은 반드시 그것을 기억해야 한다. 변하는 것은 타락한 인간을 비롯한 오염된 피조물이며 그로 말미암아 복잡한 문제들이 끊임없이 양산된다. 하지만 하나님의 아들이신 예수 그리스도는 어제나 오늘이나 내일이나 영원토록 동일한 분이시다.

지상교회가 이에 대한 분명한 깨달음을 소유하는 것은 매우 중요하다. 그래야만 타락한 인간들의 지식이나 지혜를 의지하지 않고 오직 영원한 하나님 한 분만을 의지할 수 있기 때문이다. 성경은 변천하는 세상 가운데 존재하는 교회와 그에 속한 성도들에게 그 사실을 선포하며 알려 주고 있다.

3. "여러 가지 다른 교훈에 끌리지 말라"

사탄은 교회와 성도들을 미혹하기 위해 하나님으로부터 주어진 것이 아닌 온갖 다양한 거짓 교훈들을 퍼뜨리기에 열중한다. 그것들은 인간을 멸망으로 이끄는 악한 것들이지만 겉보기에 그럴듯하게 포장되어 있다. 신앙이 어린 자들은 그것을 분별해 내기 쉽지 않다. 그러므로 사도 바울은 고린도 교회에 편지하면서 광명한 천사를 가장한 사탄을 경계하도록 당부하고 있다.

> "저런 사람들은 거짓 사도요 궤휼의 역군이니 자기를 그리스도의 사도로 가장하는 자들이니라 이것이 이상한 일이 아니라 사단도 자기를 광명의 천사로 가장하나니 그러므로 사단의 일군들도 자기를 의의 일군으로 가장하는 것이 또한 큰 일이 아니라 저희의 결국은 그 행위대로 되리라"(고후 11:13-15)

배도에 빠진 거짓 교사들은 자기들이 마치 그리스도로부터 보냄을 받은 사도인 양 가장한다. 그러나 그와 같은 경우는 특별한 일이 아니라 흔히 일어나는 일이다. 사탄은 자기를 광명의 천사로 가장해 사람들 앞에 나타나는 것이 일반적이다. 따라서 사탄의 졸개들도 자기를 의의 일군으로 가장하여 성도들을 미혹한다. 그들은 멸망을 향해 나아가지만 신앙이 어린 교인들로서는 그것을 분별하기 쉽지 않다.

사도 베드로 역시 그에 관한 교훈을 주고 있다. 과거에 민간에 거짓 선지자들이 많이 일어났듯이 장래 교회 가운데도 거짓 선생들이 그 모습을 드러내게 된다. 그런 자들은 자신을 사도와 교사라 칭하기 때문에 어린 교인들은 여간 조심하지 않으면 안 된다.

> "민간에 또한 거짓 선지자들이 일어났었나니 이와 같이 너희 중에도 거짓 선생들이 있으리라 저희는 멸망케 할 이단을 가만히 끌어들여 자기들을 사신 주를 부인하고 임박한 멸망을 스스로 취하는 자들이라"(벧후 2:1)

거짓 선지자들은 하나님의 진리를 훼손하고 거짓을 퍼뜨리기 위해 최선을 다한다. 그런 자들은 교회 가운데 멸망케 하는 이단사상을 몰래 들여보낸다. 그들은 유일한 구세주이신 그리스도를 교묘하게 부인한다. 하나님의 아들이신 예수 그리스도 한 분 만이 영원한 구주라는 사실을 거부하는 것이다. 그와 같은 거짓 가르침에 따르게 되면 임박한 멸망을 향해 질주하는 것과 다르지 않다.

오늘날 우리 역시 이에 대해 매우 깊은 주의를 기울여야 한다. 교회 주변에는 항상 기독교를 사칭한 거짓 교사들이 우글거리고 있다. 어리석은 자들은 그에 쉽게 속아 넘어간다. 교회의 지도자들과 성숙한 성도들은 어린 교인들을 그로부터 보호하지 않으면 안 된다. 그렇게 함으로써 건강한 교회가 역사 가운데 안전하게 상속되어 가는 것이다.

4. "물질을 앞세우거나 그에 끌리지 말라"

교회에 속한 성도들은 하나님께서 베푸신 은혜로써 마음을 굳세게 하는 것이 아름답다. 그것 이외에 세상의 것들로써 단장하고 치장하는 것은 진정한 아름다움이 될 수 없다. 그런 것은 도리어 세상을 탐하고 하나님을 욕되게 하는 것이 될 수 있다.

만일 물질을 통해 종교적인 목적을 달성하려는 자가 있다면 그것은 매우 어리석은 행위이다. 그렇게 행하는 자들은 하나님께서 허락하시는 참다운 유익을 얻지 못한다. 따라서 하나님의 자녀들은 세상의 것들에 지나친 관심을 두거나 그것을 방편으로 삼아 원하는 목적을 이루려 해서는 안 된다.

그와 같은 사고는 결국 세상의 돈과 물질에 밀접하게 연관되어 있다. 악한 종교 지도자들은 물질을 통해 하나님을 섬기는 것이 최상의 방편이 되는 양 선전하며 가르친다. 그렇게 되면 어리석인 교인들은 형식적인 것으로써 하나님을 섬기기를 원하며 그것을 위해서 상당한 물질이 필요한 듯이 여긴다.

그러나 그것은 개인적인 욕망을 추구하는 것일 뿐 성경이 교훈하는 바가 아니다. 하나님은 도리어 그와는 정반대의 사실을 선포하고 계신다. 따라서 예수께서는 산상수훈 가운데서 제자들에게 두 주인을 섬기지 말고 오직 하나님 한 분만을 섬겨야 한다는 사실을 말씀하셨다.

"한 사람이 두 주인을 섬기지 못할 것이니 혹 이를 미워하며 저를 사랑하거나 혹 이를 중히 여기며 저를 경히 여김이라 너희가 하나님과 재물을 겸하여 섬기지 못하느니라 그러므로 내가 너희에게 이르노니 목숨을 위하여 무엇을 먹을까 무엇을 마실까 몸을 위하여 무엇을 입을까 염려하지 말라 목숨이 음식보다 중하지 아니하며 몸이 의복보다 중하지 아니하냐"(마 6:24,25)

하나님의 자녀들은 세상의 재물을 의지하지 말고 오직 하나님 한 분만을 의지하며 그를 섬겨야 한다. 성도들에게 중요한 것들은 이 세상이 아니라 영원한 천국에 존재하는 것이다. 우리가 이 세상에서 음식을 먹고 마시며 옷을 입고 살아가야 한다는 사실은 하나님께서 먼저 알고 계신다. 그러므로 하나님의 말씀에 순종하면 그가 모든 것을 적절하게 예비해 주시게 되는 것이다.

5. 영원한 제단에서 먹을 권한이 있는 자와 없는 자

구원받은 하나님의 자녀들은 천상의 제단에 일상적으로 참여하고 있다. 교회에 속한 참된 성도들은 항상 그 제단에서 나는 영적인 음식을 먹으며 그로부터 진정한 영양가를 섭취하게 된다. 오늘날의 성도들 역시 교회와 공 예배를 통해 그 제단에서 나오는 음식을 지속적으로 먹는다.

하지만 그 신령한 음식을 구약시대의 성막에서 섬기던 자들은 먹지 못했다. 구약의 성전과 제단이 그림자 역할을 했던데 반해 신약시대의 교회는 실체적인 의미를 지니고 있기 때문이다. 이는 인간의 몸을 입은 예수 그리스도가 자신의 몸을 희생 제물로 드린 십자가 사건에 연관된 자들만 그 신령한 음식을 먹을 수 있음을 말해 주고 있다.

오늘날 우리는 매주일 시행되는 교회의 공 예배를 통해 십자가에 달리신 예수 그리스도의 살과 피를 상징하는 떡과 포도주를 나누어 먹는다. 그것은 단순한 상징을 넘어 우리의 영혼이 믿음으로써 실제 그 신령한 음식을 영적으로 먹게 된다. 이로써 하나님의 자녀들은 승천하여 천상에 계신 그리스도의 몸을 지속적으로 섭취하게 된다. 지상 교회는 그로 말미암아 참된 생명의 공동체로 자라가게 되는 것이다.

6. 예수 그리스도의 십자가 사역

구약시대의 대제사장은 희생 제물의 피를 성소에 가지고 들어가 그 안에 뿌렸다. 그리고 제물로 바쳐지게 된 동물의 육체는 영문 밖에서 불살라 태웠다. 그렇게 함으로써 제물을 바치는 백성의 죄를 용서받을 수 있게 되었다.

성전에서 드려지는 제사장들의 제사행위는 한시적인 것으로서 하나님의 어린 양이신 예수 그리스도께서 이땅에 오실 때까지 되풀이 되었다. 따라서 그 제물은 영구한 효력을 발생했던 것이 아니며, 그것 자체로서 죄가 완전히 소멸되지도 못했다. 성전에서 드려지는 모든 제사들은 장차 완벽한 제물이 바쳐지게 될 거룩한 사건을 향하고 있었던 것이다.

성자 하나님께서 친히 인간의 몸을 입고 이땅에 오신 것은 자신의 몸을 하나님을 위한 희생 제물로 바치기 위해서였다. 그는 십자가에 못박혀 죽으심으로 하나님께 온전히 바쳐졌다. 그 죽음은 자기 백성들의 모든 죄를 대신 속하기 위한 대속의 죽음이었다.

구약시대의 희생 제물들이 영문 밖에서 불살라 태워졌듯이 하나님의 어린 양이신 예수 그리스도는 예루살렘 성 밖에서 십자가에 못박혀 돌아가셨다. 그리고 그의 거룩한 피가 성전의 지성소 언약궤 위에 뿌려짐으로써 그에게 속한 백성들의 죄가 완전히 속해지게 되었다. 성전 내부의 휘장이 위에서부터 아래로 찢어는 것을 통해 그의 피가 구체적이며 실체적으로 지성소에 뿌려진 사실을 보여주고 있다.

제37장
"영원한 천국을 바라보자"
(히 13:13-19)

13:13 그런즉 우리는 그 능욕을 지고 영문 밖으로 그에게 나아가자

13:14 우리가 여기는 영구한 도성이 없고 오직 장차 올 것을 찾나니

13:15 이러므로 우리가 예수로 말미암아 항상 찬미의 제사를 하나님께 드리자 이는 그 이름을 증거하는 입술의 열매니라

13:16 오직 선을 행함과 서로 나눠 주기를 잊지 말라 이같은 제사는 하나님이 기뻐하시느니라

13:17 너희를 인도하는 자들에게 순종하고 복종하라 저희는 너희 영혼을 위하여 경성하기를 자기가 회계할 자인 것같이 하느니라 저희로 하여금 즐거움으로 이것을 하게 하고 근심으로 하게 말라 그렇지 않으면 너희에게 유익이 없느니라

13:18 우리를 위하여 기도하라 우리가 모든 일에 선하게 행하려 하므로 우리에게 선한 양심이 있는 줄을 확신하노니

13:19 내가 더 속히 너희에게 돌아가기를 위하여 너희 기도함을 더욱 원하노라

1. "우리도 그의 치욕을 짊어지고 영문 밖으로 그에게 나아가자"

예수께서는 여러 사람들이 지켜보는 가운데 십자가에 달려 돌아가심으로써 인간의 상상을 초월하는 치욕을 당하셨다. 그는 온 세상 사람들로부

터 죄인으로 간주되어 조롱거리로 취급받았다. 저주 가운데 살아가는 인간들은 저들이 무슨 짓을 하고 있는지조차 알지 못했다. 예수님을 멸시하는 그와 같은 상황은 예수님 당시의 예루살렘 바깥에 있는 사람들뿐 아니라 오늘날 우리시대에도 여전히 일어나고 있다.

그러나 하나님의 자녀들은 그것을 보며 마음 아파하지 않을 수 없다. 죄 없는 하나님의 아들이 우리를 대신해 그 치욕과 고통을 당하셨기 때문이다. 예수 그리스도의 은혜를 받은 성도들은 이제 그가 당하신 치욕을 받아들여 감당하지 않으면 안 된다. 그것은 이 세상을 살아가는 신앙적인 자세를 의미한다.

사도 베드로는 자신의 서신에서 그에 연관된 교훈을 주고 있다. 하나님의 자녀들은 예수님의 고난에 반드시 참여해야 한다는 것이다. 타락한 세상 가운데 살아가는 동안 그것은 필수적인 것이 될 수밖에 없다. 세상에서는 그렇게 됨으로써 견디기 어려운 치욕을 당하지만 하나님 안에서는 도리어 기쁨의 근원이 된다.

> "오직 너희가 그리스도의 고난에 참예하는 것으로 즐거워하라 이는 그의 영광을 나타내실 때에 너희로 즐거워하고 기뻐하게 하려 함이라 너희가 그리스도의 이름으로 욕을 받으면 복 있는 자로다 영광의 영 곧 하나님의 영이 너희 위에 계심이라"(벧전 4:13,14)

십자가에 달린 예수 그리스도를 통해 구원의 은총을 입은 성도들이 그의 뒤를 따르는 것은 지극히 당연하다. 하나님의 자녀라 하면서 그를 십자가에 못박은 세상 가운데서 희희낙락하며 살아갈 수는 없다. 즉 주님에게 상상을 넘어서는 치욕을 가했을 뿐 아니라 끔찍한 고통과 더불어 그를 죽인 세상에서 화려한 삶을 누릴 수는 없는 것이다.

교회에 속한 성도들이 그리스도와 함께 세상으로부터 능욕을 당하는 것은 지극히 자연스럽다. 그것은 전혀 이상한 일이 아니다. 따라서 하나님을 믿는 사람이 타락한 세상에서 영화를 누리고자 기대해서는 안 된다. 삶속에 예수 그리스도의 피를 간직한 성도들이 세상에서 부귀영화를 누리려는 태도를 버려야만 한다. 우리는 오직 십자가에 달리신 예수 그리스도에게 나아갈 따름이다.

2. 장래의 영구한 도성

타락한 이 세상에는 인간들이 살아갈 만한 영원한 도성이 존재하지 않는다. 그러나 어리석은 자들은 잠시 지나가는 세상에서 즐거움과 쾌락을 누리고자 애쓴다. 저들의 어리석음을 보는 하나님의 자녀들은 일시적인 세상이 아니라 장차 임하게 될 영원한 도성에 소망을 두고 살아간다.

하나님께서는 처음부터 죄에 빠진 이 세상을 심판하시리라는 뜻을 보여주셨다. 인간들이 살아가는 모든 피조세계는 사탄이 통치하는 영역이 되어 있으므로 하나님의 심판의 대상이 될 따름이다. 따라서 그로부터 약속을 받은 성도들에게는 영원한 안식처인 새 하늘과 새 땅이 예비되어 있다.

이에 대한 사실은 이미 오래전 구약시대부터 예언되어 왔다. 이사야 선지자는 하나님의 백성들이 영원히 거하게 될 새 하늘과 새 땅에 관한 예언을 했다. 그리고 신약시대에도 그에 동일한 예언이 되풀이 되었다. 이는 처음 창조된 우주만물이 하나님의 심판을 받게 될 사실을 동시에 보여주고 있다.

"보라 내가 새 하늘과 새 땅을 창조하나니 이전 것은 기억되거나 마음에 생각나지 아니할 것이라"(사 65:17);

"하나님의 날이 임하기를 바라보고 간절히 사모하라 그 날에 하늘이 불에 타서 풀어지고 체질이 뜨거운 불에 녹아지려니와 우리는 그의 약속대로 의

의 거하는바 새 하늘과 새 땅을 바라보도다"(벧후 3:12,13)

새 하늘과 새 땅은 성도들이 이 세상과는 달리 영원히 살아가게 될 궁극적인 영역이다. 따라서 우리는 유한한 세상에 살아가고 있으면서 영원한 나라를 바라보게 된다. 하나님을 알지 못하는 자들에게는 아무런 상관이 없는 그 거룩한 영역을 우리가 상속받게 되는 것이다. 지상에 살아가는 모든 성도들은 그 영구한 도성을 유일한 소망으로 삼고 있다.

3. "삶의 제사를 드리라"

교회에 속한 모든 성도들은 항상 하나님께 찬송의 제사를 드려야만 한다. 그것은 인간의 이성적인 판단에 의존하지 않는다. 나아가 사람들의 마음에서 우러나오는 종교심에 근거하는 것도 아니다. 하나님을 찬송할 수 있는 유일한 근거는 예수 그리스도의 십자가 사역에 달려 있다.

사도 바울은 로마에 있는 교회에 편지하면서 성도들의 몸은 하나님께서 기뻐하시는 거룩한 산제사로 바쳐져야 한다는 사실을 말하고 있다. 저들의 삶은 더 이상 개인을 위해 존재하지 않는다. 저들의 몸과 삶은 그리스도의 십자가 사역을 통해 하나님께서 값 주고 사셨으므로 오로지 그에게 바쳐져야 하기 때문이다.

"그러므로 형제들아 내가 하나님의 모든 자비하심으로 너희를 권하노니 너희 몸을 하나님이 기뻐하시는 거룩한 산 제사로 드리라 이는 너희의 드릴 영적 예배니라 너희는 이 세대를 본받지 말고 오직 마음을 새롭게 함으로 변화를 받아 하나님의 선하시고 기뻐하시고 온전하신 뜻이 무엇인지 분별하도록 하라"(롬 12:1,2)

사도 바울은 이 본문에서 성도들의 몸이 하나님께 바쳐지는 것이 영적인 예배라고 말하고 있다. 즉 하나님께서는 자기가 피로 값 주고 사신 성도들의 몸을 영적인 제물로 요구하고 계신다. 이는 생각이나 정신을 통한 의례를 넘어서는 개념으로서 하나님의 뜻에 조화되는 온전한 삶을 요구하는 것과 연관된다.

따라서 성도들은 타락한 이 세상의 논리나 유행을 본받으려 해서는 안 된다. 도리어 하나님의 뜻에 반하는 세상의 모든 것들을 강력하게 거부하는 신앙 자세를 유지해야 한다. 하나님으로부터 구원의 은혜를 입은 자들이 항상 하나님의 뜻을 분별하며 변화된 삶을 살아가는 것은 지극히 당연한 일이다.

우리가 여기서 반드시 기억해야 할 바는 성도들이 하나님을 찬양하는 것은 종교적인 열정이 아니라 전적으로 예수 그리스도로 말미암는다는 사실이다. 따라서 그의 거룩한 이름과 몸을 통하지 않는 경배는 참된 예배가 될 수 없다. 그것은 십자가에 못박히신 예수님의 몸에 직접 연관되어 있다.

그러므로 참된 성도들에게는 항상 예수 그리스도 안에서 그의 이름을 증거하는 입술의 찬송이 열매로서 나타나야 한다. 그것으로써 하나님께 찬송의 제사가 드려지게 되기 때문이다. 그와 같은 삶을 살아가는 성도들에게는, 하나님의 뜻에 적합한 선한 행실이 따르게 되며 서로의 삶을 실제적으로 공유하며 돌아보게 된다. 그것이 하나님께서 기뻐하시는 거룩한 제사가 되기 때문이다.

4. "너희를 인도하는 자들에게 순종하고 복종하라"

지상 교회에는 하나님으로 말미암은 고유한 질서가 있다. 그것은 직분 제도를 통해 실행되며 유지된다. 성도들의 모든 직분 사역은 몸을 통해 드러나지만 교회가 맡겨 요구한 영적인 삶을 기초로 한다.

그러므로 히브리서 기자는 성도들에게 온전한 순종을 요구하고 있다. 그것은 인간적인 질서를 넘어 성도들의 영혼에 밀접하게 관련되는 문제이다. 성숙한 성도들은 그 신령한 의미가 교회 가운데 올바르게 드러나야 한다는 사실을 잘 알고 있다. 그리하여 그와 같은 삶을 즐거움으로 받아들이게 되는 것이다.

"너희를 인도하는 자들에게 순종하고 복종하라 저희는 너희 영혼을 위하여 경성하기를 자기가 회계할 자인 것 같이 하느니라 저희로 하여금 즐거움으로 이것을 하게 하고 근심으로 하게 말라 그렇지 않으면 너희에게 유익이 없느니라"(히 13:17)

사도가 이와 같은 요구를 하는 까닭은 그것이 성도들에게 영적인 유익이 되기 때문이다. 따라서 모든 성도들은 교회의 지도자들에게 억지로 복종하는 태도를 가져서는 안 된다. 이를 위해서는 물론 성도들을 인도하는 직분을 맡은 자들이 먼저 본을 보여 솔선수범率先垂範하지 않으면 안 된다.

지상에 존재하는 하나님의 교회가 신령한 질서를 유지하는 것은 무엇보다 중요한다. 그것은 천상의 원리에 따른 것으로서 어느 누구도 그 질서를 가볍게 여기거나 파괴하려 해서는 안 된다. 그것은 하나님의 뜻을 거부하는 무례한 행동이 되기 때문이다. 사도 베드로도 그에 대한 동일한 교훈을 주고 있다.

"젊은 자들아 이와 같이 장로들에게 순복하고 다 서로 겸손으로 허리를 동이라 하나님이 교만한 자를 대적하시되 겸손한 자들에게는 은혜를 주시느니라"(벧전 5:5)

하나님의 자녀들은 교회의 장로들의 올바른 가르침에 순복해야만 한다. 그러나 그 권위는 인간적인 세력이나 힘에 기초하지 않는다. 따라서 모든 성도들은 예수 그리스도 안에서 서로간에 겸손한 삶의 자세를 유지해야만 한다.

하나님께서는 교만한 자들을 결코 용납하시지 않지만 겸손한 성도들에게는 항상 은혜를 베푸시는 분이다. 따라서 계시된 말씀과 더불어 겸손한 자세로 지도자들에게 순종하는 것은 영원한 천국을 바라볼 수 있게 한다. 그리고 그것은 하나님을 기쁘시게 하는 소중한 방편이 된다.

5. "우리를 위하여 기도하라"

히브리서 기자는 교회를 향해 자기들을 위해 기도하라는 말을 하고 있다. 여기서 나타나는 것은 그가 혼자 단독으로 떨어져 있는 것이 아니라 여럿이 함께 있다는 사실이다. 이는 그가 성도들에게 쓰는 편지가 단순히 개인적인 것이 아니라 거기에는 공적인 의미가 담겨있음을 말해주고 있다.

본문에서는 편지를 수신하는 성도들에게 돌아가기를 원한다는 말을 남기고 있다. 이를 보아 저들은 서로간 잘 알고 있으며 서로간 신뢰하는 관계라는 사실을 알게 된다. 그것은 개인과 개인을 넘어 편지를 보내는 편과 받는 자들의 전체적인 상호 신뢰가 존재한다는 사실을 보여준다.

또한 교회를 향해 저들을 위해 기도해 줄 것을 당부하고 있다. 이는 하나님 안에서 저들이 하나로 연결되어 있음을 확인하는 의미를 지니고 있다. 몸은 비록 멀리 떨어져 있으나 하나의 교회를 이루고 있는 것이다. 사도 바울은 골로새 교회에 편지하면서도 상호 기도할 것에 대한 기록을 하고 있다.

"기도를 항상 힘쓰고 기도에 감사함으로 깨어 있으라 또한 우리를 위하여

기도하되 하나님이 전도할 문을 우리에게 열어 주사 그리스도의 비밀을 말
하게 하시기를 구하라 내가 이것을 인하여 매임을 당하였노라"(골 4:23)

성도들은 항상 이웃을 위한 기도에 힘써야 하며 그렇게 함으로써 하나
님 앞에서 깨어있게 된다. 사도가 교회에 속한 성도들에게 기도를 당부하
며 관심을 가지는 것은 저들을 통해 하나님 나라의 신령한 비밀이 드러나
야 하는 것과 관련되어 있다.

즉 세상을 향해 하나님의 비밀이 선포되는 것은 아직 드러나지 않은 숨
겨진 성도들에게 하나님의 복음과 구원이 선포되어야 함을 말해준다. 모
든 성도들이 서로 기도하는 것은 세상에 존재하는 하나님의 교회의 정체
성을 드러내는 것에 직접 연관되어 있다.

제9부

축원과 권면

제38장
교회를 위한 축원과 마지막 권면
(히 13:20-25)

13:20 양의 큰 목자이신 우리 주 예수를 영원한 언약의 피로 죽은 자 가운데서 이끌어 내신 평강의 하나님이

13:21 모든 선한 일에 너희를 온전케 하사 자기 뜻을 행하게 하시고 그 앞에 즐거운 것을 예수 그리스도로 말미암아 우리 속에 이루시기를 원하노라 영광이 그에게 세세 무궁토록 있을지어다 아멘

13:22 형제들아 내가 너희를 권하노니 권면의 말을 용납하라 내가 간단히 너희에게 썼느니라

13:23 우리 형제 디모데가 놓인 것을 너희가 알라 그가 속히 오면 내가 저와 함께 가서 너희를 보리라

13:24 너희를 인도하는 자와 및 모든 성도에게 문안하라 이달리야에서 온 자들도 너희에게 문안하느니라

13:25 은혜가 너희 모든 사람에게 있을지어다

1. 양들의 큰 목자이신 예수 그리스도의 영광

인간의 몸을 입고 이 세상에 오신 예수님은 그의 자녀들인 양들의 큰 목자가 되셨다. 하나님께서는 죄로 말미암아 죽음에 빠진 인간들 가운데서 그를 끌어내셨다. 그것은 영원한 언약의 피로 말미암은 십자가 사역의 결과로 이루어지게 되었다.

예수 그리스도의 십자가 사역을 통해 범죄에 빠진 인간과 영원한 화목을 이룩하신 평강의 하나님께서는, 자기 자녀들 가운데서 모든 선한 일을 행하심으로써 저들을 온전케 하셨다. 이는 지상에 세워진 교회 가운데서 자신의 거룩한 뜻을 이루어 가시는 하나님의 은혜를 보여주고 있다. 그의 거룩한 피로써 값 주고 사신 바 된 성도들은 그로 말미암아 영원한 즐거움과 기쁨을 누릴 수 있게 된 것이다.

하나님의 자녀들은 타락한 세상에서 발생하는 환난과 고통 가운데 살아가지만 저들을 인도하시는 큰 목자를 믿음으로써 진정한 소망을 가지게 된다. 그리하여 저들에게 허락된 약속에 따라 영원한 영광의 면류관을 얻게 된다. 사도 베드로는 그의 서신에서 그에 연관된 내용을 기록하고 있다.

"그리하면 목자장이 나타나실 때에 시들지 아니하는 영광의 면류관을 얻으리라"(벧전 5:4)

하나님으로부터 구원의 은총을 입은 성도들은 예수 그리스도의 말씀에 온전히 순종해야 한다. 양들이 목자를 따르듯이 신령한 양떼는 큰 목자이신 예수 그리스도를 따라야 하는 것이다. 그렇게 함으로써 성도들은 하나님의 영광과 더불어 영원한 천상의 나라로 이끌림을 받게 된다. 그러나 그것을 거부하는 자들은 영원한 멸망에 빠지게 된다. 큰 목자의 음성을 외면하고 사람들을 멸망으로 인도하는 자들은 저주를 받을 수밖에 없기 때문이다.

2. 예수 그리스도의 십자가 사역을 통한 하나님의 영광과 성취

하나님께서는 모든 선한 일에 있어서 자기 백성들을 온전케 해 주신다. 그것은 삼위일체 하나님의 경륜적인 사역에 해당되는 일이다. 하나님께서는 그것을 통해 지상 교회로 하여금 자신의 뜻을 온전히 행하도록 하셨던 것이다.

삼위일체 하나님께서는 창세전에 예정하신 자기 자녀들을 구원하시기 위해 친히 모든 것을 작정하고 예비하셨다. 우리는 여기서 자기 자녀들을 구원하시고자 하여 지상 교회를 통해 일하시는 하나님의 모습을 볼 수 있다. 따라서 우리는 교회에 속한 성도로서 하나님의 거룩한 사역을 이루어가는 데 필요한 선한 도구가 되지 않으면 안 된다.

예수께서는 제자들에게 올바른 기도를 가르치면서 자신의 궁극적인 뜻을 보여주셨다. 그는 천상의 나라에서 하나님의 뜻이 실현되고 있는 것처럼 이땅에서도 그 일이 이루어지게 되도록 기도하라는 말씀을 하셨다. 이는 기도를 해야만 그 결과로 모든 것이 이루어진다고 말씀하신 것이라기보다는 기도를 통해 참된 소망을 가지고 그에 참여하라는 의미로 받아들이는 것이 바람직하다.

> "하늘에 계신 우리 아버지여 이름이 거룩히 여김을 받으시오며 나라가 임하옵시며 뜻이 하늘에서 이룬 것 같이 땅에서도 이루어지이다"(마 6:9,10)

하나님께서는 지상 교회 가운데서 자신의 거룩한 뜻이 이루어지는 것을 통해 각 성도들에게 기쁨과 즐거움을 선물하시고자 했다. 그것은 이 세상에서는 결코 찾아볼 수 없는 고유한 성격을 지니고 있다. 따라서 교회에 속한 모든 성도들은 하나님의 뜻이 땅에서 이루어져 가는 것을 통해 영원한 소망과 기쁨을 소유하게 되는 것이다.

3. "권면을 받으라"

하나님의 은혜를 입고 이 세상에 살아가는 성도들이라 해서 모든 면에서 완벽할 수는 없다. 오히려 세상의 유혹에 그대로 노출되어 있으므로 항상 부족할 따름이다. 따라서 모든 성도들에게는 교회의 도움이 있어야 하며 성실한 이웃의 도움을 필요로 하게 된다. 사도 바울은 히브리서에서와 마찬가지로 데살로니가 교회에 보내는 편지에서도 그것을 위해 피차 권면하라는 권면을 하고 있다.

> "그러므로 피차 권면하고 피차 덕을 세우기를 너희가 하는 것 같이 하라"
> (살전 5:11)

성도들이 서로간 지속적인 권면을 하는 것은, 교회를 온전히 세우기 위해 올바름을 지향하는 권징사역에 해당된다. 그것은 다른 형제를 일방적으로 비판하는 것을 의미하지 않는다. 만일 어떤 사람이 우월감을 가지고 다른 교인들에게 권면한다면 그것은 겸손한 신앙인의 자세라 말할 수 없다.

권면하는 자는 서로간에 덕을 세우기 위해서 권면해야 한다. 여기서 덕을 세운다는 말은 교회를 교회답게 유지하는 것과 직접 연관되어 있다. 즉 정당한 권면을 통해 교회가 세속화 되거나 타락하는 것을 방지하고 악한 누룩이 퍼지는 것을 차단하기 위한 성격을 지니고 있다.

교회를 진정으로 사랑하는 성도라면 다른 형제의 건전한 권면의 말을 달게 받아들여야 한다. 그렇게 함으로써 자신을 돌아보아 잘못을 뉘우치고 참된 길로 돌아서야 한다. 그것을 통해 신앙이 어린 성도들이 잘못된 풍조에 빠지지 않고 굳건한 신앙인으로 자라갈 수 있게 된다. 따라서 지상 교회 가운데는 항상 성도들 상호간에 사랑의 권면과 그것을 수용하는 삶이 지속되지 않으면 안 된다.

4. 디모데에 관한 언급

히브리서의 맨 마지막 부분에는 '디모데'(Timothy)의 이름이 등장하고 있다. 본문 말씀에서는 그가 감옥에 갇혔다가 풀려난 것으로 묘사되어 있다. 아마도 그가 다른 지역에 있는 감옥에 투옥되었다가 석방되어 히브리서 기자가 머물고 있는 지역으로 오게 되어 있었던 것으로 보인다.

우리가 알고 있는 것처럼 디모데는 사도 바울과 매우 특별한 관계에 놓여 있었다. 그들은 영적인 부자父子 관계와도 같은 깊은 신뢰를 바탕으로 스승과 제자 사이를 유지했다. 따라서 디모데가 감옥에서 석방되었다면 가장 먼저 바울을 찾아갔으리라 짐작해 볼 수 있다.

히브리서 기자는 또한 디모데가 자기에게 속히 오면 그와 함께 편지를 수신하는 성도들을 직접 방문하리라는 언급을 했다. 이를 보건데 그들 역시 디모데를 개별적으로 잘 알고 있었던 것이 틀림없다. 우리는 이 말씀을 통해 히브리서 기자와 디모데가 함께 다니며 동역하는 사이라는 점을 짐작할 수 있다.

바로 이 사실 때문에 다수의 학자들은 히브리서의 기록자가 사도 바울일 것이라 추정한다. 이 본문이 바울이 히브리서를 기록했을 것이란 견해에 대한 상당한 뒷받침이 되고 있는 것은 틀림없다. 물론 이 한 구절만으로 바울이 히브리서 기자라고 단정짓는 데는 무리가 따를 수 있다. 하지만 누가 히브리서를 기록했든지 간에 그것은 천상의 하나님으로부터 계시되었다는 것은 명백한 사실이다.

5. 교회의 인도자와 성도들

사도는 히브리서를 마무리 하면서 편지를 받는 교회 공동체를 향해 저들을 인도하는 자들과 성도들에게 문안을 전하라는 당부를 했다. 그리고 이탈리아에서 온 성도들의 문안을 저들에게 전했다. 우리는 여기서 매우 중요한 사실을 엿보게 된다. 그것은 그 편지를 맨 처음 직접 받아 읽은 사람들이 교회를 인도하는 자들이 아니었다는 사실이다(히 13:24 참조). 그리고 일반 성도들도 편지를 직접 펼쳐 읽지 않았던 것으로 보인다.

그러므로 편지를 받아 직접 읽는 소수의 무리에게 저들을 인도하는 자들과 일반 성도들에게 문안을 전하도록 당부하고 있다. 이를 보건데 사도교회 시대에는 아마도 편지를 공적으로 받아 접수하고 읽었던 특별한 직분자들이 있었던 것으로 추정된다. 우리는 그 직책을 맡아 수행하던 자가 구체적으로 어떤 직분자였는지 알지 못한다. 그렇지만 이를 통해, 하나님으로부터 계시된 말씀을 주고받는 일이 얼마나 엄격했는지 짐작해 볼 수 있다.

편지를 완성하게 된 히브리서 기자는 모든 성도들에게 하나님의 은혜가 있기를 축원했다. 이는 단순한 개인적인 바람으로만 간주할 수 없다. 편지의 맨 끝에 기록된 "은혜가 너희 모든 사람에게 있을지어다"(히 13:25)고 한 축원은 형식적이거나 상징적인 것이 아니라 실제적이며 현실적인 의미를 지니고 있다. 따라서 우리는 이 축원이 오늘날 우리에게도 그 효력이 그대로 나타나고 있음을 기억해야 한다.